영적인 사람이 되려면

영적인 사람이 되려면
(영에 속한 사람 축소판)

윗취먼 니 지음
문 창 수 옮김

정 경 사

Journeying Towards The Spiritual
A Digest of *The Spiritual Man*
by Watchman Nee
in 42 Lessons

Copyright © 2006
Christian Fellowship Publishers, Inc.
New York, U. S. A.
All Right Reserved
Translated and published by permission

Printed in Korea

서 문

하나님은 사람과 영적인 교제를 갖기를 바라십니다. 하나님은 영이시므로 예배하는 자는 영과 진리로 예배해야 합니다. 따라서 사람이 영적으로 되어야 하는 것은 필수적입니다. 예수 그리스도의 복음은 모두 이것에 관한 것이며, 구원은 영성으로 향해 가는 길이라고 하겠습니다.

세 권으로 된 윗취먼 니의 『영에 속한 사람』은 영적 생명으로 행하고, 영적 전쟁을 하는 데에 한 안내자 역할을 합니다. 본서는 큰 영적 갈등 가운데 쓰여 졌습니다. 윗취먼 니는 오직 하나님의 은혜와 그리스도의 승리를 통해서만 본서를 쓸 수 있었습니다. 이제 기독교 고전의 하나가 된 본서는 교회에 바치는 윗취먼 니의 유산으로 볼 수 있을 것입니다.

하지만 본서는 694 쪽의 방대한 책이므로 그 축소판이 절실히 필요한 것 같습니다. 『영에 속한 사람』의 42 장은 42 개의 각기 다른 국면을 다루고 있는데, 이것은 이스라엘 백성이 이집트의 라암세스로부터 여리고 건너편 요단강가 모압 평지까지 그들의 여정의 42 정유소를 상기시켜 줍니다(민 33장). 따라서 본서에는 영적인 사람을 향한 여행에서 배우게 될 42 과목이 들어 있습니다. 이 필수의 과목들을 모두 하나님의 영광을 위해 충심으로 배울 수 있도록 하나님의 영께서 인도해 주시기를 기도합니다.

* 본서에서 사용한 한글 성경 본문은 개정 개역판(1998년도)을 따랐음.

차 례

서 문
제1부 영·혼·몸에 대한 서론
    제1과 영과 혼과 몸/11
    제2과 영과 혼/24
    제3과 사람의 타락/32
    제4과 구원/41

제2부 육신
    제5과 육신과 구원/51
    제6과 육적 신자/59
    제7과 십자가와 성령/66
    제8과 육체의 자랑/73
    제9과 육신에 대한 신자의 궁극적 태도/80

제3부 혼
    제10과 죄로부터의 구원과 혼적 생명/87
    제11과 혼적인 신자들의 경험/96
    제12과 혼적인 생활의 위험/103
    제13과 십자가와 혼/108
    제14과 영적인 신자들과 혼/117

제4부 영
    제15과 성령과 신자의 영/127
    제16과 영에 속한 사람/133
    제17과 영적인 일/141
    제18과 기도와 전쟁/149

제5부 영의 분석
    제19과 직관/157
    제20과 영교/167
    제21과 양심/172

제6부 영을 따라 행함
   제22과 영적인 생활의 위험 / 183
   제23과 영의 법칙 / 190
   제24과 영을 돕는 마음의 원칙 / 199
   제25과 영의 정상 상태 / 207

제7부 혼의 분석 - 정서
   제26과 신자와 정서 / 215
   제27과 애정 / 222
   제28과 욕망 / 228
   제29과 느낌의 생활 / 236
   제30과 믿음의 생활 / 245

제8부 혼의 분석 - 정신
   제31과 마음은 전쟁터 / 253
   제32과 수동적인 마음(정신)의 현상 / 263
   제33과 구출의 길 / 270
   제34과 정신의 법칙 / 277

제9부 혼의 분석 - 의지
   제35과 신자의 의지 / 287
   제36과 수동성과 그 위험 / 293
   제37과 신자의 착오 / 298
   제38과 자유로 가는 길 / 306

제10부 몸
   제39과 신자와 몸 / 315
   제40과 병 / 323
   제41과 몸의 생명이 되시는 하나님 / 332
   제42과 죽음을 극복함 / 339

제1부
영·혼·몸에 대한 서론

제1과 영과 혼과 몸

평강의 하나님이 친히 너희로 온전히 거룩하게 하시고 또 너희 온 영과 혼과 몸이 우리 주 예수 그리스도 강림하실 때에 흠 없게 보전되기를 원하노라(살전 5:23).

인간의 구조에 대한 통상적인 개념은 이원론적으로서 혼과 육신입니다. 이 개념에 의하면, 혼은 눈에 안 보이는 내면적·영적 부분이고, 육신은 눈에 보이는 외적·신체적 부분입니다. 이것에 얼마만큼 진실이 있긴 하지만, 그럼에도 이것은 정확하지 않습니다. 이런 견해는 타락한 사람에 기인하며, 하나님께 기인한 것이 아닙니다. 하나님의 계시를 떠나서는 어떤 개념도 의존할 수 없습니다. 신체가 사람의 겉껍질이라는 것은 틀림없이 정확합니다. 그러나 성경은 영과 혼이 같은 것인 양 결코 혼동하지 않습니다.

이 둘은 용어에 있어서만 다를 뿐만 아니라, 바로 그 성질도 다릅니다. 하나님의 말씀은 사람을 혼과 육신으로 구분하지 않습니다. 그의 말씀은 사람을 영과 혼과 육신, 세 부분으로 나눕니다. 데살로니가 전서 5장 23절에 이렇게 기록되었습니다. "평강의 하나님이 친히 너희를 온전히 거룩하게 하시고 또 너희의 온 영과 혼과 몸이 우리 주 예수께서 강림하실 때에 흠 없게 보존되기를 원하노라." 이 구절은 사람이 세 부분으로 구분되어 있음을 보여줍니다. 사도 바울은 여기서 신자들의 완전한 성화에 대해 말씀하고 있습니다. "너희를 **온전히** 거룩하게 하시고." 사도는 사람이 어떻게 온전히(전체적으로) 거룩해진다고 합니까? 사람의 영과 혼과 몸이 보존됨으로서 온전히 거룩해진다고 합니다. 이것으로부터 **온전한** 사람은 앞서의 세 부분으로 이루어짐을 우리는 쉽게 알 수 있습니다. 이 구절은 또 영과 혼도 구별하고 있습니다. 그렇지 않다면, 바울은 그냥 너희 "혼"이라고만 말씀했을 것입니다. 하나님은 인간의 영과 혼을 구별하셨으므로, 우리는 인간이 두 부분이 아니라 세 부분으로, 즉 영과 혼과 몸으로 이루어져 있다고 결론짓는 것입니다.

영과 혼을 구별하는 것이 그렇게도 중요한 문제이겠습니까? 영과 혼의 구별은 영적 생활에 엄청나게 큰 영향을 미치기 때문에 **극히** 중요한 문제가 됩니다. 신자가 영의 영역의 범위를 알지 못하면 어떻게 그가 영적 생활을 이해할 수 있겠습니까? 이런 이해 없이 어떻게 그가 영적으로 성장할 수 있겠습니까? 영과 혼을 구별하는 일에 실패하면, 영적 성숙에 치명적입니다. 기독교인들이 혼적인 것을 영적인 것으로 말할 때가 많습니다. 그러므로 그들은 혼적 상태에 머물러 있으면서도 진짜 영적인 것을 찾지를 않습니다. 우리가 하나님께서 구분하신 것을 혼동하면 어떻게 손실을 피할 수 있겠습니까?

영적 지식은 영적 생활에 매우 중요합니다. 하지만 신자가 겸손해져서 성령의 가르침을 기꺼이 받아들이는 것 또한 똑같이 중요하다는 말을 덧붙이고 싶습니다. 그렇게 하면, 이 진리에 관한 너무 많은 지식이 없더라도 성령께서 영과 혼의 분리에 관한 경험을 그에게 주실 것입니다. 영과 혼에 관한 지식이 전무한 매우 무지한 신자이더라도 실제 생활에서는 그런 분리의 경험을 할 수 있을 것입니다. 한편, 영과 혼에 관한 진리에 완전히 정통한 매우 유식한 신자이더라도 그런 체험을 하지 못할 수도 있습니다. 따라서 이 시작 부분에서 이 사람들로 하여금 영과 혼의 각기 다른 기능을 알게 하고 그들로 하여금 영적인 것을 추구하도록 격려하고 이끌어 주는 것이 좋을 것입니다.

성경의 다른 부분들에서도 영과 혼을 이렇게 구분하고 있습니다. "하나님의 말씀은 살아있고 활력이 있어 좌우에 날선 어떤 검보다도 예리하여 **혼과 영**과 관절과 골수를 찔러 쪼개기까지 하며 또 마음의 생각과 뜻을 판단하나니"(히 4:12). 히브리서 저자는 이 구절에서 사람의 비육신적 요소를 두 부분으로, "혼과 영"으로 구분합니다. 육신적 부분은 여기서 동작과 감각 기관인 관절과 골수를 포함하는 것으로 진술되었습니다. 제사장이 칼로 제물을 잘라 완전히 절개할 때 그 속에 숨겨지는 것은 아무 것도 없습니다. 주 예수께서는 자기 백성들을 하나님의 말씀을 사용하시어 철저히 분리하시는데, 영적인 것과, 혼적인 것과, 신체적인 것을 철저히 분리하시고, 심지어 찔러 쪼개기까지 하시는 것입니다. 혼과 영은 **분리**될 수 있으므로 이것으로부터 이 둘은 성질상 다른 것이 틀림없다는 결론이 나옵니다. 따라서 사람은 세 부분의 복합체라는 것이 여기서 분명한 것입니다.

사람의 창조

"여호와 하나님이 땅의 흙으로 사람을 지으시고 생기를 그 코에 불어넣으시니 사람이 생령이 되니라"(창 2:7). 하나님께서 처음에 사람을 창조하셨을 때, 하나님은 땅의 흙으로 사람을 만드신 다음 생기(breath of life)를 코에 불어 넣으셨습니다. 생기가 사람의 영(spirit)이 되어 몸에 접촉되자 혼(soul)이 생겨났습니다. 이런 까닭에 혼은 사람의 몸과 영이 결합된 것입니다. 그러므로 성경은 사람을 "생령"(생혼)이라고 부릅니다. 생기가 사람의 영이 되었습니다. 즉 그 안의 생명의 본원(本源)이 된 것입니다. 주 예수께서 우리에게 "살리는 것은 영이니"(요 6:63)라고 말씀해 주십니다. 이 생기는 창조의 주로부터 옵니다. 그러나 우리는 **사람의** 영과 하나님의 성령을 혼동해서는 안 됩니다. 성령은 사람의 영과 다릅니다. 로마서 8장 16절에 "성령이 친히 우리의 영과 **더불어** 우리가 하나님의 자녀인 것을 증언하시나니"라고 선언함으로써 그 차이를 보여줍니다. "생기"의 "생"(life)이란 말의 원어는 chay(ㅎ하이)이며, **복수형**입니다. 이것은 하나님이 불어넣으신 기운(breathing)이 혼적인 것과 영적인 것의, 이중의 생명을 생겨나게 하신 것을 가리키는 것 같습니다. 하나님의 기운이 사람의 몸에 들어갔을 때, 그것은 사람의 영이 되었지만, 영이 몸에 작용하자 혼이 생겨났습니다. 이것은 우리의 영적 생명과 혼적 생명의 근원을 설명해 줍니다. 그러나 이 영은 하나님 **자신의** 생명이 아님을 알아야 합니다. "전능자의 기운이 나를 살리느니라."(욥 33:4)이기 때문입니다. 사람의 영은 사람 속에 하나님의 처리 안 된 생명이 들어옴도 아니며, 우리가 중생할 때 받는 하나님의 생명도 아닙니다. 우리가 거듭날 때 받는 생명은 생명나무로 예표(豫表,typified)된 하나님 자신의 생명입니다. 그러나 우리 인간의 영은 영구히 존재하기는 해도 영원한 생명을 갖고 있지 않은 것입니다.

"땅의 흙으로 사람을 지으시고"는 사람의 신체를 가리킵니다. "생기를 그 코에 불어넣으시니"는 그것이 하나님으로부터 왔을 때의 사람의 영을 가리킵니다. "사람이 생령이 되니라"는 몸이 영으로 말미암아 생명을 받아 자의식적인 사람이 되었을 때의 사람의 혼을 가리킵니다. 완전한 사람은 삼위일체, 즉 영·혼·육의 합성물입니다. 창세기 2장 7절에 의하면, 사람은 다만 두 독립된 요소인 육체적인 것과 영적인 것으로 구성되었습니다. 그러나 하나님이 이 영을 흙의 외피(外皮) 안에 두셨을 때 혼이 생기게 됐습니다. 사람의 영이 죽은 몸에 접촉하자 혼이 생겨난 것입니다. 영에서 분리된 몸은 죽어 있었습니다. 그러나 영과 함께 사람이 살아나게 된 것입니다. 이렇게 생명이 불어넣어진 기관을 혼이라고 불렀습니다.

"사람이 생령이 되니라"는 말씀은 영과 몸의 결합으로 혼을 생겨나게 한 사실을 표현할 뿐만 아니라, 이것은 영과 몸이 혼에서 완전히 **융합된**(합쳐진) 것을 암시해 줍니다. 다시 말하면, 혼과 몸이 영과 결합되고, 영과 몸이 혼에서 완전히 융합되었습니다. 아담은 "그의 타락하지 않은 상태에서, 우리의 매일의 경험이 되고 있는 문제인 우리의 영과 육신의 이 끝없는 경쟁에 대해서는 아무 것도 몰랐습니다. 그의 세 풍류(영·혼·육)가 하나로의 완전한 **혼합**이 있었고, 이 혼합의 매체인 혼은 사람의 개성의 원인, 곧 별개의 독특한 존재로서의 그의 존재의 원인이 되었습니다"

(Pember's Earth's Earliest Age). 사람은 생혼이라 불리어졌습니다. 영과 몸이 혼에서 만났고, 혼을 통해 그의 개성이 알려졌기 때문입니다. 아마 불완전한 한 가지 실례를 들 수 있을 것입니다. 물감을 물이 담긴 컵에 떨어뜨려 보십시오. 물감과 물이 섞여 잉크라 불리는 제 3의 물질이 됩니다. 이렇게 영과 몸의 두 별개의 요소가 결합해서 생혼이 됩니다(이 유추는 영과 몸의 결합으로 생긴 혼이 영과 몸과 같은 한 가지 별개의, 분해 될 수 없는 요소가 된다는 점에서 문제가 있습니다).

하나님은 사람의 혼을 특유한 어떤 것으로 다루셨습니다. 천사들은 영으로 창조되었지만 사람은 현저히 생혼으로 창조되었습니다. 사람은 생기를 지닌 몸을 가졌을 뿐만 아니라, 또한 생혼을 갖게 된 것입니다. 따라서 우리는 뒤에 성경에서 하나님께서 사람을 "혼"으로 언급하실 때가 많음을 보게 됩니다. 어째서 입니까? 사람됨은 혼에 의존하기 때문입니다. 그의 혼이 사람을 대표하며, 그의 개성을 표현하는 것입니다. 혼은 사람의 자유의지의 기관, 곧 영과 몸이 완전히 융합되는 기관입니다. 사람의 혼이 하나님을 순종하기로 의도하면, 그것은 영으로 하여금 하나님이 명하신 대로 사람에게 주권을 행사하게 허용할 것입니다. 혼은 선택 여부에 따라서는 영을 억압하고 사람의 주인이 되어 영의 그것(기쁨)과 어떤 다른 기쁨을 손에 넣을 수도 있습니다. 영·혼·육의 이 삼위일체는 부분적으로 전구로 예를 들 수 있을 것입니다. 전인(全人)을 대표할 수 있는 전구 안에는 전기와 빛과 전선이 있습니다. 영은 전기와 같고 혼은 빛과 같고 몸은 전선과 같습니다. 전기가 빛의 원인인 반면, 빛은 전기의 결과입니다. 전선은 전기를 가져오는 물질인 동시에 빛을 나타내는 물질입니다. 영과 몸의 결합은 혼을 생겨나게 하는데, 혼은 사람만이 갖고 있는 특유한 것입니다. 전기가 전선으로 운반되어 빛으로 표시됨 같이 영은 혼에 입각해서 작용하며, 혼은 다음으로 몸을 통해 표현됩니다.

하지만 혼이 현재의 삶에서 우리 존재의 여러 요소들의 집합점인 반면, 영은 우리의 부활 상태의 지배 세력이 될 것임을 기억해야만 합니다. 성경은 "육의 몸으로 심고 신령한 몸으로 다시 살아나나니"(고전 15:44)라고 말씀합니다. 하지만 여기에 중요한 점이 있습니다. 부활하신 주님과 연합된 우리는 지금에 조차 전 존재에 대한 우리 영의 지배권을 가질 수 있습니다. 우리는 생혼이 된 첫째 아담과 연합되어 있지 않고, 살려주는 영이신 마지막 아담에게 연합되어 있는 것입니다(45절).

영과 혼과 육의 각 기능

사람은 육신을 통해서 물질세계와 접촉합니다. 이런 까닭에 육신은 우리에게 **세계 의식**(world-consciousness)을 주는 부분이라 부를 수 있을 것입니다. 혼은 현재의 생존 상태에서 우리에게 도움을 주는 지성과, 감각으로부터 생기는 정서로 구성됩니다. 혼은 사람의 자아에 속하며, 사람의 인격을 나타내므로 **자의식**(self-consciousness)의 부분이라 부릅니다. 영은 우리가 하나님과 영교하며, 하나님을 알고, 예배할 수 있는 부분입니다. 영은 하나님과 우리의 관계를 알려주기 때문에 **하나님 의식**의 요소라고 부릅니다. 하나님은 영 안에 계시고, 자아는 혼에 거하고, 감각은 몸 안에 거합니다.

이미 진술한 바와 같이 혼은 영과 몸이 만나는 지점입니다. 거기서 둘이 합쳐지는(융합) 것입니다. 사람은 그의 영으로 영적 세계와 하나님의 영과 교제하며, 영적 영역의 힘과 생명을 받고 표현합니다. 사람은 그의 몸을 통하여 외부의 감각 세계와 접촉하여 그것에 영향을 주기도 하고, 영향을 받기도 합니다. 혼은 이 두 세계 사이에 서 있으며, 두 세계에 속해 있습니다. 혼은 영을 통하여 영적 세계와 연결되며, 몸을 통하여 물질세계와 연결됩니다. 혼은 또 자유 의지의 힘을 갖고 있습니다. 이런 까닭에 그것의 여러 환경 가운데에서 선택할 수가 있습니다. 하지만 영은 몸에 직접 작용할 수 없습니다. 영은 매체가 필요한데, 이 매체는 몸과 함께 영을 접촉함으로서 생겨나는 혼입니다. 그러므로 혼은 영과 몸 사이에 서서 이 둘을 함께 결합시킵니다. 영은 혼의 매개를 통해서만 몸을 복종시킬 수 있으므로 하나님을 순종할 수가 있습니다. 따라서 몸은 혼을 통하여 영을 끌어당겨 세상을 사랑하게 할 수도 있는 것입니다.

　이 세 요소들 중 영은 하나님과 연합하기 때문에 가장 고귀합니다. 몸은 물질과 접촉하기 때문에 가장 저급합니다. 이 둘 사이에 있는 혼은 이 둘을 연결시키고 이 둘의 특성을 자신의 것으로 받아들입니다. 혼은 영과 몸이 서로 교통하고 협력하는 것을 가능하게 하는 것입니다. 혼이 하는 일은 이 둘이 각기 제 위치에 있게 함으로써 둘이 올바른 관계를 잃지 않게 해줍니다. 다시 말하면, 가장 저급한 몸이 영에 종속되게 하고, 가장 고귀한 영이 혼을 통해 몸을 지배하게 하는 데에 있습니다. 사람의 주된 요소는 혼이 틀림없습니다. 혼은 영이 성령으로부터 받은 것을 전달해 주도록 영을 바라보게 되는데, 그 이유는 혼이 온전해진

후 자신이 달성한 것을 몸에게 전달해 주기 위해서입니다. 그러면 몸 또한 성령의 온전케 하심에 참여하여 신령한 몸이 되기 위한 것입니다.

영은 사람의 가장 중요한 부분이며, 그의 존재의 가장 깊은 곳에 있습니다. 몸은 가장 저급하며 맨 바깥을 차지합니다. 이 둘 사이에 혼이 있어서 그 매체의 역할을 합니다. 몸은 혼의 외피(外皮)이며, 혼은 영의 외피입니다. 영은 그 생각을 혼에 전달하고, 혼은 몸에 작용하여 영의 명령을 순종하게 합니다. 이것이 매체로서의 혼의 의미입니다. 사람이 타락하기 전에는 영이 혼을 통해 전 존재를 관리했습니다.

혼의 힘이 가장 튼튼합니다. 영과 몸이 여기서 융합되어 혼을 사람의 인격과 영향의 자리로 만들기 때문입니다. 사람이 죄를 범하기 전의 혼의 힘은 완전히 영의 지배 아래에 있었습니다. 그 힘은 그러므로 곧 영의 힘이었습니다. 영 자체로서는 몸에 작용할 수 없습니다. 매체인 혼을 통해서만 그렇게 할 수 있는 것입니다. 이것을 누가복음 1장 46-47절에서 볼 수 있습니다. "내 (영)혼이 주를 찬양하며 내(마음) 영이 하나님 내 구주를 기뻐하였음은"(Darby 역 참조). "여기의 시제상의 변화는 영이 먼저 하나님 안에서 기쁨을 품었고, 그런 다음 혼과 교통하여 그것(혼)이 몸의 기관을 통해 느낌을 표현하게 한 것을 보여 줍니다"(Pember's Earth's Earliest Age).

되풀이하면, 혼은 인격의 자리입니다. 사람의 의지와 지성과 정서가 거기에 있습니다. 영은 영적 세계와 교통하는데 사용되고, 몸은 자연 세계와 교통하는데 사용되기 때문에, 혼은 그 사이에서 그 힘을 발휘하여 영적인 세계가 지배할 것이냐, 자연세계가 지배할 것이냐를 분별하고 결정하게 됩니다. 가끔은 혼이 그 지성을 통하여 사람을 장악하여 관념 세계를 만들어 지배하기도 합니다. 영이 지배하기 위해서는 혼이 그 승낙을 주지 않으면 안 됩니다. 그렇지 않으면 영은 무력하게 되어 혼과 몸을 규제할 수 없게 됩니다. 하지만 이 결정은 혼에 달려 있습니다. 사람의 인격이 거기에 자리 잡고 있기 때문입니다.

사실상, 혼은 전 존재의 중추입니다. 사람의 의지가 혼에 속해 있기 때문입니다. 영이 전인을 지배할 수 있는 것은 혼이 자진해서 낮은 자리를 받아들일 때 뿐입니다. 혼이 그런 위치를 받아들이지 않고 반발하면, 영은 무력하여 지배할 수 없게 될 것입니다. 이것은 사람의 자유의지의 의미를 해명해 줄 것입니다. 사람은 하나님의 뜻에 따라 회전하는 로봇이 아닙니다. 사람은 스스로 결정할 완전한 주권적 힘을 갖고 있습니다. 사람은 그 자신의 의지의 기관을 갖고 있고, 하나님의 뜻을 따르거나, 아니면 하나님을 물리치고 그 대신 사탄의 뜻을 따라갈 수도 있습니다. 하나님은 사람의 가장 고귀한 부분인 영이 전 존재를 통제하기를 바라십니다. 그러나 인격의 결정 부분인 의지는 혼에 속해 있습니다. 영이 지배할 것인가, 몸이 지배할 것인가, 심지어 혼이 지배할 것인가를 결정짓는 것은 의지입니다. 혼이 이런 힘을 갖고 있고, 사람의 인격의 기관이라는 사실을 감안해서 성경에서는 사람을 "생혼"(a living soul)이라고 부릅니다.

성전과 사람

"너희는 너희가 하나님의 성전인 것과 하나님의 성령이 너희 안에 계시는 것을 알지 못하느냐"(고전 3:16)라고 바울은 쓰고 있습니다. 바울은 사람을 성전에 비유하는 계시를 받았습니다. 하나님이 전에는 성전에 계셨던 것 같이 성령은 오늘 사람 안에 거하십니다. 사람을 성전에 비유함으로서 우리는 사람의 3위1체적 요소들이 어떻게 뚜렷이 구별되어 나타나는가를 볼 수 있습니다.

우리는 성전이 세 부분으로 구분된 것을 압니다. 첫째는 모두에게 보이고, 모두가 방문하는 바깥뜰입니다. 모든 외적 예배는 여기서 드려집니다. 안으로 더 들어가면 성소가 있는데, 그 속으로는 제사장들만이 들어갈 수 있고, 거기서 기름과 향과 떡을 하나님께 드립니다. 제사장들은 하나님께 아주 가깝습니다. 하지만 가장 가깝지는 않습니다. 그들은 아직 휘장 밖에 있고, 따라서 그의 임재 앞에 설 수 없었습니다. 하나님은 그 안 가장 깊은 곳에, 지성소에 계시고, 그 속에는 어둠이 찬란한 빛으로 가리워져 있었고, 그 속으로는 아무도 들어갈 수 없습니다. 대제사장이 매년 한 번 들어가더라도, 지성소는 휘장이 찢겨지기 전에는 아무도 그곳에 있을 수 없음을 가리킵니다.

사람 역시 하나님의 성전(temple)입니다. 사람 또한 세 부분을 갖고 있습니다. 몸은 바깥뜰과 같아서 모두에게 보이는 생명과 함께 외적 위치를 차지합니다. 여기서 사람은 하나님의 모든 명령을 순종해야 합니다. 여기서 하나님의 아들이 대속물이 되셔서 인류를 위해 죽으십니다. 안에는 사람의 내적 삶을 구성하고, 사람의 정서와 의시와 정신을 포함하는 사람의 혼이 있습니다. 숭생한 사람의 성소가 이와 같습니다. 그(하나님)의 사랑과 뜻과 생각이 충분히 조명되므로 그가 옛 제사장이 행했던 대로 하나님을 섬길 수 있는 것입니다. 장막 뒤의 가장 깊은 곳에는 그 속으로 인간의 빛이 침투해 들어간 적이 없으며, 육안이 꿰뚫고 들여다 본 적이 없는 지성소가 있습니다. 이곳은 "지극히 높으신 이의 은밀한 곳"으로 하나님이 거하시는 자리입니다. 하나님께서 휘장을 찢고자 아니하시면 사람이 도달할 수 없는 곳입니다. 이것이 사람의 영입니다. 이 영이 사람의 자의식 너머에, 그의 감각 능력 너머에 있습니다. 여기서 사람이 하나님과 연합되고 영교하게 됩니다.

지성소에는 어떤 빛도 공급되지 않습니다. 하나님이 거기에 거하시기 때문입니다. 성소에는 일곱 가지로 된 등잔으로 공급되는 빛이 있습니다. 바깥뜰은 환한 햇빛 아래에 있습니다. 이 모든 것은 중생한 사람에 대한 상징적 표현과 영상(shadows) 구실을 합니다. 그의 영은 하나님이 거하시는 지성소와 같아서 모든 것이 믿는 자의 시각과 감각과 이해 너머에서 믿음으로 수행되는 것입니다. 혼은 성소를 닮고 있는데, 수많은 합리적 생각과 지침과, 관념적 및 물질세계의 여러 사물들에 대한 많은 지식과 이해로 충분히 비춰어 있습니다. 몸은 모두에게 뚜렷이 보이는 바깥뜰에 비교됩니다. 몸의 행동은 모두에게 보여 질 수 있는 것입니다.

하나님께서 우리에게 보여주시는 순서는 틀림이 없습니다. "너희의 온 영과 혼과 몸"입니다(살전 5:23). "혼과 영과 몸"이 아니며, "몸과 혼과 영"도 아닙니다. 영이 걸출한 부분이며, 따라서 맨 먼저 진술되었습니다. 몸은 가장 저급하며, 따라서 맨 끝에 언급되었습니다. 혼은 그 사이에 서 있으며, 또 그렇게 진술되었습니다. 하나님의 순서를 바라보면서, 우리는 사람을 성전에 비유한 성경의 지혜를 올바로 인식할 수 있습니다. 우리는 순서와 가치와 관련해서 성전과 사람 사이에 있는 완전한 조화를 알아볼 수 있습니다.

성전에서의 의식은 지성소의 계시에 따라 움직입니다. 성소와 바깥뜰의 모든 활동은 지성소의 하나님의 임재에 의해 규제받습니다. 이곳은 가장 신성한 곳, 성전의 네 모퉁이가 한 점에 모이고, 멈추는 지점입니다. 지성소에서는 아무 것도 행해지지 않는 것처럼 보일지 모릅니다. 칠흑처럼 캄캄하기 때문입니다. 모든 활동은 성소에서 행해집니다. 바깥뜰의 활동들조차 성소의 제사장들에 의해 관리됩니다. 그러나 성소의 활동들은 실제로는 지성소의 철저한 고요함과 평안의 계시의 지시를 받습니다.

그 영적 적용성을 인지하기는 어렵지 않습니다. 우리 인격의 기관인 혼은 생각과 의지와 정서로 구성됩니다. 마치 혼이 모든 것의 주인인 것 같아 보입니다. 몸이 그 지시를 따르기 때문입니다. 그러나 타락하기 전에는 혼은 그 수많은 활동에도 불구하고 영의 지배를 받았습니다. 따라서 이것이 하나님께서 여전히 원하시는 순서입니다. 첫째로 영, 다음에 혼, 끝으로 몸입니다.

제2과 영과 혼

마리아가 가로되 내 영혼이 주를 찬양하며 내 마음이 하나님 내 구주를 기뻐하였음은(눅 1:46-47 NASV).

영

성경의 가르침과 신자들의 경험에 의하면, 사람의 영은 세 부분으로 구성된다고 말할 수 있고, 표현을 바꾸면, 영은 세 가지 주요 기능을 갖고 있다고 말할 수 있습니다. 이 세 가지는 양심, 직관, 영교(communion)입니다. **양심**은 옳고 그른 것을 구별하는 분별 기관이지만, 두뇌에 저장된 지식의 영향을 통해서가 아니라, 임의적, 직접적 판단에 따라 분별합니다. 양심의 판단이 이성에 의한 추리를 통해 뒷받침 될 때가 많을 것입니다. 양심이 하는 일은 독립되어 있고, 직관적입니다. 그것은 외부 여론에 굽히지 않습니다. 사람이 잘못을 범하면, 양심은 비난의 소리를 높일 것입니다. **직관**은 인간의 영의 감각 기관입니다. 이것은 신체적 감각과는 전혀 달라, 직관이라 부릅니다. 직관은 외부의 어떤 영향과 관계 없이 직접적 인식을 가져옵니다. 지성이나 정서나 의지로부터 아무 도움도 받지 않고 우리에게 오는 이 지식은 직관적으로 옵니다. 우리는 직관을 통해 실제로 "압니다." 우리의 마음(mind-지·정·의로 구성되는)은 우리의 "이해"를 돕는 것에 지나지 않습니다. 하나님의 계시와 성령의 모든 움직임은 직관을 통해 신자에게 알려집니다. 그러므로 신자는 이 두 요소, 곧 양심의 소리와 직관의 가르침에 주목해야 합니다. **영교**는 하나님을 예배하는 것을 말합니다. 혼의 기관들은 하나님께 예배할 능력이 없습니다. 하나님은 우리의 생각과 느낌과 의도로는 알 수 없습니다. 하나님은 우리의 영으로 **직접적으로**만 알 수 있기 때문입니다. 우리의 하나님 예배와 우리에 대한 하나님의 교통은 영에서 직접 이루어집니다. 하나님의 교통하심은 혼이나 겉 사람이 아니라 "속사람" 안에서 알려집니다.

이상의 세 가지 요소인 양심, 직관, 영교는 깊이 서로 연관되어 있고, 대등한 위치에서 활동합니다. 양심과 직관의 관계는 양심은 직관에 따라 판단한다는 것이며, 양심은 직관이 보내는 명령을 따르지 않는 모든 행동을 정죄한다는 것에 있습니다. 직관은 하나님이 사람에게 직관적으로 알려지시고, 그의 뜻을 사람에게 직관으로 계시하신다는 점에서 영교 또는 예배와 관련됩니다. 아무리 많은 분량의 기대나 추론도 하나님을 우리에게 알게 할 수는 없습니다.

다음의 일단의 성경 구절들을 따라가 보면, 우리의 영이 양심의 기능(우리는 영이 양심이라고는 말하지 않습니다)과, 직관의 기능(또는 영적 감지<sense>)과, 영교(또는 예배)의 기능을 갖고 있음을 쉽게 볼 수 있습니다.

가) **사람의 영**의 양심의 기능

"네 하나님 여호와께서…그의 (성품) 영을 **완강하게** 하셨고."
신 2:30
"(충심) 영으로 **통회하는** 자를 구원하시는도다." 시 34:18
"내 안에 **정직한** 영을 새롭게 하소서." 시 51:10
"예수께서 이 말씀을 하시고 (심)영으로 **괴로워** 증언하여 이르시되." 요 13:21
"그 성에 우상이 가득한 것을 보고 (마음)영이 **격분하여**." 행 17:16
"성령이 친히 우리의 영과 더불어 우리가 하나님의 자녀인 것을 **증언하시나니**." 롬 8:16
"내가…영으로는 함께 있어서 거기 있는 것 같이…이미 **판단하였노라**." 고전 5:3
"내 (심)영이 **편하지** 못하여." 고후 2:13(AV)
"하나님이 우리에게 주신 것은 **두려워하는** (마음)영이 아니요."
딤후 1:7

나) **사람의 영**의 직관의 기능

"(마음)영에는 **원이로되**." 마 26:41
"예수께서 (중심)영으로 **아시고**. 막 2:8
"예수께서 (마음)영으로 깊이 **탄식하시며**." 막 8:12
"예수께서… (심)영에 **비통히** 여기시고." 요 11:33
"바울의 영이 말씀에 **붙잡혀**." 행 18:5(AV)

"**영**의 열심으로." 행 18:25

"나는 (성)영에 **매여** 예루살렘으로 가는데." 행 20:22

"사람의 일을 사람 속에 있는 영 외에 누가 **알리요**." 고전 2:11

"그들이 나와 너희 (마음) 영을 **시원하게 하였으니**." 고전 16:18

"그의 (마음) 영이 너희 무리로 말미암아 **안심함을 얻었음이라**." 고후 7:13(AV)

다) **사람의 영**의 영교의 기능

"내 마음(영)이 하나님 내 구주를 **기뻐하였음은**." 눅 1:47

"아버지께 참되게 예배하는 자들은 영과 진리로 **예배할지니라**." 요 4:23

"내가…내 (심)영으로 **섬기는**." 롬 1:9

"우리가 영의 새로운 것으로 **섬길** 것이요." 롬 7:6

"너희는…양자의 영을 받았으므로 우리가 아빠 아버지라 **부르짖느니라**." 롬 8:15

"성령이 친히 우리의 영과 **더불어** 우리가 하나님의 자녀인 것을 증언하시나니." 롬 8:16

"주와 **합하는** 자는 한 영이니라." 고전 6:17

"내가 영으로 **찬송하고**." 고전 14:15

"네가 영으로 **축복할** 때에." 고전 14:16

"(성)영으로 **나를 데리고**." 계 21:10

성경을 살펴보면 비중생한 영은 혼의 기능과 다르지 않게 기능하는 것 같아 보입니다. 다음 구절들이 이것을 예시해 줍니다.
"그의 (마음)영이 번민하여." 창 41:8
"그때에 그들의 (노여움)영이 풀리니라." 사 8:3(다아비 참조)
"(마음)영이 조급한 자는 어리석음을 나타내느니라." 잠14:29 (다아비 참조)
"(심)영의 근심은 뼈를 마르게 하느니라." 잠 17:22
"(마음)영이 혼미하던 자들." 시 29:24
"(심)영이 상하므로 통곡할 것이며." 사 65:14
"(뜻)영이 완악하여." 단 5:20

신자가 거듭나기 전에는 그의 영이 그의 혼에게 너무 내리 덮이고 에워싸여 있어 어느 것이 혼으로부터 오고, 어느 것이 영에서 나오는지 구별하는 일이 불가능합니다. 영의 기능이 혼의 기능과 뒤섞여 온 것입니다. 더우기, 영은 하나님에 대한 그 본래의 기능을 상실했습니다. 영은 하나님께 죽어 있는 것입니다. 따라서 영은 혼의 장식품처럼 보일 것입니다. 그래서 이렇게 지성과 정서와 의지가 강화됨에 따라 영의 기능들은 너무 가리워지고 숨겨져서 그 기능들이 거의 알려지지 않게 되었습니다. 신자가 중생한 후에 혼과 영을 구분하는 작업이 반드시 있어야 하는 것이 이런 까닭에서 입니다.

혼

사람은 그로 하여금 하나님과 영교할 수 있게 하는 영을 갖고 있는 것 말고도 그의 자아의식을 가능하게 하는 혼을 갖고 있습니다. 사람은 그의 혼의 기능을 통해 그의 존재를 의식하게 됩니다. 혼은 우리의 인격이 앉아 있는 자리입니다. 우리를 사람 되게 하는 요소들은 혼에 속해 있습니다. 지성, 생각, 이념, 사랑, 정서, 분별, 선택, 결정 등은 다만 혼의 다양한 경험에 지나지 않습니다.

영과 몸이 우리의 인격을 이루고 있는 혼 안에 섞여 있다는 것에 대해서는 이미 설명한 바 있습니다. 마치 사람이 다만 이 한 가지 요소만을 갖고 있는 듯이 성경에서 사람을 가끔 "혼"이라고 부르는 이유도 이 때문입니다. 다시 말하면, 야곱이 그의 온 가족을 애굽으로 데려왔을 때, "야곱의 집 사람으로 애굽에 이른 자(혼들)가 모두 칠십 명이었더라"(창 46:27)라고 기록되었습니다. "혼"이 "사람" 대신 사용된 곳의 실례가 성경의 원어에 많이 나옵니다. 인격이 앉아 있는 자리와 그 본질은 혼입니다. 한 사람의 인격을 알면, 그의 사람됨을 인지할 수 있습니다. 사람의 존재와 특징과 삶은 모두 혼에 있습니다. 따라서 성경은 사람을 "혼"이라고 부르는 것입니다.

사람의 인격을 구성하고 있는 것은 의지와 지성과 정서의 세 가지 주요 기능입니다. 의지는 우리의 선택 능력을 보여주는, 마음의 결정을 위한 도구입니다. 이지는 우리가 "하겠다" 또는 "하지 않겠다"는 등 우리가 자진해서 하는 마음 또는 내키지 않는 마음을 표현합니다. 의지가 없으면 사람은 로봇으로 축소되고 맙니다. 우리의 생각을 위한 도구인 지성은 우리의 지적 능력을 나타냅니다. 이것에서 지혜와 지식과 추리가 생겨납니다. 이것이 없으면, 사람은 어리석고 아둔해집니다. 선호와 혐오의 도구는 정서의 기능입니다. 정서를 통해 우리는 사랑과 미움을 표시하고, 기쁨과 분노와 슬픔과 행복을 느낍니다. 이것이 부족하면, 사람이 나무나 돌처럼 무감각하게 됩니다.

혼 생명

어떤 성경학자들은 헬라어로 "생명"을 표시하기 위해 각기 다른 세 낱말이 사용되었다고 지적해 줍니다. 첫째로, 비오스(bios) 둘째로, 프쉬케(psuche) 셋째로, 조에(zoe)입니다. 이 낱말들은 모두 생명을 서술하지만, 매우 다른 의미를 전달합니다. 비오스는 생명 또는 생활을 말해줍니다. 우리 주 예수께서 성전 헌금함에 생활비 전부를 넣은 그 과부를 칭찬하셨을 때 이 낱말을 사용하셨습니다. 조에는 최고의 생명, 영의 생명입니다. 성경에서 영생에 대해 말씀할 때마다 이 말을 사용합니다. 프쉬케는 사람의 활기 넘치는 생명, 그의 타고난 생명, 혼 생명을 말해줍니다. 성경은 인간의 생명을 서술할 때 이 용어를 사용합니다.

성경에서 "혼" 또는 "혼 생명"이란 말들이 원어에서는 단 한 가지 같은 낱말이란 것을 여기서 주목합시다. 구약성경에서는 혼을 나타내는 히브리어 네페쉬(nephesh)가 "혼 생명"을 위해 사용되었습니다. 신약성경에서는 따라서 "혼"과 "혼 생명"에 대하여 헬라어 프쉬케를 사용합니다. 이런 까닭에 "혼"은 사람의 세 요소의 하나일 뿐만 아니라 사람의 생명, 그의 타고난 생명입니다. 성경에 "혼"이 "생명"으로 번역된 곳이 많이 있습니다.

우리는 혼이 우리의 인격의 자리라는 것을 살펴보았으므로, 의지의 기관이며 자연(타고난) 생명인 이 혼은 또한 "진정한 나" 즉 나 자신이라고 우리는 쉽게 결론지을 수 있습니다. 우리의 자아는 혼입니다. 이것 또한 성경에서 쉽게 증명될 수 있습니다. 민수기 30장에 서원이란 말이 열 번 나옵니다. 원어로는 "그의 혼을 묶는다"는 뜻입니다. 이것으로부터 우리는 혼이 그 자신의 자아임을 이해하게 됩니다. 성경의 다른 많은 구절에서도 "혼"이란 말이 자아(자기)로 번역되었습니다.

제3과 사람의 타락

죄의 삯은 사망이요 하나님의 은사는 그리스도 예수 우리 주 안에 있는 생명이니라(롬 6:23 NASV).

하나님이 만드신 사람은 다른 모든 창조물과 눈에 띄게 다릅니다. 사람은 천사들의 그것(영)과 비슷한 영을 갖고 있는 한편, 저급한 동물들의 그것(혼)과 비슷한 혼을 갖고 있습니다. 사람을 창조하셨을 때 하나님은 사람에게 완전한 자유를 주셨습니다. 하나님은 사람을 로봇으로 만들어 자기 의지로 기계를 조종하듯 하시지 않았습니다. 이것이 창세기 2장에서 분명한데, 하나님은 최초의 사람에게 그가 먹을 수 있는 열매와 먹지 못할 열매를 일러주셨습니다. 하나님이 창조하신 사람은 하나님이 움직이시는 기계가 아니었습니다. 그 대신 사람은 완전한 선택의 자유를 갖고 있었습니다. 그가 하나님을 순종하고 싶으면 그렇게 할 수 있었고, 하나님을 거역하고 싶으면 그렇게 할 수 있었습니다. 사람은 주권을 갖고 있었으므로, 그의 의지를 발휘하여 순종, 불순종을 마음대로 선택할 수 있었습니다. 이것은 매우 중요한 점입니다. 우리의 영적 생활에서 하나님은 우리로부터 자유를 결코 빼앗지 않으신다는 사실을 알아야만 하기 때문입니다. 우리가 능동적으로 협력하지 않으면, 하나님은 우리를 대신해서는 어떤 일도 떠맡지 않으실 것입니다. 하나님도 마귀도 먼저 우리의 승낙을 얻지 않고는 어떤 일도 할 수 없습니다. 사람의 의지가 자유롭기 때문입니다.

사람의 영은 애초에는 그의 전 존재의 가장 높은 부분이었으므로 혼과 몸은 영에 복종하게 되어 있었습니다. 정상 상태에서는 영은 여주인과 같고, 혼은 청지기와 같고, 몸은 종과 같습니다. 여주인은 여러 가지를 청지기에게 맡기고, 청지기는 종에게 명하여 일들을 수행하려고 합니다. 여주인은 청지기에게 은밀하게 명령하고, 청지기는 종에게 이것을 공공연히 전달합니다. 청지기가 모든 것의 주인인 듯 보입니다. 하지만 실제로는 모든 것의 주인은 여주인입니다. 불행하게도 사람은 타락했습니다. 그는 패배했고, 죄를 지었습니다. 그 결과 영, 혼, 육의 순서가 뒤죽박죽으로 되었습니다.

하나님은 사람에게 주권적 능력을 주셨고, 사람의 혼에 수많은 자질들을 선물로 주셨습니다. 생각과 의지 또는 지성과 의도는 그 중요한 부분들입니다. 하나님의 애초의 목적은, 사람의 혼이 하나님의 영적 생명의 진리와 본질을 받고 흡수 동화하게 하는 데 있었습니다. 하나님은 사람이 그의 지식과 의지를 자기 자신의 것으로 받아들이게 하기 위해 여러 자질들을 선물로 주셨습니다. 사람의 영과 혼이 각기 그 창조된 완선함과 진진힘과 생기를 유지했더라면, 그의 몸은 변함없이 영원히 생존할 수 있었을 것입니다. 사람이 그의 의지를 발휘하여 생명 과일을 따먹었더라면 틀림없이 하나님 자신의 생명이 그의 영에 들어가 그의 혼에 가득하여 그의 속사람을 변화시키고, 그의 몸을 불멸의 몸으로 바뀌어지게 했을 것입니다. 그랬더라면 그는 문자 그대로 "영원한 생명"을 소유하게 됐을 것입니다. 그 결과 그의 혼 생명은 영적 생명으로 완전히 채워졌을 것이며, 그의 전 존재는 영적인 것으로 변화됐을 것입니다. 이와 반대로, 영과 혼의 순서가 뒤바뀌면, 사람은 어둠 속으로 들어가게 되고, 인간의 몸은 영속할 수 없어 곧 부패될 것이었습니다.

사람의 혼이 어떻게 생명나무가 아니라 선악을 알게 하는 나무를 선택했는지 우리는 압니다. 하지만 아담에 대한 하나님의 뜻은 생명나무의 열매를 먹는 것이었음이 분명하지 않습니까? 아담이 선악의 나무의 열매를 먹는 것을 금하시고, 그가 먹는 날에는 죽을 것이라고 경고하시기 전에(창 2:17), 하나님은 먼저 동산 안의 모든 나무의 열매를 마음대로 먹으라고 명하셨고, 동산 가운데 생명나무를 일부러 언급하셨기 때문입니다. 이것이 그렇지 않다고 누가 부인할 수 있겠습니까?

"선악을 알게 하는 나무"는 인간의 혼을 높이고, 영을 억압합니다. 하나님이 이 열매를 먹지 말라고 금하신 것은 사람을 시험해보기 위한 것이 아니었습니다. 이 열매를 먹음으로서 사람의 혼 생명이 너무 자극을 받아 그의 영적 생명이 질식할 것을 아셨기에 금하신 것입니다. 이것은 사람이 하나님에 대한 참된 지식을 잃게 하고, 따라서 하나님에 대하여 죽게 될 것을 의미하는 것입니다. 하나님의 금하심은 하나님의 사랑을 보여줍니다. 세상에서 선악의 지식은 그 자체가 악입니다. 그런 지식은 사람의 혼의 지성에서 나옵니다. 이 지식은 혼 생명을 부풀리게 되고, 그 결과 영적 생명을 짓눌러 하나님을 조금도 알지 못하는 지점으로, 죽은 거나 다름없는 지점으로 까지 수축시킵니다.

수많은 하나님의 종들이 이 생명나무를 그의 아들 주 예수 안에서 세상에 생명을 주시는 것으로 생각합니다. 이것은 영원한 생명, 하나님의 성품, 그의 창조되지 않은 생명입니다. 이런 까닭에, 우리는 여기에 두 나무를 보게 되는데, 하나는 영적 생명을 싹트게 하고, 또 하나는 혼적 생명을 발달시킵니다. 원초 상태의 사람은 죄도 없고, 거룩하지도, 의롭지도 않습니다. 그는 두 나무 사이에 서 있습니다. 그는 하나님의 생명을 받아 신령한 사람이 되어 신의 성품에 참여하는 자가 될 수 있거나, 아니면 그의 창조된 생명을 부풀리어 혼적 생명으로 되어, 그의 영에 죽음을 가져올 수도 있습니다. 하나님은 사람의 이 세 부분에 완전한 균형을 이루게 하셨습니다. 한 부분이 지나치게 발달하면, 다른 부분들은 고통을 받습니다.

아담의 죄의 성격을 검토해보면 반역 이외에도 일종의 독립성도 있음을 발견하게 됩니다. 우리는 여기서 자유 의지를 보지 못해서는 안 됩니다. 한편, 생명나무는 **의존** 의식을 의미합니다. 사람이 그 때 하나님의 성품을 갖고 있지는 못했습니다. 그러나 그가 생명나무 열매를 먹었다면 하나님의 생명을 확보할 수 있었을 것입니다. 사람은 정점에 도달하여 바로 하나님의 생명을 소유할 수 있었을 것입니다. 이것은 의존인 것입니다. 한편, 선악의 지식의 나무는 **독립성**을 암시합니다. 사람이 자기 의지를 발휘하여 약속받지 않은 지식, 곧 하나님이 그에게 주시지 않은 그 무엇을 얻으려고 했기 때문입니다. 그의 반역이 그의 독립성을 선포한 셈입니다. 반역함으로서 그는 하나님을 의지할 필요가 없었습니다. 더우기 그의 선악의 지식의 추구 역시 그의 독립성을 보여줍니다. 그는 하나님께서 이미 주신 것으로 만족하지 않았던 것입니다. 영적인 사람과 혼적인 사람의 차이는 수정처럼 분명합니다. 영적인 사람은 철저히 하나님을 의지하고, 하나님이 주신 것으로 완전히 만족합니다. 혼적인 사람은 하나님과 떨어져서 다른 방향으로 나가며, 하나님이 주시지 않은 것, 특히 "지식"을 탐합니다. 독립성은 혼적인 사람 특유의 표입니다. 그것이 아무리 선하고, 심지어 하나님을 예배하는 것이더라도 하나님에 대한 완전한 의존을 요청하지 않고, 그 대신 사람 자신의 힘에 의존하는 것이라면 그것은 혼에서 오는 것이 틀림없습니다. 생명나무는 우리 안에서 지식의 나무와 함께 자랄 수 없습니다. 반역과 독립성은 죄인과 성도들이 함께 범한 모든 죄를 설명해준다고 하겠습니다.

타락 후의 영과 혼과 몸

아담은 자기 안에서 영이 된 생기로 살았습니다. 그는 영으로 하나님을 감지하고(sense), 하나님의 음성을 알고, 하나님과 영교했습니다. 그는 하나님을 빈틈없이 알았습니다. 그러나 타락 후에 그의 영은 죽었습니다.

하나님께서 처음에 아담에게 "네가 (선악을 알게 하는 나무의 열매를) 먹는 날에는 반드시 죽으리라"(창 2:17)고 말씀하셨습니다. 그렇지만 아담과 하와는 금지된 열매를 먹은 후에도 수백 년간을 계속 살았습니다. 이런 사실은 하나님께서 예고하셨던 죽음이 신체적인 것이 아니었음을 보여줍니다. 아담의 죽음은 그의 영에서 시작된 것입니다.

죽음이란 무엇입니까? 과학적 정의에 의하면, 죽음은 "환경과의 교통의 중단"입니다. 영의 죽음은 하나님과 교통의 중단입니다. 몸의 죽음은 영과 몸의 교통의 단절입니다. 그러므로 영이 죽었다고 말할 때의 의미는, 영이 더 이상 존재하지 않는다는 뜻이 아니라, 단순히 영이 하나님에 대한 감수성이 상실되고 따라서 하나님에 대해 죽었다는 뜻입니다. 정확한 상황은 영이 무능력해져서 하나님과 교통할 수 없다는 뜻입니다. 이를테면, 벙어리도 입과 폐가 있으나, 성대에 무언가 잘못되어 그가 말을 할 능력이 없다는 뜻입니다. 인간의 언어에 관한 한, 그의 입은 죽은 것으로 간주된다는 것입니다. 이처럼 아담의 영은 하나님에 대한 그의 불순종 때문에 죽었습니다. 그가 아직 영을 갖고는 있으나, 영적 본능을 잃었으므로 하나님께는 죽은 것입니다. 지금도 그렇습니다. 죄가 하나님에 대한 영의 예민한 직관적 앎을 파괴했고 사람으로 하여금 영적으로 죽게 했습니다. 그가 종교적이고, 도덕적이고, 학식 있고, 유능하고, 강하고 지혜로울지는 모릅니다. 그러나 그는 하나님께는 죽었습니다. 그가 하나님을 논하고, 하나님을 추리하고, 하나님을 설교할지는 모르나 그는 하나님께 여전히 죽었습니다. 사람은 하나님의 영의 소리를 듣거나 느낄 수 없습니다. 그 결과 신약성경에서 하나님은 육신으로 살고 있는 사람들을 죽은 자로 말씀하실 때가 많습니다.

우리 조상의 영에서 시작된 죽음은 점점 퍼져나가 그의 몸에까지 이르렀습니다. 그의 영이 죽은 후에도 그가 오래도록 실있지만, 죽음은 그의 영, 혼, 몸이 모두 죽을 때까지 그 안에서 끊임없이 작용했습니다. 변화되고 영화(榮化)될 수도 있었던 그의 몸은 그 대신 흙먼지로 돌아갔습니다. 그의 속사람이 혼란에 빠졌기 때문에 그의 겉 사람은 죽어 부스러져야 했습니다.

그 후부터 아담의 영(그의 모든 후손들의 영과 함께)은 점차 혼과 뒤섞이고 두 부분이 단단히 결합될 때까지 혼의 억압에 떨어졌습니다. 히브리서 저자는 4장 12절에서 하나님의 말씀은 혼과 영을 찔러 쪼갠다고 선언합니다. 이 같은 분리는 영과 혼이 하나가 되었기 때문에 필요한 것입니다. 이 둘이 깊이 밀착되어 있는 한 이것은 사람을 정신세계 속으로 던져 넣습니다. 모든 것이 지성이나 느낌의 명령에 따라 행해집니다. 영은 그 힘과 감각을 잃어 마치 죽은 듯이 잠들어 있습니다. 영이 하나님을 알고 섬기던 본능이 전적으로 마비된 것입니다. 그것은 마치 존재하지 않는 듯 혼수상태에 있습니다. 이것이 유다서 19절의 "육에 속한 자며 (성)영이 없는 자"(문자 그대로)입니다. 이것은 사람의 영이 존속을 중단한다는 뜻이 아닙니다. 신명기 16장 22절에서 하나님은 "모든 육체의 생명(영들)의 하나님"이라고 명백하게 진술하고 있습니다. 비록 죄로 어두워지고 무능해져서 하나님과 영교를 가지지 못할지라도 모든 인간은 아직 영을 소유하고 있는 것입니다.

정열과 정욕의 요구에 굴복하여 혼은 신체의 노예가 되었으므로 성령은 그런 자 안에 하나님이 계실 자리를 찾을 수가 없습니다. 이런 까닭에, 성경은 "나의 영이 영원히 사람과 함께 하지 아니하리니 이는 그들이 육신이 됨이라"(창 6:3, 다아비역 참조)라고 선언합니다. 성경은 육신을 중생하지 못한 혼과 신체적 생명의 합성물로 언급합니다. 몸 안의 죄를 지적할 경우에만 그러하지만 사람이 일단 완전히 육신의 지배 아래에 오면, 그가 자기 자신을 해방시킬 가능성은 없습니다. 혼이 영의 권위를 대신하게 된 것입니다. 모든 것을 독자적으로 그의 마음(지정의)의 명령에 따라 행합니다. 종교적인 문제에서도, 하나님을 열렬히 추구함에서도 성령의 계시는 없이 모든 것이 사람의 혼의 힘과 의지로 수행됩니다. 혼은 영과 독립되어 있을 뿐만 아니라, 이어 몸의 통제를 받습니다. 혼은 이제 몸의 정욕과 정열과 요구사항을 순종하고, 수행하고, 성취하라는 요구를 받습니다. 그러므로 아담의 모든 자손은 그의 영이 죽었을 뿐만 아니라, "땅에서 났으니 흙에 속한 자"(고전 15:47)입니다. 타락한 인간은 육신에 완전히 지배되어 혼적 생명의 욕망과 육체적 정욕에 따라 행합니다. 그런 자들은 하나님과 영교할 수 없습니다. 가끔은 그들의 지성을, 또 가끔은 그들의 정욕을 과시하지만, 지성과 정욕을 모두 드러낼 때가 더 많습니다. 육신은 방해를 받지 않는 한 전인을 단단히 장악하고 있습니다.

이것이 유다서 18,19절에 펼쳐져 있습니다. "자기의 경건하지 않은 정욕대로 행하며 조롱하는 자들이 있으리라 하였나니 이 사람들은 분열을 일으키는 자며 육에 속한 자며 성령은 없는 자니라(다아비역 참조). 혼적으로 되는 것은 영적으로 되는 것과 대립됩니다. 우리의 가장 고귀한 부분이며 하나님과 연합하여 혼과 몸을 통제해야 할 영이, 지금은 그 동기와 목적에서 우리의 세속적 부분인 혼의 지배 아래에 있습니다. 영이 그 원래의 위치를 빼앗긴 것입니다. 사람의 현 상태는 비정상입니다. 그러므로 사람이 영을 갖지 못한 것으로 묘사되어 있는 것입니다. 혼적인 것의 결과는 그가 경건하지 않은 정욕을 추구하며 분열을 일으키며 조롱하는 자가 되었다는 것입니다.

고린도전서 2장 14절에서 중생하지 않은 사람들을 이렇게 말씀하고 있습니다. "육에 속한 (혼적인) 사람은 하나님의 성령의 일들을 받지 아니하나니 이는 그것들이 그에게는 어리석게 보임이요 또 그는 그것들을 알 수도 없나니 그러한 일은 영적으로 분별되기 때문이라." 혼의 통제를 받아 영이 억압되어 있는 사람들은 영적인 사람들과 뚜렷이 다릅니다. 그들이 극히 이지적이고, 권위 있는 이념이나 이론들을 내놓을지는 모르지만 그들은 하나님의 성령의 일들에 동의하지 않습니다. 그들은 성령으로부터 계시를 받을 능력이 없습니다. 그런 계시는 인간의 이념과 크게 다릅니다. 사람은 인간의 지성과 추리가 전능하며, 뇌가 세계의 모든 진리를 파악할 수 있다고 생각할지 모릅니다. 그러나 하나님의 말씀의 판단은 "헛되고 헛되며"입니다.

하나님의 생각은 영이 혼을 통제하여 우위를 갖게 하는데 있습니다. 그러나 사람이 일단 육적인 데로 방향을 틀면 그의 영은 혼에 예속되어 버리고 맙니다. 사람이 일단 신체적(육에 속한)으로 되면, 그는 더욱 퇴보하게 됩니다. 가장 천한 몸이 주권을 갖게 되기 때문입니다. 사람은 "성령의 지배"로부터 "혼의 지배"로, 다시 "혼의 지배"에서 "몸의 지배로" 내려간 것입니다. 육신이 지배한다면 얼마나 비참한 일이겠습니까.

죄는 영을 살해했습니다. 이후로는 영적 죽음이 모두의 몫이 되는 것입니다. 모든 사람이 죄와 허물로 죽었기 때문입니다. 죄는 혼을 독립시켰습니다. 그러므로 혼적 생명은 이기적이며, 제멋대로 하는 것에 다름없게 된 것입니다. 죄는 마침내 몸에다가 권한을 부여했습니다. 따라서 죄의 성품이 몸에 군림하게 된 것입니다.

제 4 과 구원

하나님이 죄를 알지도 못하신 자로 우리를 대신하여 죄를 삼으신 것은 우리로 하여금 저의 안에서 하나님의 의가 되게 하려 하심이 니라(고후 5:21 NASV).

갈보리의 심판

죽음은 사람의 타락을 통해 세상에 들어왔습니다. 이 죽음은 사람과 하나님을 갈라놓은 영적 죽음입니다. 죄를 통해 시초에 죽음이 들어왔고, 그때 이후 줄곧 죽음이 오게 된 것입니다. 죽음은 항상 죄를 통해 옵니다. 로마서 5장 12절에서 이 문제에 대해 우리에게 말씀하심을 주목하십시오. 첫째로, "한 사람으로 말미암아 죄가 세상에 들어오고"입니다. 아담이 죄를 지었고, 죄가 세상에 들어왔습니다. 둘째로, "죄로 말미암아 사망이 들어왔습니다." 사망은 죄의 변함없는 결과입니다. 끝으로, 그러므로 "모든 사람이 죄를 지었으므로 사망이 모든 사람에게 이르렀습니다." 죽음이 모든 사람**에게** "이르렀"거니 또는 모든 사람 **위에** "퍼져나갔"(다아비역 참조)을 뿐만 아니라, 문자 그대로 "사망이 모든 사람**에게** 지나갔습니다"(Young's). 죽음이 모든 사람의 영, 혼, 몸에 스며들었고, 죄가 스며들지 않은 부분은 없었습니다. 그러므로 사람은 하나님의 생명을 반드시 받아야만 합니다. 구원의 길은 인간을 개혁하는데 있지 않습니다. "사망"은 개선될 수 없기 때문입니다. 죽음에서 구출받기 전에 먼저 죄가 심판 받아야만 하는 것입니다. 이것이 정확히 주 예수님의 구원으로 이루어졌습니다.

  죄를 짓는 사람은 죽어야 합니다. 이렇게 성경에 선언되었습니다. 짐승도 천사도 사람을 대신해 죄의 형벌을 받을 수 없습니다. 죄를 짓는 것은 사람의 삼위일체적 본성입니다. 그러므로 죽어야만 할 것은 사람입니다. 오직 인간만이 인간의 죄를 보상할 수 있습니다. 그러나 죄는 인간 안에 있으므로 사람 자신의 죽음은 그의 죄를 보상할 수 없습니다. 주 예수께서 오셔서 인간의 본성을 취하셨습니다. **그가** 인간을 대신해 심판받기 위해서입니다. 그러므로 죄에 오염되지 않은 그의 거룩한 인성이 죄 지은 인성을 대신해 죽음을 통해 보상할 수 있었습니다. 그가 대신해서 죽으셨고, 죄의 모든 형벌을 받으셨고, 그의 생명을 많은 사람을 위한 몸값으로 바치셨습니다. 그 결과 누구든지 그를 믿는 자는 심판에 이르지 않습니다(요 5:24).

  말씀이 육신이 되셨을 때, 그는 모든 육체를 그 안에 포함시키셨습니다. 아담 한 사람의 행동이 온 인류의 행동을 대표한 것 같이, 한 사람 그리스도의 사역이 모두의 일을 대표하는 것입니다. 우리는 구속(救贖)을 이해할 수 있기 전에 그리스도께서 얼마나 포괄적이신지를 보아야만 합니다. 어째서 한 사람 아담의 죄가 현재와 과거의 모든 사람의 죄로서 판단 받습니까? 아담은 인류의 머리이며, 그로부터 다른 모든 사람이 세상에 들어왔기 때문입니다. 이처럼 한 사람 그리스도의 순종은 현재와 과거의 많은 사람의 의가 되십니다. 그리스도께서 거듭남을 통해 들어온 새 인류의 머리가 되시기 때문입니다.

인간은 심판받아야 하기 때문에 하나님의 아들인 사람 예수 그리스도께서 세상 죄를 대신해서 십자가 위에서 그의 영과 혼과 몸으로 고난당하셨습니다.

먼저 그의 신체적 고난을 생각해봅시다. 사람은 그의 몸을 통해 죄를 지으며, 몸으로 죄의 일시적인 쾌락을 즐깁니다. 몸은 따라서 형벌을 받지 않으면 안 됩니다. 십자가 위의 주 예수의 신체적 고통을 누가 헤아릴 수 있겠습니까? 그리스도의 신체의 고난이 메시야에 관한 글에 확실히 예언되지 않았습니까? "무리가 내 손발을 찔렀나이다"(시22:16). 선지자 스가랴는 "그들이 그 찌른 바 그를" 바라보라고 했습니다(슥 12:10). 그의 손과 발과 이마와 옆구리와 그의 심장이 모두 사람들에게 찔렸고, 죄 지은 인간에게 찔렸고, 죄 지은 인간을 **대신해서** 찔렸습니다. 그의 상처가 많았으며, 떠받침 없이 십자가 위에 매어달린 온 몸의 무게 때문에 그의 몸의 열이 뜨거웠고, 그의 피가 제대로 순환할 수 없었습니다. 그가 극도로 목말라 "내 혀가 입천장에 붙었나이다." "그들이 목마를 때에는 초를 마시게 하였사오니"라고 외치셨습니다(시 22:15, 69:21). 그 손이 못 박혀야 하는 까닭은 손들이 죄 짓기를 좋아하기 때문입니다. 그 입이 고난당해야 하는 까닭은 입이 죄 짓기를 좋아하기 때문입니다. 그 발이 찔려야 하는 까닭은 발이 죄 짓기를 좋아하기 때문입니다. 그 이마가 가시관으로 씌워져야 하는 까닭은 그것 역시 죄 짓기를 좋아하기 때문입니다. 인간의 몸이 고난당해야 할 것이 모두 그의 몸에서 집행됐습니다. 이렇게 그는 죽기까지 몸으로 고난당하셨습니다. 이런 고난을 피할 능력이 있었지만 그의 몸을 기꺼이 제물로 드리시고, 끝없는 시련과 고통을 견디시며 그가 "모든 일이 이미 이루어진 줄" 아시기까지(요 19:28) 한 순간도 움츠러들지 않으셨습니다.

그의 몸만 아니라 혼도 고난당하셨습니다. 혼은 자아의식의 기관입니다. 십자가형을 당하시기 전에 그리스도께서 고통을 덜어 줄 진정제로서 몰약이 섞인 포도주를 투여 받으셨지만 의식을 잃지 않으려 거절하셨습니다. 인간의 혼은 죄의 쾌락을 완전히 즐겼습니다. 따라서 예수는 그의 혼으로 죄의 고통을 견디셨습니다. 의식을 마비시키는 잔보다는 하나님이 그에게 주신 잔을 마시려고 하신 것입니다.

십자가 형벌은 얼마나 치욕스럽습니까! 그것은 도망친 노예들을 처형하기 위해 사용되었습니다. 노예는 재산도 권리도 없었습니다. 그의 몸은 주인의 소유였습니다. 그러므로 노예는 가장 수치스러운 십자가 형벌을 받았습니다. 주 예수께서 노예의 자리를 대신해서 처형되셨습니다. 이사야는 그를 "종"이라 불렀습니다. 바울은 그가 "종의 형체를 가지사"라고 했습니다. 그렇습니다. 그가 종으로 오셨고 한 평생 죄와 사탄에 얽매였던 우리를 구하러 오셨습니다. 우리는 정욕과 성깔과 습관과 세상의 종들이었습니다. 우리는 죄에 팔렸습니다. 그러나 우리의 예속 때문에 그가 죽으시어 우리의 모든 수치를 짊어지셨습니다.

성경은 군인들이 주 예수의 "옷을 취하였다"고(요 19:23) 기록하고 있습니다. 십자가에 못 박히실 때 그가 거의 벌거벗기셨습니다. 이것은 십자가의 수치의 일부입니다. 죄가 우리의 빛난 옷을 벗겨가고, 우리를 벌거벗깁니다. 우리 주는 빌라도 앞에서, 그리고 다시 갈보리에서 벗기셨습니다. 그의 거룩하신 혼이 그런

오욕에 어떻게 반응하셨겠습니까? 그의 거룩한 인격에 모욕이 되지 않았겠으며, 부끄러움으로 뒤덮이지 않았겠습니까? 누가 그 순간의 느낌을 알 수 있겠습니까? 모든 사람이 죄의 헛된 영광을 즐겼습니다. 그래서 구주께서 죄의 수치를 견디셔야 했습니다. 참으로 "주께서 그를 수치로 덮으셨나이다." "여호와여 이 비방은 주의 원수들이 주의 기름부음 받은 자의 발걸음을 비방한 것이로소이다." 그럼에도 그는 "십자가를 참으사 부끄러움을 개의치 않으셨습니다"(시 89:45, 51 히 12:2).

구주의 혼이 십자가 위에서 얼마나 고난당하셨는지는 아무도 확인할 수 없습니다. 우리는 자주 그의 고난을 곰곰 생각해 보지만 그의 혼의 느낌은 모르고 지나칩니다. 유월절기 한 주 전 그가 "내 마음이 괴로우니"(요 12:29)라고 하셨습니다. 이것은 십자가를 가리킵니다. 겟세마네 동산에서 예수께서 다시 "내 마음이 매우 고민하여 죽게 되었으니"(마 26:38)라고 하셨습니다. 이런 말씀이 아니었다면 우리는 그의 혼이 고난당하셨다고 생각하지 않았을 것입니다. 이사야 53장에 그의 혼이 어떻게 고난의 제물이 되었는지, 그의 혼이 어떻게 고통했는지, 그가 그의 혼을 어떻게 쏟아 부어 죽음에 내어 주셨는지 이렇게 세 번 진술합니다.(10-12절). 예수께서 십자가의 저주와 수치를 받으셨기 때문에 그를 믿는 자는 다시는 저주와 수치를 당하지 않을 것입니다.

그의 영 또한 헤아릴 수 없는 고통을 받으셨습니다. 영은 하나님과 영교할 수 있게 해주는 부분입니다. 하나님의 아들은 거룩하고, 흠 없고, 깨끗하고, 죄인들과 분리되어 있었습니다. 그의 영은 완전히 하나로 성령과 연합되어 있었습니다. 결코 한 순간의 동요나 의혹도 존재하지 않았습니다. 항상 하나님의 임재를 지니고 계셨기 때문입니다. "이는 내가 혼자 있는 것이 아니요 나를 보내신 이가 나와 함께 계심이라…나와 함께 하시도다"(요 8:16,19)라고 예수께서 선언하셨습니다. 이런 이유로 그가 "아버지여, 내 말을 들으신 것을 감사하나이다. 항상 내 말을 들으시는 줄을 내가 알았나이다"(요 11:41-42)라고 기도하실 수 있었습니다. 그렇지만, 그가 십자가에 달리셨을 동안, 그리고 하나님의 아들이 하나님의 임재가 반드시 필요한 한 날이 있었다면, "나의 하나님, 나의 하나님, 어찌하여 나를 버리셨나이까?"(마 27:46)라고 그가 부르짖은 바로 그 날이었음에 틀림없었습니다. 그의 영이 하나님으로부터 산산이 갈라졌습니다. 그가 느낀 고독과 버림받음과 격리감이 얼마나 강렬했겠습니까. 아들이 여전히 내어맡기고 있었고, 아버지 하나님의 뜻을 여전히 순종하고 있었습니다. 하지만 아들은 버림받았습니다. 그 자신 때문이 아니라 다른 사람들을 대신해서였습니다.

죄는 영에 가장 깊은 영향을 줍니다. 그 결과 하나님의 아들이 거룩하셨지만 아버지로부터 뿌리침 받으셔야 했습니다. 그가 다른 자들의 죄를 짊어지셨기 때문입니다. 헤아릴 수는 없는 지난 영원 세대에 "나와 아버지는 하나이니라"(요 10:30)였던 것이 사실입니다. 그의 지상 생애의 날들에서도 이것은 그대로였습니다. **그의** 인성이 하나님으로부터 분리되는 원인이 될 수 없었기 때문입니다. 죄만이 분리시킬 수 있었습니다. 그 죄가 다른 자들의 죄였더라도 말입니다. 예수는 우리의 영이 하나님께로 돌아갈 수 있게 하기 위해 우리를 위해 이 영적 분리를 당하셨습니다.

예수께서 나사로의 죽음을 살펴보시고 나서 그 자신의 다가오는 죽음을 생각하고 계셨을 것입니다. 그래서 (심)영에 비통히 여기시고 불쌍히 여기셨습니다(요 11:33). 그가 팔려 십자가 위에서 죽으실 것을 아시고 다시 그의 "(심)영이 괴로워"하셨습니다(요 13:21). 그가 갈보리에서 하나님의 심판을 받으셨을 때, 이것이 "나의 하나님, 나의 하나님 어찌하여 나를 버리셨나이까"라고 부르짖은 이유입니다. "내가 하나님을 기억하고 불안하여 근심하니 내 (심)영이 상하도다"이기 때문입니다(마 27:46, 시 22:1, 시 77:3). 그는 그의 영에 성령을 통한 막강한 능력을 박탈당하셨습니다(엡 3:16). 그의 영이 하나님의 영으로부터 찢겨나갔기 때문입니다. 그러므로 "나는 물같이 쏟아졌으며 내 모든 뼈는 어그러졌으며 내 마음은 밀랍 같아서 내 속에서 녹았으며 내 힘이 말라 질그릇 조각 같고 내 혀가 입천장에 붙었나이다. 주께서 또 나를 죽음의 진토 속에 두셨나이다"라고 탄식하셨습니다.

한편으로는 하나님의 성령이 그를 버리셨고, 또 한편으로는 사탄의 악령이 조롱했습니다. 시편 22편 11-13절은 이 현상을 말해 주는 것 같습니다. "나를 멀리 하지 마옵소서. 환난이 가까우나 도울 자 없나이다. 많은 황소가 나를 에워싸며 바산의 힘센 소들이 나를 둘러쌌으며 내게 그 입을 벌림이 찢으며 부르짖는 사자 같으니이다."

그의 영이 한편으로는 하나님의 버리심을 견디셨고, 또 한편으로는 악령의 조롱을 거스르셨습니다. 사람의 영은 하나님으로부터 떠나 자체를 높이고 악령을 따라갔으므로 그것(사람의 영)은 더 이상 하나님을 저항하지 않고 적과 연합 상태에 머무르기 위해 전적으로 부서졌음에 틀림없었습니다. 주 예수께서 십자가 위에서 우리를 대신해 죄가 되셨습니다. 그 내면의 거룩한 인성은 하나님께서 부정한 인성에 심판을 내리셨을 적에 완전히 산산조

각 났습니다. 그리스도는 하나님께 버림받아 죄의 쓰라린 고통을 당하시며, 하나님의 사랑의 떠받침 없이, 그의 도움이 없이 죄에 대한 하나님의 형벌적 진노를 어둠 속에서 견디셨습니다. 하나님께 버림받음은 죄의 결과인 것입니다.

그 때에 우리의 사악한 인성이 완전히 심판받았습니다. 주 예수의 무죄한 신성에서 그것이 심판받기 때문입니다. 그 안에서 거룩한 인성이 승리를 거두었습니다. 죄인들의 몸과 혼과 영 위에 내려야할 심판이 그 위에 내려진 것입니다. 그는 우리의 대표이십니다. 믿음으로 우리는 그와 연합됩니다. 그의 죽음이 우리의 죽음으로 간주됐고, 그의 심판이 우리의 심판으로 간주된 것입니다. 우리의 영·혼·육이 전체로써 심판받았습니다. 그 안에서 처벌당한 것입니다. 우리가 직접 처형당했더라도 아무런 차이가 없었을 것입니다. "그러므로 이제 그리스도 예수 안에 있는 자에게는 결코 정죄함이 없나니"(롬 8:1).

그가 우리를 위해 이루어주신 것이 이것이며, 이것이 하나님 앞의 우리의 신분이 되었습니다. "이는 죽은 자가 죄에서 벗어나 의롭다 하심을 얻었음이라"(롬 6:7). 위치상으로, 우리는 벌써 주 예수 안에서 죽었으며, 성령께서 이 사실을 우리의 경험으로 변화시켜 주시기를 기다릴 따름입니다. 십자가는 죄인의 영, 혼, 육이 전적으로 심판받은 곳에 있습니다. 하나님의 성령이 그의 성품을 우리에게 나누어주실 수 있게 된 것은 주의 죽으심과 부활을 통해서입니다. 십자가는 죄인의 심판을 지고, 죄인의 무가치함을 선언하고, 죄인을 처형하고, 주 예수의 생명을 해방시킵니다. 이후로 십자가를 받아들이는 사람은 누구나 성령으로 거듭나 주 예수의 생명을 받을 것입니다.

제2부

육신

제5과 육신과 구원

그리스도 예수의 사람들은 육체와 함께 그 정과 욕심을 십자가에 못 박았느니라(갈 5:24).

"육신"이란 말은 히브리어로 바살(basar)이며, 헬라어로는 삵스(sarx)입니다. 성경에 자주 나오는 이 말은 여러 가지 의미로 사용되었습니다. 그 가장 뜻 깊은 용법은 바울의 글에서 보이고, 가장 분명해지며, 비중생인을 가리킵니다. 바울은 로마서 7장에서 그의 옛 사람에 대해 "나"라고 말하며, "나는 육신에 속하여"(14, 다아비역 참조)라고 합니다. 그의 성품이나 그의 존재의 한 특정부분만이 육적일 뿐만 아니라 "나"-바울의 전존재-도 육적입니다. 바울은 18절에서 "내 속 곧 내 육신"이라고 하여 이 사상을 되풀이 하고 있습니다. 성경에서 "육신"은 비중생인의 모든 것을 가리키는 것이 확실합니다. "육신"이란 용법과 관련해서 태초에 사람이 영, 혼, 육으로 구성되어 있었음을 기억해야만 합니다. 혼은 사람의 인격과 의식의 자리이기 때문에 사람의 영을 통하여 영적 세계에 연결됩니다. 혼이 영에 순종하고 따라서 하나님과 그의 뜻과 연합될 것인가, 아니면 몸과 물질세계의 모든 유혹에 굴복할 것인가를 결정지어야 합니다. 인간이 타락하자 혼은 영의 권위에 저항했고, 몸과 그 정욕에 예속됐습니다. 이렇게 사람은 신령한 자가 아니라 육신에 속한 사람이 됐습니다. 사람의 영은 그 고귀한 위치를 거부당했고, 죄수의 위치로 떨어졌습니다. 혼이 이제는 육신의 힘 아래에 오게 됐으므로 성경은 사람을 육에 속한 것으로 또는 육적으로 간주합니다. 혼적인 것이 모두 육적으로 된 것입니다.

비중생인

주 예수께서는 다만 한번 태어난(사람에서 태어난) 비중생인은 육신이며, 따라서 육신의 영역에서 살고 있다고 하셨습니다. 우리가 중생하지 못했던 시기에는 우리는 "육체의 욕심을 따라 지내며 육체와 마음의 원하는 것을 하여 다른 이들과 같이 본질상 진노의 자녀"였습니다. "육신의 자녀가 하나님의 자녀가 아니었기"때문입니다(엡 2:3, 롬 9:8). 그의 혼이 몸의 정욕에 굴복하고 수없이 많은 죄를 범하는 사람은 (엡 2:1) "범죄와 육체의 무할례로 죽어" 죄인이란 의식이 없습니다. 반대로 그는 교만하며 자기를 남들보다 낫다고 생각합니다. 솔직히 말하면, "우리가 육신에 있을 때는 율법으로 말미암아 죄의 정욕이 우리 지체 중에 역사하여 우리로 사망을 위해 열매를 맺게 하였다"는 단순한 이유로 우리가 "육신에 속하여 죄 아래 팔렸기" 때문이었습니다. 그러므로 우리는 육신으로는 죄의 법을 섬기는" 것입니다(롬 7:5,14,25).

육신이 죄를 짓고 이기적 욕심을 따르는 데에는 극히 강할지라도 하나님의 뜻을 따르는 데는 극히 약합니다. 비중생인은 "육신으로 말미암아 연약하여" 하나님의 뜻을 행할 능력이 없습니다. 육신은 심지어 "하나님과 원수가 되나니 이는 하나님의 법에 굴복하지 아니할 뿐 아니라 굴복할 수도 없느니라"(롬 8:3,7)입니다. 그렇다고 육신이 하나님의 일들을 전혀 등한시 한다는 의미는 아닙니다. 육신은 가끔 율법을 지키려 온갖 힘을 다 쓰기도 합니다. 더우기 성경은 육에 속한 자와 율법을 범하는 자를 동의어로 다루지 않고, 그냥 "율법의 행위로서는 의롭다함을 얻을 육체가 없느니라."고만 결론짓고 있습니다(갈 2:16 ASV). 육신이 율법을 지키지 못하는 것이 확실히 드문 일은 아니기 때문입니다. 그것은 사람이 육신에 속한 자라는 것만을 증명하는 것입니다. 그러나 하나님은 "사람이 의롭다 하심을 얻는 것은 율법의 행실에 있지 않고 믿음으로 되는 것으로 정하셨으므로"(롬 3:28) 율법만을 따르려는 자들은 "하나님의 의를 모르고 자기 의를 세우려고 힘써" 하나님에 대한 불순종만을 나타내는 것입니다(롬 10:3). 이것은 더욱 그들이 육신에 속한 것을 증명해 줍니다. 이것을 요약하면, "육신에 있는 자들은 하나님을 기쁘시게 할 수 없으며"(롬 8:8), **이렇게** "할 수 없느니라"는 말씀은 육신의 속한 자의 운명을 확정지어 주는 것입니다.

하나님은 육신을 철저히 부패한 것으로 보십니다. 육신은 정욕과 밀접히 연관되어 있어 성경은 "육신의 정욕"으로 말씀할 때가 많습니다(벧후 2:18 디이비역 참조). 그의 능력이 크시더라도 하나님은 육신의 성격을 변화시켜 자기의 기뻐하시는 것으로 만드실 수 없습니다. 하나님 자신이 이렇게 선언하십니다. "나의 영이 영원히 사람과 함께 하지 아니하리니 이는 그들이 육신이 됨이라"(창 6:3 Young's). 육신의 부패가 이런 정도이므로 하나님의 성령조차 육신을 육신 되지 않게 하실 수 없습니다. 육으로 난 것은 육입니다. 사람은 불행히도 하나님의 말씀을 깨닫지 못하기 때문에 그의 육신을 다듬고 개선시키려 계속 애를 씁니다. 그러나 하나님의 말씀은 영원히 변하지 않고 서 있습니다. 그 엄청난 부패 때문에 하나님은 성도들에게 "그 육체로 더럽힌 옷까지도 미워하라고" 경고하십니다(유 23).

하나님은 육신의 실제 상태를 바로 아시기 때문에 그것이 변하지 않는다고 선언하십니다. 자기 비하 행위를 통해서 또는 몸에 고통을 주어 그것을 고쳐보려는 사람은 철저히 실패할 것입니다. 하나님은 육신이 변화되거나, 개선되거나 좋게 되는 것이 불가능함을 아십니다. 그러므로 세상을 구원하심에서 하나님은 사람의 육신을 변화시키려 하시지 않고, 그 대신 육신을 죽이는 데 도움이 되도록 위해 사람에게 새 생명을 주시는 것입니다. 육신은 죽지 않으면 안 됩니다. 이것이 구원입니다.

모든 사람들의 죄에 대한 하나님의 반응은 구원의 직무를 하나님 자신이 떠맡으신다는 것입니다. 그의 방법은 "자기 아들을 죄 있는 육신의 모양으로 보내어"입니다(롬 8:3). 그의 아들은 죄가 없습니다. 이런 까닭에 그만이 우리를 구하실 자격이 있습니다. "죄 있는 육신의 모양으로"는 그의 성육신을 말합니다. 그가 사람의 몸을 취하여 자기와 인류를 연결시키십니다. 하나님의 독생자가 다른 데서는 "육신이 되신" "말씀"(요 1:14)으로 언급되었습니다. 죄 있는 육신의 모양으로 그의 오심은 이 구절의 "육신이 되심"에 해당합니다. 그러므로 로마서 8장 3절은 동시에 말씀이 육신이 되신 방식도 말씀해 줍니다. 그가 하나님의 아들이시고, 따라서 무죄하시다는 점이 강조되었습니다. 그가 육신으로 오실 때에조차 하나님의 아들은 "죄 있는 육신"이 되시지 않습니다. 그는 다만 "죄 있는 육신"의 **모양**으로 오십니다. 육신에 있을 동안 그는 하나님의 아들이시고 여전히 죄가 없으십니다. 그러나 죄 있는 육신의 모양을 가지시기 때문에 그가 육신으로 사는 세상 죄인들과 매우 밀접히 연합되시는 것입니다.

그렇다면 그의 성육신의 목적이 무엇입니까? "죄를 위한 제물"로가 성경의 설명이며(히 10:12), 이것이 십자가 사역입니다. 하나님의 아들이 우리 죄를 위해 속죄하셔야 합니다. 모든 육신은 율법에 대하여 죄를 짓습니다. 그들은 하나님의 의를 세울 수 없습니다. 그들은 멸망과 형벌을 선고받았습니다. 그러나 주 예수는 세상에 오심으로 죄 있는 이 육신의 모양을 취하시고 자기를 육신과 완전히 연합시키시므로 그들은 십자가 위 그의 죽음에서 그들의 죄를 처벌받았습니다. 그는 무죄하시기 때문에 처벌 받으실 필요가 없으십니다. 그러나 그가 죄 있는 육신의 모양을 입으시기 때문에 고통당하시는 것입니다. 주 예수님은 새 연방의 머리(a new federal head)의 위치에서 지금 모든 죄인을 그의 고난에 포함시키십니다. 이것이 죄를 위한 형벌을 설명해 줍니다.

그리스도는 육신에 있는 모든 사람을 위해 죄를 위한 제물로서 고난당하십니다. 그러나 육적인 사람을 가득히 채우는 죄의 세력은 어떻습니까? "그가 육신에 죄를 정(죄)하사"입니다. 무죄하신 그가 우리를 대신해 죄가 뇌셨고, 죄 때문에 죽으십니다. 그가 "육체로는 죽임을 당하셨습니다."(벧전 3:18). 그가 육신으로 죽으실 때 육신의 죄를 십자가에 가져가십니다. 이것이 "육신에 죄를 정(죄)하사"란 어구의 의미입니다. 정(죄)하사는 심판한다, 또는 벌을 준다는 뜻입니다. 죄에 대한 심판과 형벌은 죽음입니다. 이렇게 주 예수께서 그의 육신으로 실제로 죄를 사형에 처하셨습니다. 그러므로 우리는 그의 죽음에서 우리의 **죄**들 뿐만 아니라 **죄 자체**도 심판 받은 것을 볼 수 있습니다. 이런 까닭에 죄는 주의 죽으심과 결합되고 따라서 그들의 육신에 정죄 받은 사람들에게는 지배력을 갖지 못하는 것입니다.

옛 것과 새 것의 불일치

중생한 사람은 그가 거듭남을 통해 무엇을 얻게 되었는지, 그리고 그의 타고난 재능 중 무엇이 아직 남아있는지를 아는 것이 절대 필요합니다. 이런 지식은 그가 영적 여행을 계속할 때 그에게 도움이 될 것입니다. 이 지점에서 사람의 육신에 포함되어 있는 것이 얼만 큼에 달하고, 주 예수께서 그의 구속 사역에서 육신의 구성요소를 어떻게 처리하시는지를 설명하면 도움이 될 것입니다. 환언하면, 이렇습니다. 신자는 중생할 때 무엇을 유산으로 받게 되는가?

로마서 7장의 몇 구절을 읽어보면 육신의 구성요소가 주로 "죄"와 "나"임을 확실히 알 수 있습니다. 즉 "내 속에 거하는 죄"(14,17-18 다아비)입니다. 여기의 "죄"는 죄의 세력이고, "나"는 우리가 흔히 "자아"로 인정하는 것을 의미합니다. 신자가 영적 생명을 알게 되면, 그는 육신의 이 두 요소를 혼동해서는 안 됩니다.

우리는 주 예수께서 그의 십자가에서 우리 육신의 죄를 처리하신 것을 압니다. 그리고 말씀은 우리에게 "우리의 옛 사람이 예수와 함께 십자가에 못 박힌"것을(롬 6:6) 알려줍니다. 성경은 아무데서도 우리가 십자가에 못 박혀야 한다고 말씀하지 않습니다. 이것이 그리스도에 의해 벌써 행해졌고 완벽히 행해졌기 때문입니다. 죄의 문제와 관련해서 사람은 아무것도 요구받지 않습니다. 사람은 이것을 성취된 사실로 간주할 필요만이 있습니다(롬 6:11). 그리고 그는 죄의 세력에서 완전히 구출 받음에서 예수의 죽음의 결과를 거두어들이게 될 것입니다(롬 6:14).

우리가 성경에서 결코 죄 때문에 십자가에 못 박히라고 요구받지는 않습니다. 이것이 사실입니다. 하지만 성경은 우리가 자기를 부인하기 위해 십자가를 지라고 **권면합니다**. 주 예수님은 우리에게 여러 번 우리 자신을 부인하고 십자가를 지고 그를 따르라고 교훈하십니다. 그 설명은 주 예수께서 우리 죄와 우리 자신을 각기 다르게 처리하신다는 것입니다. 죄를 전적으로 정복하기 위해서는 신자는 한 순간만이 필요하지만, 자기를 부인하기 위해서는 한 평생이 걸리는 것입니다. 예수님만이 십자가 위에서 우리 죄를 지셨습니다. 하지만 주는 전 생애를 통해 자기를 **부인하셨습니다**. 이것은 우리에게도 그러해야 하는 것입니다.

바울의 갈라디아 서신은 육신과 신자와의 관계를 서술하고 있습니다. 바울은 한편으로는 "그리스도 예수의 사람들은 육체와 함께 그 정욕과 탐심을 십자가에 못 박았느니라"(5:24)고 말씀하십니다. 사람이 주 예수와 동일시되는 그 날에는 그의 육신도 십자가에 못 박히는 것입니다. 성령의 가르침을 받지 못한 사람은 그의 육신이 없어졌다고 생각할지 모릅니다. 그것이 십자가에 못 박히지 않았는가? 라고 말입니다. 하지만 그렇지가 않습니다. 이

서신은 한편으로는 우리에게 "성령을 따라 행하라. 그리하면 육체의 욕심을 이루지 아니하리라. 육체의 소욕은 성령을 거스르고 성령의 소욕은 육체를 거스르나니"(5:16-17)라고 합니다. 여기서 우리는 그리스도 예수에게 속하여 벌써 내주 하시는 성령을 받는 사람도 그 안에 여전히 육신을 갖고 있다고 공공연히 언급 받고 있습니다. 육신이 존재할 뿐만 아니라 또한 대단히 강력하다고 서술되어 있습니다.

무엇이라고 말해야 하겠습니까? 성경의 이 두 언급이 모순 됩니까? 아닙니다. 4절은 육신의 죄를 강조하고, 17절은 육신의 자아를 강조합니다. 그리스도의 십자가는 죄를 처리하고, 성령은 십자가를 통하여 자아를 처리하시는 것입니다. 그리스도는 죄가 다시는 다스리지 못하도록 십자가를 통하여 죄의 세력에서 신자를 완전히 구해주십니다. 그러나 그리스도는 신자 안에 거하시는 성령을 통하여 신자가 매일 자아를 극복하고 주를 완전히 순종할 수 있게 해주십니다. 죄로부터의 해방은 성취된 하나의 사실이고, 자기 부인은 매일의 경험이 되기 위한 것입니다.

제6과 육적 신자

형제들아 내가 신령한 자를 대함과 같이 너희에게 말할 수 없어서 육신에 속한 자 곧 그리스도 안에서 어린 아이들을 대함과 같이 하노라(고전 3:1).

여기서 사도는 모든 기독교인을 두 종류로, 영적 신자와 육적 신자로 구분합니다. 영적 기독교인이라고 조금도 비상한 것이 아니며, 그들은 그냥 정상입니다. 정상이 아닌 것은 육적 기독교인들입니다. 그들은 비정상이기 때문입니다. 고린도 교인들은 확실히 기독교인이었습니다. 그러나 그들은 영적이 아니라 육적이었습니다. 이 3장에서 바울은 세 번이나 그들이 육에 속한 자들이라고 선언합니다. 사도는 성령이 그에게 주신 지혜를 통하여 그들에게 필요한 메시지를 전해 주기 전에 먼저 그들의 상태를 확인시켜야 할 것을 알게 됐던 것입니다.

성서적 중생은, 사람의 가장 내면의 부분인 깊이 숨겨진 영이 하나님의 영으로 새로워지고, 성령이 거하시게 되는 하나의 출생을 말합니다. 이 새 생명의 힘이 외부에 도달하려면, 즉 중심에서 주변으로 확대되려면 시간이 걸릴 것입니다. 이런 까닭에 "청년들의 힘"이나, "아버지들의 경험"이 이 갓 태어난, 그리스도 안의 한 어린이의 삶에 나타나기를 기대할 수는 없습니다. 새로 태어난 신자가 성실하게 발걸음을 옮기며, 주님을 가장 사랑하고, 열심이 뛰어나더라도 그는 아직 죄의 악함과 자아를 더욱 알게 될 기회와 하나님의 뜻과 영의 길을 더 알게 될 계기가 필요한 것입니다. 그가 아무리 주를 사랑하고, 진리를 사랑하더라도 이 새 신자는 아직 느낌과 생각 영역에서 행하고 있고, 아직 시험을 받고 불로 연단을 받지 못한 것입니다. 새로 태어난 기독교인은 육신적이 아닐 수 없습니다. 성령으로 충만하더라도, 그리고 육신적이면서도 그는 육신을 알지 못하는 것입니다. 육신의 일들이 육신에서 나온다는 것을 알지 못한다면 어떻게 그가 육신의 일들에서 해방될 수 있겠습니까? 그러므로 그들의 실제 상태를 평가할 때 새로 태어난 애기들은 대체로 육적입니다.

성경은 새 기독교인들이 즉시 영적으로 되는 것을 기대하지 않습니다. 그러나 여러 해가 지난 다음에도 애기의 상태에 있다면 그들의 상황은 참으로 매우 비참합니다. 바울은 고린도 교인들에게 그가 이전에는 그들을 육적인 사람들로 다루었었다고 지적합니다. 그리고 이제는, 즉 그가 그의 글을 쓰는 이 순간에는 그들이 확실히 자라야 했었다고 지적하고 있기 때문입니다. 그런데도 그들은 그들의 삶을 쓸데없는 일에 허비했고, 젖먹이 상태에 머물러 있고, 따라서 여전히 육신에 속한 자들이었습니다.

육신에 속한 자의 특징은 무엇입니까? 으뜸가는 특징은 유아로 오래도록 머문다는 것입니다. 유아기는 몇 해를 넘어서는 안 됩니다. 하나님의 아들이 십자가에서 그의 죄를 속죄하셨음을 믿음으로서 그가 새로 태어났을 때, 그는 즉시 성령이 그를 육신의 힘에서 풀어주시도록 자기가 그리스도와 함께 십자가에 못 박힌 것을 즉시 믿어야 합니다. 이것에 대한 무지는 자연히 그를 여러 해 동안 육에 속한 자로 계속하게 할 것입니다.

육에 속한 사람의 두 번째 특징은 그들이 영적 가르침을 빨아들일 능력이 없다는 것입니다. "내가 너희를 젖으로 하고 밥으로 아니하였노니 이는 너희가 감당하지 못하였음이거니와." 고린도 교인들은 그들의 지식과 지혜에 대해 큰 자부심이 있었습니다. 그 시대의 모든 교회들 중 고린도 교회는 틀림없이 가장 유식했을 것입니다. 바울은 일찍이 그의 서신에서 그들의 풍부한 지식을 감사했습니다(고전 1:5). 바울이 그들에게 영적 설교를 했다면 그들은 모든 말을 이해할 수 있었습니다. 그러나 그들의 모든 이해는 생각에 의한 것이었습니다. 비록 그들이 모든 것을 알았지만, 이 기독교인들은 그들이 알았던 것을 삶으로 표현하고 나타낼 능력이 없었습니다. 오늘 많은 것들을 아주 잘 파악하여 다른 사람들에게 심지어 설교마저 할 수 있지만 그들 자신이 아직 신령하지 못한 육에 속한 신자들이 많을 것이 틀림없습니다. 진정한 영적 지식(앎)은 놀랍고 신비로운 사상에 있지 않고, 신자의 삶이 진리와의 연합을 통한 실제적 영적 경험에 있는 것입니다. 영리한 것은 여기서 소용이 없으며, 진리를 위한 열정 또한 충분하지 않습니다. 절대 **필수불가결한** 것은 홀로 참되게 우리를 가르치시는 성령에 대한 완벽한 순종의 길인 것입니다. 다른 모든 것은 이 사람에서 저 사람에게로 지식을 전달하는 데에 지나지 않습니다. 그런 자료들은 육에 속한 사람을 영적으로 만들어 주지 못할 것입니다. 반대로 그의 육적 행보는 그의 모든 "영적"

지식을 육적인 것으로 바꾸어 버릴 것입니다. 그가 필요한 것은 증가된 영적 가르침이 아니라 그의 삶을 성령께 기꺼이 양도하고 성령의 명령에 따라 십자가의 길을 가는데 있습니다. 증가된 영적 가르침은 다만 그의 육욕성을 강화시키고, 그를 기만하여 그로 하여금 자신을 영적이라고 생각하게 만들 것입니다. 그가 자신에게 "내가 영적이 아니라면 그렇게 많은 영적인 것들을 어떻게 알 수 있겠는가?"라고 말하지 않습니까? 반면에 진정한 시금석은, "당신은 삶을 통해 얼마나 알고 있는가가 아니면, 그것은 단순히 지성의 산물인가?"가 되어야 할 것입니다. 하나님이여 우리에게 은혜를 더하여 주옵소서.

바울은 육신 됨의 또 다른 증거를 기록했는데, "너희 가운데 시기와 분쟁이 있으니 어찌 육신에 속하여 사람을 따라 행함이 아니리요"(3:3)라고 확언한 것입니다. 시기와 분쟁의 죄는 육욕성의 뚜렷한 증거인 것입니다. 고린도 교회에 불화가 가득했는데 "나는 바울에게", "나는 아볼로에게", "나는 게바에게", "나는 그리스도에게 속한 자" 따위의 선언으로 확인된 바와 같습니다(고전 1:12). "나는 그리스도에게 속했다"고 말하며, 그리스도를 위해 경쟁하는 사람들마저도 육에 속한 자들에 포함되었습니다. 육에 속한 자의 영은 항상 어디서나 시기하고 다투기 때문입니다. 자기네를 그리스도에게 속한 자로 추켜올리지만 이 같은 영의 태도를 보이는 사람들은 육적임을 피할 수 없습니다. 말이야 아무리 달콤하게 들려도 분파적인 자랑은 유아의 지껄임에 지나지 않습니다. 교회 내 분파는 사랑이 부족하고 육신을 따라 행하는 것 이외에 다른 원인 때문이 아닙니다. 그런 사람은 진리를 위해 다투는 것 같아보여도 진짜 모습을 가장한 것에 지나지 않습니다. 세상의 죄인들은 육에 속한 사람들이 틀림없습니다. 그러니까 그들은 중생 받지 못했습니다. 그러므로 그들은 혼과 몸의 지배를 받고 있습니다. 신자가 육에 속해있다는 것은 그 또한 보통 사람과 같이 행동함을 의미하는 것입니다. 세상 사람들이 육적인 것은 아주 당연합니다. 새로 난 신자들이 육에 속해 있더라도 이해할만 합니다. 그러나 당신이 주를 믿은 햇수에 의하면, 당신이 영적으로 되어야 마땅한데도, 어떻게 당신이 계속 보통 사람으로 행동할 수 있습니까?

어떤 사람이 보통 사람처럼 행동하며 자주 죄를 범한다면 그가 육신에 속하여 있다는 것은 분명합니다. 그가 아무리 영적 가르침을 많이 알고, 아무리 영적 경험을 많이 했다고 주장하고, 그가 아무리 많은 효과 있는 봉사를 했다고 하더라도 이것들의 어느 것도 그가 그 특유의 별난 성질과, 그 급한 성미와, 이기주의와, 다툼과, 허영과, 용서치 않음과, 사랑 없는 영에서 해방 받지 못했다면, 그를 보다 덜 육적으로 되게 해주지 않습니다.

육적으로 된다는 것은 "보통 사람들처럼" 행동하는 것을 의미합니다. 우리의 행동이 보통 사람들과 근본적으로 매우 다른가, 같은가 자문해 보아야 합니다. 수많은 세속적 태도나 몸가짐이 당신의 삶에 배어있다면 당신은 틀림없이 아직 육적입니다. 우리는 영적으로 분류되느냐, 육적으로 분류되느냐를 놓고 다투지 맙시다. 우리가 성령의 지배를 받지 않는다면, 단순히 영적이란 명칭이 우리에게 무슨 유익이 있겠습니까? 이것은 결국 명칭의 문제가 아니라 삶의 문제인 것입니다.

육신의 일들

육신은 많은 표현 수단을 갖고 있습니다. 우리는 육신이 얼마나 하나님께 적대적이며, 하나님을 기쁘시게 할 가망이 없는가를 배웠습니다. 그러나 신자도 죄인도 성령이 보여주시지 않으면 혈육의 완전한 무가치함과 악함과 불결함을 하나님이 보시는 대로 그가 진정으로 분별할 수 없습니다. 다만 하나님께서 보시는 대로 그의 성령으로 혈육의 참 상태를 사람에게 보여주실 때에만 사람이 그의 혈육을 다루게 될 것입니다.

인간에 대한 혈육의 나타남들은 잘 알려져 있습니다. 사람이 자기에게 엄격하고 그가 한 때 그랬던 대로 "육체와 마음의 원하는 것"(엡 2:3)을 따르기를 거절하게 되어야만 이 나타남들이 얼마나 오염되어 있는지를 쉽게 발견할 수 있습니다. 바울의 갈라디아서신은 이 혈육의 죄의 목록을 제공하고 있으므로 아무도 착오를 일으킬 수 없습니다. "육체의 일은 분명하니 곧 음행과 더러운 것과 호색과 우상 숭배와 주술과 원수 맺는 것과 분쟁과 시기와 분냄과 당 짓는 것과 분열함과 이단과 투기와 술 취함과 방탕함과 또 그와 같은 것들이라"(갈 5:19-21). 위의 목록에서 사도는 "육체의 일은 분명하니"라고 합니다. 누구든지 이해하려고 하는 사람은 확실히 그것들을 알 수 있습니다. 자기가 육적인지 아닌지 확인하기 위해서는 그가 이전의 육신의 일들의 어느 것이든 행하고 있는지 아닌지 자문해 볼 필요가 있습니다. 육적으로 되기 위해 그가 명단의 모두를 범할 필요는 없습니다. 그가 이것들의 하나만을 범한다면 그가 육에 속해 있음을 의심할 여지없이 확증해주게 될 것입니다. 만약 혈육이 그 지배를 벌써 포기했다면, 어떻게 그가 그것의 어느 하나라도 범할 수 있겠습니까? 육신의 일의 나타남은 혈육의 존재를 증명해 주는 것입니다.

이 육신의 일들을 다섯 집단으로 분류할 수 있을 것입니다. 첫째로, 음행과 더러운 것과 호색 같은 몸을 더럽히는 죄. 둘째로, 우상 숭배와 주술 같은 사탄의 세력과의 사악한 초자연적 교제. 셋째로, 원수 맺는 것과 분쟁과 시기와 분 냄 같은 사악한 기질과 그 특유의 기벽. 넷째로, 이기심과 당 짓는 것과 분열함과 투기와 같은 분파와 당파주의. 다섯째로, 술 취함과 방탕함 같은 음란입니다. 각기 이것들을 쉽게 관찰할 수 있습니다. 이것을 행하는 사람은 육에 속한 자입니다.

제7과 십자가와 성령

너희가 육신대로 살면 반드시 죽을 것이로되 영으로서 몸의 행실을 죽이면 살리니(롬 8:13, NASV).

사도 바울은 갈라디아 서신에서 육신의 수많은 행위를 상술하고 나서, "그리스도 예수의 사람들은 그 정욕과 탐심을 십자가에 못 박았느니라"(갈 5:24)고 지적합니다. 여기에 구출이 있습니다. 신자의 관심과 하나님의 관심이 크게 다르다는 것이 이상하지 않습니까? 사람은 "육체의 일"(갈 5:19)에 즉 육신의 각양각색의 죄와 관계합니다. 사람은 오늘의 성냄과 내일의 시기와 모레의 분쟁에 이끌립니다. 신자는 어떤 한 가지 특정한 죄로 애통하며 그것에 대한 승리를 갈망합니다. 그러나 이 모든 죄들은 같은 나무에서 오는 열매들에 지나지 않습니다. 한 열매를 뜯어내면 또 다른 열매가 생기는 것입니다. 이 열매들은 줄줄이 자라기 때문에 그에게 승리의 기회를 주지 않습니다. 한편, 하나님은 육신의 **일들**에 관심이 없으시고, "육신" 자체에 관심을 가지십니다(갈 5:24). 나무가 죽으면, 열매가 맺히지 않을까 두려워 할 필요가 있겠습니까? 신자는 그 뿌리인 육신 자체를 처리하는 것을 잊고 그 열매인 죄들을 처리할 계획들을 바쁘게 세웁니다. 그가 한 가지 죄를 해결하기 전에 또 다른 죄가 돋아나는 것이 이상한 일이 아닙니다. 그러므로 우리는 죄의 원천을 오늘 처리하지 않으면 안 됩니다.

그리스도 안의 유아는 십자가의 깊은 의미를 전용해야 합니다. 그들이 아직 육적이기 때문입니다. 하나님의 목적은 신자의 옛사람을 그리스도와 함께 십자가에 못 박아 그리스도께 속한 자들이 "육체와 함께 그 정욕과 탐심을 십자가에 못 박는" 결과를 가져오는 데에 있습니다. 십자가에 못 박힌 것은 그 강력한 정욕과 탐심과 함께 육신이라는 것을 명심하십시오. 죄인이 중생하여 십자가를 통해 구속받은 것 같이 이제 그리스도 안의 육적 유아는 같은 십자가에 의해 육신의 지배에서 구출 받아야만 그가 더 이상 육신을 따르지 않고 성령을 따라 행할 수 있습니다. 이후 그는 얼마 안 되어 영적 기독교인이 될 것입니다.

좀 더 분명하게 말하면 도움이 될 것입니다. 육신을 십자가에 못 박는 것은 경험에 좌우되지 않음을 앞서 지적한 바 있습니다. 그 경험들이 아무리 다양하더라도 그렇습니다. 육체가 십자가에 못 박히는 것은 하나님의 완성된 사역에 의존하는 것입니다. "그리스도 예수의 사람들은" 약한 자나 강한 자나 "육체와 함께 그 정욕과 탐심을 십자가에 못 박았느니라." 당신은 아직 죄를 짓는다고 말합니다. 그러나 하나님은 당신이 십자가에 못 박혔다고 말씀하십니다. 당신은 성깔이 살아있다고 말합니다. 그러니 하나님은 당신이 십자가에 못 박혔다고 대답하십니다. 당신은 정욕이 매우 강력하게 남아 있다고 말합니다. 그러나 다시 하나님은 당신의 육체가 십자가에 못 박혔다고 대답하십니다. 잠깐 당신은 당신의 경험을 바라보지 말고 하나님이 당신에게 하시는 말씀에만 귀를 기울이십시오. 당신이 그의 말씀에 귀 기울이지 않고 그 대신 당신의 처지만을 날마다 바라보면, 당신은 결코 당신의 육신이 십자가에 못 박힌 실상 안으로 들어가지 못할 것입니다. 당신의 느낌과 경험에 무관심 하십시오. 하나님은 당신의 육체가 십자가에 못 박혔다고 선언하십니다. 그러므로 그것이 십자가에 못 **박힌 것**입니다. 단순히, 그냥 하나님의 말씀에만 응하십시오. 그러면 체험을 하게 될 것입니다. 하나님께서 "네 육체가 십자가에 못 박혔다"고 당신에게 말씀하실 때 당신은 "아멘, 육체가 정말 십자가에 못 박혔습니다"라고 응답해야 합니다. 이렇게 그의 말씀에 입각해 행동함에 따라 당신은 당신의 육체가 정말 죽은 것을 보게 될 것입니다.

성령과 체험

"우리가 육신에 있을 때에는... 죄의 정욕이 우리 지체 중에 역사하여 우리로 사망을 위하여 열매를 맺게 하였더니 이제는…죽었으므로"(롬 7:5-6). 이 때문에 육신은 더 이상 우리를 지배하지 못합니다.

우리의 육신이 십자가에 못 박힌 것을 우리는 믿었고 인정했습니다. **이제는** - 전에는 아니었습니다 - 우리의 주의를 경험의 문제로 돌릴 수 있게 됐습니다. 우리는 곧 이어 스트레스를 경험하게 되지만, 그럼에도 그리스도와 함께 우리가 십자가에 못 박힌 사실을 굳게 붙듭니다. 하나님께서 우리를 위해 해주신 일과 하나님의 완성된 사역에 대한 우리의 체험은 서로 구별되더라도 서로 분리될 수 없는 것입니다.

하나님은 그가 하실 수 있는 일을 하셨습니다. 다음 문제는, 우리는 그의 완성된 사역에 대하여 어떤 자세를 갖게 되는가 입니다. 명칭에서 뿐만 아니라 실제로도 하나님은 우리의 육신을 십자가에 못 박으셨습니다. 우리가 믿으면 그리고 우리가 의지를 발휘해서 하나님께서 우리 위해 이루어 주신 것을 선택한다면 그것은 우리의 삶의 경험이 될 것입니다. 우리는 아무 일도 하지 말도록 요청받고 있습니다. 하나님께서 다 하셨기 때문입니다. 우리는 육신을 십자가에 못 박으라고 요청 받지 않습니다. 하나님께서 그것을 십자가에 못 박으셨기 때문입니다. 이것이 사실임을 믿으십니까? 당신은 그것을 당신의 삶 속에 소유하기를 원하십니까? 우리가 믿는다면, 그리고 우리가 원한다면, 우리는 성령과 협력하여 풍요한 경험을 할 수 있습니다. 골로새서 3장 5절에서 우리가 "그러므로 땅에 있는 (네 속에 있는) 지체를 죽이라"고 간청합니다. 이것이 체험으로 가는 길입니다. "그러므로"는 3절의 그보다 앞서 나오는 것의 결과를 가리킵니다. 즉 "너희가 죽었고"입니다. "너희가 죽었고"는 하나님께서 우리 위해 이루어 주신 것입니다. "너희가 죽었고" 그러므로 "(너희 속의) 땅에 있는 지체를 죽이라." 여기 3절의 죽음에 대한 첫 번째 언급은 그리스도 안의 우리의 실제 위치이고, 두 번째 언급은 우리의 실제 경험입니다. 오늘 신자들의 실패는 이 두 죽음 사이의 관계를 보시 못하는데서 찾을 수 있습니다. 어떤 사람들은 죽음의 경험만을 강조하기 때문에 그들의 육신을 무시하려고 했습니다. 그 결과로 그들의 육신은 처리를 받을 때마다 더 살아나게 되었습니다. 또 어떤 사람들은 그들의 육신이 실제로 그리스도와 함께 십자가에 못 박힌 진리를 인정했습니다. 그러나 그들은 그 실제의 실상을 찾지를 않습니다. 이 둘의 어느 것도 육신이 십자가에 못 박힘을 체험으로 변화시킬 수는 없습니다.

   우리의 지체를 죽이고 싶으면, 먼저 죽이려는 행동을 위한 근거를 가져야 합니다. 그렇찮으면 단순히 우리의 힘에만 의존하게 됩니다. 하지만 아무리 큰 열심(힘)도 원하는 경험을 우리에게 가져올 수는 없습니다. 게다가 우리 육신이 그리스도와 함께 십자가에 못 박힌 사실만을 알고, 그가 성취하신 사역이 우리 속에 이루어지도록 힘을 쓰지 않으면, 우리의 지식(못 박힌 사실) 또한 무효가 될 것입니다. 죽이는 것은 먼저 그리스도의 죽음에서 (우리가) 동일시되는 지식(앎)이 필요하고, (우리의) 동일시를 알고 죽이는 일을 수행하지 않으면 안 됩니다. 이 둘이 공존해야 합니다. 육신이 죽었기 때문에 우리가 이제 영적이라 생각하고 우리가 동일시의 사실을 깨달은 것으로 만족하면 우리는 자신을 기만하는 것이 됩니다. 한편, 육신의 악한 행실을 죽임에서 우리가 **악한 행실**만을 지나치게 강조하고 육신에 대한 죽음의 태도를 받아들이지 않으면, 똑같이 기만하는 것이 됩니다. 육신이 죽은 것을 우리가 잊는다면 우리는 아무것도 안심할 수 없게 될 것입니다. "죽이라"(5절)는 "너희가 죽었고"(3절)에 의존합니다. 이 죽이는 것은 주 예수의 죽음을 육신의 모든 행실에 가져옴을 의미합니다. 주의 십자가에 죽으심은 그것에 마주쳐오는 모든 것을 죽이기 때문에 가장 위압적인(믿을만한) 것입니다. 우리는 그의 십자가의 죽음에서 그와 연합되었으므로 정욕에 유혹받는 어떤 지체도 그의 죽음을 적용하여 즉각 그것을 죽일 수 있습니다.

그의 죽으심에서 그리스도와 우리의 연합은 그것(연합)이 우리들의 영 안에서 하나의 성취된 사실임을 의미합니다. 신자가 이제 행해야만 할 것은 이 확실한 죽음을 그의 영으로부터 가져와 그의 사악한 정욕이 일어날 때마다 그의 지체에 적용하는 일입니다. 그런 영적 죽음은 단번에 영원히 이루어지는 것이 아닙니다. 신자가 깨어있지 않거나, 그의 믿음을 잃을 때마다 육신이 미친 듯 날뛸 것은 확실합니다. 그가 주의 죽음에 완전히 합치되기를(to be conformed) 소원한다면, 그의 영 안에 실재하는 것이 그의 몸에서 수행되게 하여 그의 지체들의 행위를 끊임없이 끝장내게 하지 않으면 안 되는 것입니다.

그러나 주의 십자가의 못 박히심을 우리 지체에 그렇게 적용할 힘은 어디서 옵니까? 바울은 "영으로서 몸의 행실을 죽이면 살리라"(롬 8:13)고 주장합니다. 이런 행실을 죽이기 위해 신자는 성령에 의지하여 그가 그리스도와 함께 십자가에 못 박힘을 개인적 체험으로 옮기지 않으면 안 됩니다. 신자는 성령께서 십자가의 죽음을 자기 속에 죽어야 할 지체들에게 집행하시리라는 것을 믿어야만 합니다. 신자의 육체가 십자가에서 그리스도와 함께 못 박힌 사실을 감안할 때, 신자가 오늘 다시 한 번 십자가에 못 박힐 필요는 없습니다. 필요한 것은 그를 위해 십자가 위의 주 예수의 완성된 죽음을 지금 솟아오르려는 몸의 악한 행실에 적용하는 것이 모두입니다. 그러면 그것은 주의 죽으심의 능력으로 제거될 것입니다. 육신의 악한 행실이 어느 곳에서든 솟아오를 수 있고, 하나님의 자녀가 성령으로서 계속 우리 주 예수의 거룩한 죽음의 능력을 활용하지 않으면 그는 승리할 수 없을 것입니다. 그러나 이렇게 그가 몸의 행실을 매장시키면, 그 안에 거하시는 성령께서 죄의 몸을 처분하시려는 하나님의 목적을 궁극적으로 실현하시게 될 것입니다(롬 6:6). 이렇게 그리스도 안의 유아는 십자가를 전용하여 육체의 힘에서 해방되어 부활 생명에서 주 예수와 연합하게 될 것입니다.

육신의 존재

육신이 죽음에 넘겨져 "무력"하게(롬 6:6의 "죽어"의 원래의 의미) 되더라도 그것은 계속되고 있음을 세심히 주목합시다. 육체가 우리로부터 근절되었다고 생각하고 죄의 성품이 완전히 멸절되었다고 결론짓는 것은 큰 잘못입니다. 그런 거짓된 가르침은 사람들을 잘못으로 이끌게 됩니다. 중생한 생명이 육신을 변화시키는 것은 아닙니다. 십자가에 함께 못 박힘이 육신을 멸해주지는 않습니다. 내주하시는 성령이 육신으로 행하는 것을 불가능하게 하지는 않습니다. 육체는 그 육적 성품과 함께 신자 안에 끊임없이 거하는 것입니다. 활동할 기회가 제공되기만 하면, 육신은 즉시 행동을 개시할 것입니다.

제8과 육체의 자랑

육체를 신뢰하지 말라(빌 3:3 하반).

육신이 영과 성령에 나타내는 대항은 두 부분으로 되어 있습니다. 첫째로, 죄를 범하므로 -하나님께 반역하고 하나님의 법을 깨뜨림으로, 둘째로, 선을 행하므로-하나님을 순종하며 하나님의 뜻을 따름으로 입니다. 죄와 정욕으로 가득한 육신의 신체적 요소는 당연히 수많은 죄에서 자체를 표현하지 않을 수 없으며, 성령을 근심되게 합니다. 그러나 육신 중 혼 부분은 몸처럼 오염돼 있지는 않습니다. 혼은 사람의 삶의 본질입니다. 그것은 바로 그의 자아이며, 의지, 지성, 정서의 기능을 포함합니다. 인간적 관점에서 보면, 혼의 작용이 모두 오염된 것은 아닐지 모릅니다. 그 작용은 단순히 그의 생각과 이념과 느낌과 좋아하는 것과 싫어하는 것에 중심해 있습니다. 이 모든 작용이 자아에 집중되어 있더라도 이것들이 반드시 더러운 죄는 아닙니다. 혼의 삭용의 기본 특징은 독립성 내지 자아 의존성입니다. 그러므로 혼적 측면이 신체적 측면처럼 오염되어 있지는 않더라도, 그것은 성령에 대하여 적대적입니다. 육신은 자아를 중심으로 만들어 자기 의지를 하나님의 뜻 위에 높입니다. 그것이 하나님을 섬길지는 모릅니다. 그러나 항상 그 자체의 생각에 따라서이지 하나님의 뜻에 따르는 것이 아닙니다. 그것은 자기 눈에 좋아 보이는 것을 행할 것입니다. 자아는 모든 행동 배후의 행동규범입니다. 사람이 죄로 생각하는 것을 그것이 범하지 않을지는 모릅니다. 그것은 심지어 그 모든 힘으로 하나님의 계명을 지키려고 할지 모릅니다. 그렇지만, "자아"는 결코 모든 활동의 중심이 되는 데에 결코 실패하지 않습니다. 누가 이 자아의 속임수와 그 왕성한 힘을 헤아릴 수 있겠습니까? 육신은 하나님에 대항하여 죄를 짓지 않음에서 뿐만 아니라 하나님을 섬기고 기쁘시게 하는 일에서 조차 영을 거스릅니다. 자아는 하나님의 은혜에 전적으로 의지하여 단순히 성령의 인도하심을 받지 않고, 그 자체의 힘에 의지함으로서 성령을 반대하고 소멸하는 것입니다.

우리는 주변에서 천성으로는 착하고 참을성 있고 사랑스런 신자들을 많이 볼 수 있습니다. 그런데 그 신자는 죄를 미워하므로 그가 갈라디아서 5장 19-21절에 기록된 바와 같이 육신의 작용에서 구출 받을 수 있으면, 그는 만족해 버립니다. 하지만 그 신자는 의를 **사모합니다**. 그러므로 그는 갈라디아서 5장 22-23절의 열매를 맺고 싶어 의롭게 행하기로 열심히 애쓸 것입니다. 그러나 바로 여기에 위험이 놓여있습니다. 이 기독교인은 그의 육신 **전체**를 미워하는 법을 배우지 못한 것입니다. 그는 단순히 그것에서 솟아나는 죄로부터 해방받기만을 바라는 것입니다. 그는 육체의 행위에 어느 정도 저항할 줄 압니다. 그러나 육체 전체가 파멸되어야 할 필요를 알지 못합니다. 육신이 죄를 생산할 수 있을 뿐만 아니라 선을 행할 수도 있다는 사실이 그를 속이는 것입니다. 그것이 선을 아직 행하고 있으면 그것이 아직 살아있는 것은 분명한 것입니다. 육신이 확실히 죽었다면 선과 악을 행하는 신자의 두 가지 능력도 그것과 함께 파멸됐을 것입니다. 선을 행하는 능력은 육신이 아직 죽지 않았음을 보여주는 것입니다.

로마서 8장은 "육신에 있는 자들은 하나님을 기쁘시게 할 수 없느니라"(8절)고 주장합니다. 이것은 육신이 하나님을 기쁘시게 하려고 애를 썼지만, 성공하지 못했음을 의미합니다. 물론 이것은 하나님을 기쁘시게 하는 일에 철저히 실패할 육신의 의로운 행위에 특히 언급하고 있습니다.

사도는 빌립보서에서 그가 "육체를 신뢰하지 아니한다"(3:3)고 항변합니다. 육체는 자기를 신뢰하는 일에 몰두합니다. 육적인 사람들은 매우 유능하기 때문에 성령을 신뢰할 필요가 없는 것입니다. 십자가에 못 박힌 그리스도가 하나님의 지혜이신데도, 신자는 자기 자신의 지혜를 얼마나 많이 신뢰합니까? 그는 성경을 읽고 설교할 수 있고, 또 말씀을 듣고 믿을 수는 있습니다. 그러나 모든 것을 그의 생각의 힘으로 수행해버리고, 성령의 교훈을 절대 의지할 필요를 마음속에 명심하는 경험은 조금도 하지 않는 것입니다. 그러므로 자기네가 모든 진리를 소유하고 있다고 믿는 사람들이 많지만, 그들이 소유하고 있는 것은 고작 다른 사람들로부터 들은 것이거나, 자신들의 성경 연구에서 오는 것들입니다. 사람으로부터 오는 것이 하나님으로부터 오는 것을 훨씬 앞지르는 것입니다. 그들은 하나님으로부터 교훈을 받거나 주께서 그의 빛 안에서 그의 진리를 그들에게 계시해 주시도록 주를 의지하며 기다리지를 않습니다.

자기 신뢰와 자기 의지는 앞서 말씀드린 대로 육신의 선행의 뚜렷한 특징입니다. 육신이 하나님을 의지하는 것은 불가능합니다. 육신은 너무 조급해서 지체되는 것을 견디지 못합니다. 육신은 자체가 강하다고 생각하는 한 결코 하나님을 의지하지 않을 것입니다. 절망의 시간에도 육신은 계속 계획을 세우고 빠질 길을 모색합니다. 육신은 결코 의존 의식이 없습니다. 어떤 일이 육신으로부터 오는 것인가, 아닌가를 신자가 알 수 있는 시금석은 한 가지 뿐입니다. 무엇이든 하나님을 의지하고 기다림에서 오지 않는 것, 성령을 의지하지 않는 데서 오는 것은 의심할 여지 없이 육신에 의한 것입니다. 하나님의 뜻을 찾는 대신 자기 기쁨(만족)에 따라 결정하는 것은 육신에서 오는 것입니다. 언제든 철저히 의지하는 마음이 부족하면, 육신의 노력이 있게 마련입니다. 그런데 행한 일들이 악하거나 부당한 것이 아닐 수도 있습니다. 사실은 선하고 경건할 수도 있습니다(성경 읽기나, 기도, 예배, 봉사 같은). 그러나 성령에 대한 완전한 의지의 영으로 떠맡지 않는다면, 육신이 모든 것의 원천입니다. 옛 피조물은 그것이 살아 있어 움직임이 허락되기만 하면 어떤 일도, 심지어 하나님께 복종하는 일도 기꺼이 하는 것입니다! 육신의 일이 아무리 선하게 보여도, 가리워져있든 눈에 띄든 "나"가 항상 지평 위에 거대한 모습을 드러냅니다. 육체는 결코 약점을 인정하지도, 쓸모없음도 인정하지 않습니다. 그것은 심지어 웃음거리가 되더라도 자기 능력에 대한 신념에 흔들림이 없습니다.

"성령으로 시작하였다가 이제는 육체로 마치겠느냐?"(갈 3:3) 이 말씀은 큰 진리를 드러냅니다. 그가 성령으로 잘 시작할 수는 있습니다. 그러나 계속 잘 하지를 못합니다. 우리의 경험은 어떤 일이 성령으로 시작했다가 육체로 끝나는 상대적인 안이함의 실태를 입증해주곤 하는 것입니다. 성령께서 새로 깨달은 진리를 주실 때가 많습니다. 그러나 얼마 후 이 진리는 육체의 자랑으로 변합니다. 초창기 유대인들은 바로 이런 과오를 범했습니다. 주를 순종하는 문제에서, 그의 자아를 새롭게 부인하는 문제에서, 영혼들을 구하는 능력을 받는 문제에서, 처음에는 성령을 의지할 것입니다. 그러나 그 후 얼마 안 되어 바로 그 사람이 하나님의 은혜를 자기의 영광으로 변화시켜 하나님의 것을 자기의 소유물로 취급합니다. 이 같은 원칙은 우리 행실에 있어서도 마찬가지입니다. 시작할 때에는 성령의 사역을 통하여 한 사람의 삶에 막강한 변화가 일어나고, 이 때문에 그는 전에 미워하던 것을 사랑하고 전에 사랑하던 것을 미워합니다. 그러나 점점 이런 변화들을 자기가 이룬 것으로 풀이하여 자기 자신이 칭찬의 대상이 되어버리거나, 멋대로 성장하여 점점 성령에 의지하기보다 자기를 의지하여 점차 계속 밀고 나가는 것입니다. 성령으로 잘 시작하지만 불행히도 육신으로 끝나는 신자들의 경험이 수만 가지나 됩니다.

따르는 죄

신자가 너무 자신만만해서 감히 성령의 일을 육신의 힘으로 완수하려고 한다면 그는 온전한 영적 성숙에 이르지 못할 것입니다. 그 대신 그는 자기가 이전에 극복했던 죄들이 그에게로 다시 강력하게 돌아올 때까지 표류하게 될 것입니다. 이 말에 놀라지 마십시오. 육신이 어디서든, 언제든 하나님을 섬길 때마다, 거기서 죄의 세력이 강화되는 것은 영적으로 자명한 이치입니다. 교만한 바리새인들이 왜 죄의 종이 됐습니까? 그들이 너무 자기 의적이고 하나님을 너무 열심히 섬겼기 때문이 아니겠습니까? 어째서 사도는 갈라디아교인들을 꾸짖었습니까? 어째서 그들은 육신의 행실을 나타냈습니까? 그들이 행함을 통해 자신의 의를 세우고 성령이 시작하신 일을 육신으로 완성하려고 했기 때문이 아닙니까? 어린 신자들의 위험은, 십자가가 육신의 사악한 측면을 처리한다는 것만을 알고 선행을 행할 때 육신의 힘을 죽이는 일을 갑자기 중단한다는데 있는 것입니다. 그렇게 함에서 그들은 육신의 죄 속으로 다시 후퇴하는 것입니다. 기독교인들이 죄에 대한 승리를 경험할 때 범하는 가장 큰 실수는, 승리를 유지하기 위한 승리의 방법을 사용하지 않는 데에 있습니다. 그 대신 그들은 그들의 일과 결의를 통해 승리를 영구화 시키려고 애를 씁니다. 그렇게 하면 잠깐 동안은 아마 성공할지 모릅니다. 그래도 얼마 안 되어 그들 자신이 그들의 이전의 죄로 미끄러져 되돌아가게 되는데, 이것이 형식에 있어서는 다를지 몰라도 본질적으로는 같은 것입니다. 그러면 그들은 항구적이며, 지속적 승리는 이루기가 불가능하다고 결론짓고 절망의 늪에 빠지거나, 그들이 죄지은 사실을 정직히 고백하지 않고 그들의 죄를 숨기려고 애를 씁니다. 지금 그런 실패를 일으키는 원인은 무엇입니까? 육신이 당신에게 의롭게 행할 힘을 주는 것과 똑같이 그것(육신)이 죄지을 힘도 당신에게 준다는 것입니다. 선한 행동이든 악한 행동이든 모든 것은 같은 육신의 표현에 지나지 않습니다. 육신이 죄지을 기회가 제공되지 않으면 육신은 사실은 선을 행하고 싶지 않지만 선을 행하려 할 것입니다. 그리고 일단 선을 행할 기회가 제공되면 육신은 곧 죄짓는 데로 되돌아갈 것입니다.

제9과 육신에 대한 신자의 궁극적 태도

육신의 일을 도모하지 말라(롬 13:14 하반).

하나님의 육신관

우리 기독교인들은 육신에 대한 하나님의 심판을 다시 한 번 상기할 필요가 있습니다. "육은 무익하니라"(요 6:63)라고 주 예수께서 말씀하십니다. 그것이 육신의 죄든 육신의 의든 그것은 쓸데없는 것입니다. 육으로 난 것은 무엇이든 육이며, "비육화"될 수 없습니다. 그것이 강단 위의 육체이든, 청중 속의 육체이든, 기도 속의 육체, 헌신의 육체, 성경 읽는 육체, 찬송 부르는 육체, 선행의 육체이든, 이것의 아무 것도 쓸모가 없다고 하나님께서 주장하십니다. 신자들이 육체대로 아무리 갈망하더라도 하나님은 그것이 모두 무익하다고 선언하십니다. 육체는 영적 생활에 유익이 되지 않으며, 하나님의 의를 이룰 수도 없습니다. 주께서 바울을 통해 로마서에서 육신에 관해 몇 가지 하시는 말씀을 주목해 봅시다.

(1) "육신의 생각은 사망이요"(8:6). 하나님의 생각에 따르면 육신에는 영적 죽음이 있습니다. 유일한 도피의 수단은 육체를 십자가에 못 박는 것입니다. 사람의 시선을 받기 위해 선행하고, 계획하고, 구상하는 것들이 아무리 적절해도 하나님은 육체에게는 다만 한 가지 심판만을 선언하셨습니다. 죽음입니다.

(2) "육신의 생각은 하나님과 원수가 되나니"(8:7). 육신은 하나님께 대적합니다. 평화로운 공존의 기회는 아예 조금도 없습니다. 이것은 육체로부터 나오는 죄와 관련해서 뿐만 아니라, 그 가장 고상한 생각과 행동에 있어서도 그렇습니다. 더러운 죄가 하나님께 적대적인 것은 분명하지만, 의로운 행실 역시 하나님과는 관계없이 행해질 수 있음을 주목합시다.

(3) "이는 하나님의 법에 굴복하지 아니할 뿐 아니라 할 수도 없음이라"(8:7). 육신이 일을 더 잘 할수록 그것은 더욱 하나님과 멀어집니다. 얼마나 많은 "선량한" 사람들이 주 예수를 기꺼이 믿습니까? 하지만 그들의 자기 의는 조금도 의가 아닙니다. 그것은 실제로는 불의입니다. 아무도 성경의 모든 가르침을 순종할 수 없습니다. 한 사람이 선량하든 나쁘든 한 가지는 분명합니다. 그가 하나님의 법에 복종하지를 않습니다. 나쁘다는 점에서 그는 율법을 범합니다. 선량하다는 점에서 그는 그리스도 밖의 다른 의를 세웁니다. 따라서 율법의 목적에 미치지 못하는 것입니다. ("율법으로는 죄를 깨달음이라"(3:20)).

(4) "육신에 있는 자들은 하나님을 기쁘시게 할 수 없느니라"(8:8). 이것이 최종 판정입니다. 한 사람이 아무리 선량 하더라도 그것과는 무관하게 행위가 자기로부터 나온 것이면 하나님을 기쁘시게 할 수 없습니다. 하나님은 그의 아들만을 기뻐하십

니다. 그와 그의 사역을 떠나 어떤 사람도, 어떤 일도 하나님을 기쁘시게 할 수 없습니다. 육신이 수행한 일이 아주 선해보일지는 모릅니다. 그렇지만 그것은 자아로부터 나오고, 타고난 힘으로 행했기 때문에 그것은 하나님을 만족시킬 수 없습니다. 사람이 선을 행하고 개선하고, 진보하기 위해 많은 방법을 구상할 수는 있습니다. 그러나 이런 것은 육적이어서 하나님을 기쁘시게 할 수 없습니다. 이것은 비중생인에게만 그럴 뿐 아니라, 중생한 사람에게 있어서도 같습니다. 그 자신의 힘으로 하는 것이 아무리 훌륭하고 효과적이더라도 신자는 하나님의 시인을 자신에게 가져올 수 없습니다. 하나님의 기쁘심이나 불쾌함은 선악의 원칙에 근거한 것이 아닙니다. 하나님은 모든 것들의 원천을 살피십니다. 한 가지 행동이 아주 꼼꼼할 수는 있습니다. 그러나 하나님은 그 원천이 무엇이냐고 물으십니다.

십자가와 성령의 더욱 깊은 사역

육신은 전적으로 기만적이기 때문에, 신자는 십자가와 성령이 필요합니다. 자기 육신이 하나님 앞에 어떤 위치인가를 일단 분별하게 되면, 그는 매 순간 성령을 통해 보다 깊은 십자가 사역을 체험하지 않으면 안 됩니다. 기독교인이 십자가를 통하여 육신의 죄에서 해방 받아야 하는 것처럼 그는 이제 같은 십자가로 육신의 의로부터 해방 받아야만 합니다. 그리고 기독교인이 성령을 따라 행함으로서 육신을 따라 죄에 빠지지 말아야 하는 것 같이, 성령을 따라 행함으로서 육신을 따라 자기 의에 빠지지 말아야 할 것입니다.

신자와는 별도의 한 가지 사실로써 십자가는 완전히 전적으로 성취되었습니다. 십자가를 더 깊게 하는 것은 가능하지 않은 것입니다. 신자 안의 한 과정으로서는 십자가는 항상 깊이 체험됩니다. 성령께서 십자가의 원칙을 매 지점에서 가르치시고 적용하실 것입니다. 어떤 사람이 신실하고 순종적이면 십자가가 그를 위해 성취한 것을 더 깊이 계속 체험하게 될 것입니다. 십자가는 거기에 아무 것도 덧붙일 수 없는 객관적으로 완성된 절대적 사건입니다. 그러나 주관적으로 십자가는 항상 더 예리하게 실현될 수 있는 끝없는 점진적 체험입니다.

사람 안에는 각기 다른 두 생명의 원동력이 존재함을 우리는 알아야 합니다. 우리들 중 혼합된 삶을 살고 있는 사람들이 많으므로 이 두 다른 원동력의 하나를 순종하고 그 다음에는 다른 원동력을 순종하는 것입니다. 가끔 우리는 성령의 힘에 전적으로 의존하지만 또 어떤 때는 우리 자신의 힘을 쓰기도 합니다. 안정되고 확립되어 보이는 것이 하나도 없습니다. "육체를 따라 계획하여 예예 하면서 아니라아니라 하는 일이 나에게 있겠느냐?"(고후 1:17). 육신의 특징은 그 변덕스러움입니다. 네와 아니오 사이를 교차하고, 반대로 아니오와 네 사이를 교차하는 것입니다. 그러나 하나님의 뜻은 "육신을 따르지 않고(한 순간조차) 그 영을 따라 행하라"(롬 8:4)입니다. 우리는 하나님의 뜻을 받아들여야 합니다.

"또 그 안에서 너희가 손으로 하지 아니한 할례를 받았으니 곧 육의 몸을 빗는 것이요 그리스도의 할례니라"(골 2:8). 십자가가 할례의 칼처럼 육신에 속한 모든 것을 완전히 기꺼이 잘라버리게 해야 합니다. 그렇게 잘라내는 작업은 깊고 완전하여 육신의 아무것도 감추어 있거나 남아있을 수 없게 해야만 합니다. 십자가와 저주는 얽혀(불가분리적으로) 있습니다(갈 3:13). 우리의 육신을 십자가에 내어줄 때, 우리는 그것을 저주에 넘겨주게 되고, 육신에는 선한 것이 거하지 아니하며 하나님의 저주 외에 아무것도 받을 것이 없음을 인정하게 되는 것입니다. 이런 마음의 태도 없이, 우리가 육신의 할례를 받아들이기는 극히 어렵습니다. 육신의 모든 애정, 소원, 생각, 지식, 의도, 예배와 일은 십자가로 가야만 하는 것입니다.

제3부
혼

제 10 과 죄로부터의 구원과 혼적 생명

우리가 알거니와 우리의 옛 사람이 예수와 함께 십자가에 못 박힌 것은 죄의 몸이 죽어 다시는 우리가 죄에게 종노릇 하지 아니하려 함이니(롬 6:6, 다아비역 참조).

    로마서 6장은 죄로부터의 기독교인의 구원을 위한 기초를 놓고 있습니다. 하나님은 모든 신자에게 이런 구원을 주시므로, 모두가 구원에 들어갈 수 있습니다. 더우기 이 죄의 세력으로부터의 구원은 죄인이 주 예수를 구주로 영접하여 거듭나는 시간에 체험될 수 있습니다. 신자 된지 오래되어 그가 수많은 실패와 좌절을 겪어야만 이 복음을 받을 수 있는 것은 아닙니다. 로마서 6장에 나타난 복음을 받아들이는데 지체되는 것은 그가 불완전한 복음을 들었거나, 복음을 온전히 받아들여 그것에 전적으로 굴복하고 싶지 않았기 때문입니다. 그렇지만 사실상 이 축복은 모든 거듭난 사람들의 공동 소유입니다.
    로마서 6장은 기대가 아니라 회상하라는 요청과 함께 시작합니다. 6장은 우리의 주의를 과거에, 이미 우리의 것이 된 것에 돌리게 합니다. "우리가 알거니와 우리의 옛 사람이 예수와 함께 십자가에 못 박힌 것은 죄의 몸이 죽어 다시는 우리가 죄에게 종노릇 하지 아니하려 함이라"(6절, 다아비역). 이 한 절에서 우리는 세 가지 주된 요소를 보게 됩니다.

(1) "죄"(단수)
(2) "옛 사람" 그리고
(3) "몸"(죄의 몸)

이 셋은 각기 성질이 크게 다르고, 죄 짓는 행동에서 각기 특유한 역할을 합니다. 여기서 죄는 흔히 죄의 **뿌리**라고 불립니다. 성경은 우리가 이전에는 죄의 종이었다고 말씀해 줍니다. 죄가 주인 노릇을 해온 것입니다. 그러므로 우선 죄가 힘을 갖고 있다는 것을 알아야 합니다. 죄가 우리를 사로잡기 때문입니다. 죄는 이 힘을 끊임없이 내뿜어 우리가 옛 사람에게 순종하도록 이끌어 죄를 짓게 하는 것입니다. 옛 사람은 우리가 아담으로부터 물려받은 모든 것을 의미합니다. 우리는 새 사람이 무엇인지를 알아야만 옛 사람을 알 수 있습니다. 새 사람으로 말미암지 않는 것은 모두 옛 사람에게 속하는 것이기 때문입니다. 우리의 새 사람은 우리가 중생할 때 주님으로부터 새롭게 흘러오는 모든 것을 받아들입니다. 이런 까닭에, 옛 사람은 새 인격 밖에 있는 우리의 인격의 모든 것-우리의 옛 인격과 옛 성품에 속하는 모든 것을 나타냅니다. 우리가 죄를 짓는 것은 이 옛 사람이 죄를 사랑하고 죄의 힘 아래에 있기 때문입니다. 여기서 죄의 몸은 우리의 이런 몸을 가리킵니다. 사람의 이 신체적 부분은 우리가 죄 짓는 모든 것에서 피할 길 없는 꼭둑각시가 되었습니다. 그것에 죄의 몸이란 표가 붙은 것은 그것이 이렇게 죄의 세력에 종속되어 정욕과 죄의 욕망으로 가득히 짐 지워졌기 때문입니다. 따라서 죄가 이 몸을 통해서 자체를 마음대로 표현하게 되는 것입니다. 그렇지 않다면 죄는 단순히 눈에 보이지 않는 한 세력에 지나지 않을 것입니다.

그런데 사람은 어떻게 죄로부터 해방될 수 있습니까? 어떤 사람들은 죄가 제 1원인이기 때문에 우리가 승리하기 위해서는 죄를 멸절시켜야 한다는 이론을 내세웁니다. 따라서 그들은 "죄 멸절설"을 주장합니다. 이 사람들은 생각하기를 일단 죄의 뿌리가 뽑히면 우리는 결코 다시 죄를 짓지 않을 것이며, 분명히 성화될 것이라고 생각합니다. 다른 사람들은 우리가 죄를 극복하고 싶으면 우리 몸을 복종시켜야 한다고 주장합니다. 죄를 습관적으로 짓는 것은 몸이 아닌가? 라고 그들은 묻는 것입니다. 그러므로 기독교 세계에 금욕주의를 장려하는 한 무리 사람들이 생겨납니다. 그들은 자신들을 억압하기 위해 많은 기술을 사용합니다. 그들이 일단 몸의 요구를 극복하면, 그들이 거룩해질 것으로 예상하기 때문입니다. 이것들의 어느 것도 하나님의 방법이 아닙니다. 로마서 6장 6절은 그의 방법에 대하여 분명합니다. 하나님은 내부의 죄를 뿌리 뽑지도 않으시며, 외부의 몸을 억압하시지도 않습니다. 하나님은 그 중간에서 옛 사람을 처리하시는 것입니다.

주 예수께서는 십자가로 가실 적에 우리의 죄 뿐만 아니라 우리 존재들도 가져가셨습니다. 바울은 "우리의 옛 사람이 예수와 함께 십자가에 못 박혔다"고 선언하심으로서 이 사실을 선포하고 있습니다. 원어로 "십자가에 못 박힌다"의 동사는 부정과거 시제로 되어 있으며, 우리의 옛 사람이 단번에 영원히 그와 함께 십자가에 못 박혔음을 의미합니다. 그리스도의 십자가가 성취된 하나의 사실인 것 같이, 우리가 그와 함께 십자가에 못 박힌 것도 추가적으로 성취된 하나의 사실입니다. 그리스도의 십자가에 못 박히심의 실재를 누가 문제 삼겠습니까? 그렇다면, 어째서 우리 옛 사람이 십자가에 못 박힘의 실재를 의심해야 합니까?

많은 성도들이, 함께 죽음의 진리를 듣고 나서 그들이 죽어야 한다고 즉각 생각을 하고 자신들을 십자가에 못 박기 위해 최선의 노력을 다합니다. 이런 태도는 하나님의 계시가 부족하거나 믿음이 부족해서 그렇습니다. 그들 자신이 이것을 행할 뿐만 아니라 다른 사람들도 그렇게 하라고 가르칩니다. 그 결과는 너무나 분명합니다. 죄에서 자유하게 되는 능력은 그들의 것이 되지 않으며, 그들이 느끼는바 옛 사람도 죽지 않을 것입니다.

이것은 비통하게도 잘못된 판단입니다. 성경은 우리들 자신을 십자가에 못 박으라고 결코 가르치지 않습니다. 우리는 정확히 그 반대의 교훈을 받고 있는 것입니다! 성경은 그리스도께서 갈보리로 가셨을 때 우리를 거기로 데려가셔서 우리를 십자가에 못 박으셨다고 가르칩니다. 우리는 지금 자신을 십자가에 못 박기 시작하라고 가르침 받고 있지 않습니다. 그 대신 성경은 그리스도께서 십자가에 가셨을 때 우리의 옛 사람이 처리되었다고 확신시켜 줍니다. 로마서 6장 6절만으로 이것을 실증하기에 충분합니다. 그의 말씀에는 우리들 자신을 십자가에 못 박고 싶어 한다는 관념이 털끝만큼도 없으며, 우리의 십자가 위의 죽음이 실현을 기다리고 있다는 것을 조금도 의미하지 않습니다. 로마서 6장의 이 구절은 우리가 그리스도와 함께 십자가에 못 박힌 것이 이미 성취된 한 가지 사실임을 절대적으로 선언할 때 의심의 여지를 허용하지 않습니다. 이것은 참으로 성경의 가장 소중한 어구인 "그리스도 안에서"의 결과인 것입니다. 그리스도께서 십자가로 가셨을 때 우리가 그 안에서 갔다는 것, 그리스도께서 십자가에 못 박히셨을 때 우리 또한 그와 함께 십자가에 못 박혔다고 말할 수 있는 것은 우리가 그 안에 있고, 그와 연합되어 있기 때문인 것입니다. 우리가 그리스도 안에 있다는 것은 얼마나 놀라운 실상(reality)입니까!

우리의 옛 사람이 십자가에 못 박힌 결과는 무엇입니까? 다시 그 대답이 명백하게 옵니다. "죄의 몸이 죽어"에서 "죽어"란 말은 "시들어" 또는 "실직당한"이라고 풀이되어야 합니다. 전에 죄가 발동하고 있을 때는 우리의 옛 사람이 응답했고, 그 결과 몸이 죄를 습관적으로 지었습니다. 옛 사람이 십자가에 못 박히고 새 사람으로 대신함과 함께 죄가 여전히 안에서 발동하고, 그 압력을 발휘하려 시도할 수 있습니다. 그러나 죄가 몸이 죄를 짓도록 내몰 적에 옛 사람의 승낙을 받지를 못합니다. 죄는 더 이상 신자를 유혹하지 못하는 것입니다. 신자가 새 사람이기 때문입니다. 옛 사람은 죽은 것입니다. 몸의 업무는 이전에는 죄를 짓는 것이었습니다. 그러나 이 죄의 몸이 이제 실직 당했습니다. 옛 사람이 버림받았기 때문입니다. 몸은 죄를 지을 수 없게 됐고, 따라서 그 업무가 거부당하게 됐습니다. 주님을 찬양할지어다. 그가 이것을 우리에게 제공해 주셨습니다.

하나님이 우리 옛 사람을 그리스도와 함께 십자가에 못 박으셔서 우리 육신이 할 일이 없게 하신 것은 어째서입니까? 그의 목적은 "다시는 우리가 죄에 종노릇 하지 아니하게" 하시기 위함입니다. 이것과 관련해서 하나님께서는 우리가 이후로는 죄의 압력에 굴복하지도 않고, 그 세력에 묶이지도 않게 하는 일을 가능하게 하십니다. 죄가 우리를 지배하지 못할 것입니다. 할렐루야! 이렇게 해방을 주신데 대하여 우리는 하나님을 찬양해야만 합니다.

우리가 어떻게 그런 축복에 들어가게 됩니까? 두 요소가 반드시 필요합니다. 첫째로, "너희 자신을 죄에 대하여는 죽은 자요 그리스도 예수 안에서 하나님께 대하여는 살아 있는 자로 여길지어다"(롬 6:11 다아비역 참조). 이것이 믿음의 본질입니다. 하나님께서 우리의 옛 사람이 그리스도와 함께 못 박혔다고 선언하실 때 우리는 그의 말씀을 믿고 "우리 자신을 죄에 대하여는 죽은 자로 여깁니다." 그러면 우리가 어떻게 죽습니까? 우리 자신을 죄에 대하여는 죽은 자로 여기는 것입니다. 우리가 그리스도와 함께 부활했다고 하나님께서 선언하실 때 우리는 다시 그의 말씀을 의지하여 "살아 있는 자로 여깁니다." 이렇게 여긴다는 것은 그의 말씀에 따라(입각해) 하나님을 믿는다는 것 이외에 다른 것이 아닙니다. 우리 옛 사람이 십자가에 못 박혔다고 하나님께서 말씀하실 때, 우리는 우리 자신을 죽은 자로 여깁니다. 하나님께서 우리가 살아 있는 자라고 하실 때 우리는 자신들을 살아있는 자로 여깁니다. 실패하는 사람이 많은 것은 하나님의 말씀을 의지하기 전에 십자가의 못 박힘과 부활을 느끼고, 보고, 경험하려는 소원 때문에 그런 것입니다. 이 사람들은 하나님께서 그것을 벌써 그리스도 안에서 이루어주셨다는 것과 그가 이루어주신 것을 사실로 간주하여 그의 말씀을 믿기만 하면 성령께서 그들에게 경험을 주실 것을 깨닫지를 못하는 것입니다. 성령은 그리스도 안에 있는 것을 그들에게 건네주실 것입니다.

둘째로, "또한 너희 지체를 불의의 무기로, 죄에게 내주지 말고 오직 너희 자신을 죽은 자 가운데서 다시 살아난 자 같이 하나님께 드리며 너의 지체를 의의 무기로 하나님께 드리라"(롬 6:13, 다아비역 참조). 이것이 헌신의 본질입니다. 하나님께서 우리가 버리기를 바라시는 것을 우리가 계속 붙들기를 고집한다면 죄가 우리를 지배할 것이며, 우리의 "여김"은 쓸데없게 될 것입니다. 우리가 우리 지체를 굴복시켜 의의 경건한 무기를 써서 하나님께서 원하시는 것을 말하고, 행하고, 그가 지시하시는 곳으로 가는데 실패한다면, 우리가 아직 죄에서 해방되지 못했다고 해서 놀라서야 되겠습니까? 언제든 우리가 버리기를 거부하거나 하나님께 저항한다면, 죄가 돌아와 우리를 지배하게 될 것입니다. 그런 환경에서는 간주하는 힘, 곧 하나님의 말씀을 믿는 힘을 잃게 될 것은 당연한 것입니다. 우리가 믿음을 발휘하고 간주하기를 중단하면 우리가 그리스도 안의 제 위치에 있다고 말할 수 있겠습니까? 그렇습니다. 우리는 요한복음 15장의 "내 안에 거하라"는 의미에 따라 그 안에 더 이상 살아 있지 못하는 것입니다. 따라서 우리는 그리스도 안의 실제와 우리가 십자가에 못 박힌 것을 체험할 자격이 없게 되는 것입니다.

생명으로서의 혼

혼이 사람의 타고난 생명이라고 말할 때, 우리는 그것이 우리를 육신으로 살게 하는 힘이라는 뜻으로 말합니다. 우리의 혼은 우리의 생명입니다. 창세기 1장 21,22절에 "생물"이란 뜻으로 사용된 원어는 "혼"입니다. 이 혼이 인간과 다른 생물이 공동으로 소유하는 생명이기 때문입니다. 이것은 우리가 날 때부터 소유하는 힘이며, 중생하기 전에는 우리가 이것으로 살게 됩니다. 이것이 모든 사람이 갖고 있는 생명입니다. 헬라어 사전은 **프쉬케**(psuche)의 원래의 의미를 "동물 생명"이라고 합니다. 그러므로 혼 생명은 사람을 하나의 생물이 되게 해 줍니다. 혼 생명이 반드시 악한 것은 아니더라도–많은 죄가 신자들이 그리스도와 함께 못 박혀 죽음을 통해서 무기력해졌으므로–혼 생명은 여전히 타고난 것입니다. 이것이 사람의 생명입니다. 이런 까닭에 혼은 가장 인간적입니다. 그것은 사람을 완전히 인간되게 해줍니다. 그것이 선하고, 사랑스럽고, 겸손할지는 모릅니다. 그럼에도 그것은 인간에 지나지 않습니다.

    이 생명은 우리가 거듭날 때 성령이 주시는 새 생명과는 전혀 다른 것입니다. 성령께서 주시는 것은 창조되지 않은 하나님의 생명입니다. 사람의 창조된 생명은 이것과는 다릅니다. 성령은 우리에게 초자연적 힘을 주십니다. 타고난 생명은 이것과는 전혀 다릅니다. 성령은 우리에게 **영원한 생명**(zoe)을 주십니다. **프쉬케**는 이것과는 다릅니다.

    생명은 사람의 몸의 모든 지체를 살리는 사람 안의 힘입니다. 이런 까닭에, 이 내면의 혼적 힘은 외부의 신체적 활동을 통해 표현하게 됩니다. 외적 활동은 내면의 힘의 결과에 지나지 않습니다. 그러므로 생명의 본질은 이 활동 배후에 보이지 않는 곳에 있습니다. 우리가 타고나는 것은 모두 이 생명 안에 들어 있습니다. 이것이 우리의 혼적 생명입니다.

    신자가 십자가 위의 그의 대리인이 되시는 주 예수의 은혜를 받을 때, 그가 비록 그리스도와 함께 십자가에 못 박힌 사실을 모르더라도, 그는 하나님의 생명을 받고, 그의 영은 살아납니다. 이렇게 주신 새 생명은 동시에 새 성품을 가져오게 됩니다. 이런 까닭에 이제는 그 신자 안에 두 생명과 두 성품이 존재하게 됩니다. 한편에는 혼적 생명과 영적 생명, 또 한편에는 죄의 성품과 하나님의 성품입니다.

이 두 성품 - 옛 것과 새 것, 사악한 것과 경건한 것-은 근본적으로 서로 달라서 양립될 수도 없고 섞일 수도 없습니다. 새 생명과 옛 생명은 전인을 다스릴 권한을 놓고 날마다 겨룹니다. 이 초기 단계의 기독교인은 그리스도 안의 유아입니다. 그가 아직 육적이기 때문입니다. 그의 경험은 가장 다양하고, 가장 고통스럽습니다. 실패와 성공으로 점철되기 때문입니다. 뒤에 그는 십자가의 구원을 알고, 옛 사람이 그리스도와 함께 십자가에 못 박혀 죽은 것으로 간주함에서 믿음을 발휘하는 법도 배우게 됩니다. 이 때문에 그는 몸을 마비시켜온 죄로부터 자유하게 됩니다. 그의 옛 사람이 십자가에 못 박힘과 함께 신자는 이기는 능력을 부여받아 "죄가 너희 죽을 몸을 지배하지 못하게 하여"(롬 6:12)란 약속을 실제로 경험하는 기쁨을 누리게 되는 것입니다.

죄를 발로 밟고 육체의 모든 욕망과 정욕을 등 뒤로 하고 신자는 이제 새로운 영역에 들어갑니다. 그는 자기를 전적으로 영적인 사람으로 생각할지 모릅니다. 그가 눈을 돌려 아직 죄에 얽매어 있는 다른 사람들을 바라볼 적에 그는 자기가 어떻게 영적 생활의 정점에 도달했는지 으쓱하여 신기하게 느끼지 않을 수 없습니다. 이 사람은 완전히 영적인 것과는 거리가 멀게 이직은 그가 부분적으로는 육적이라는 것을 알지를 못합니다. 그는 아직 혼적인, 또는 육적인 기독교인입니다.

제11과 혼적인 신자들의 경험

내 속 곧 내 육신에 선한 것이 거하지 아니하는 줄을 아노니 원함은 내게 있으나 선을 행하는 것은 없노라(롬 7:18, NASV).

혼은 사람에 따라 다양할 수밖에 없습니다. 혼은 판에 박은 듯 일정 유형으로 정형화 할 수 없습니다. 우리들은 각기 나름대로의 특이한 개성, 곧 영원으로까지 미치게 될 특이함을 지니고 있습니다. 그것은 중생할 때에도 파괴되지 않습니다. 그렇지 않다면 내세의 삶은 얼마나 특색이 없는 것이겠습니까! 모든 사람의 혼에는 이런 다양함이 있으므로 혼적 신자들의 생활도 이처럼 사람에 따라 다양할 것은 당연한 것입니다. 따라서 우리는 일반적 용어로만 말할 수밖에 없고, 다만 더 뚜렷한 특징만을 제시하게 될 것이며, 하나님의 자녀들은 이것에 비추어 그들의 체험을 비교할 수 있을 것입니다.

혼적 신자들은 지나치게 호기심이 많습니다. 이를테면, 단순히 미래가 어떻게 될 것인가를 알기 위해 성경의 예언들을 철저히 연구하여 그들의 호기심을 만족시키려 합니다.

육적 기독교인들은 옷이나 말이나 행실에서 그들의 차이와 우월함을 과시해 보이는 경향이 있습니다. 그들은 다른 사람들이 자기네가 하는 일들을 알아보고 깜짝 놀라게 하고 싶어 합니다. 물론 그런 경향은 개심 전에도 있었을 것입니다. 그러나 그들은 그 후에도 이 타고난 성향을 극복하기가 어렵습니다.

그들은 설명보다는 하나님과 하나 되는 경험을 추구하는 영적 기독교인들과는 달리, 지적으로 이해하려고 부지런히 모색합니다. 그들은 논하고 논리적으로 따지기를 좋아합니다. 그들은 이상에 맞는 생활을 경험하지 못하는 것을 염려하지 않고, 영적 경험이 왜 부족한지를 **이해**하지 못하기 때문에 고민하는 것입니다! 그들은 지적으로 아는 것이 곧 체험에 의한 소유라고 생각하는 것입니다. 이것은 엄청난 기만입니다.

대다수 혼적 신자들은 자기의적(self-righteous) 태도를 보이지만, 이것을 알아보기는 그리 쉽지 않을 때가 많습니다. 그들은 자기네의 사소한 의견에 끈질기게 집착합니다. 성경의 기본 및 필수 교리를 굳게 붙잡는 것은 물론 좋습니다. 그러나 우리는 사소한 점들에서 남들에게 관용을 베풀어줄 수도 분명 있습니다. 우리가 믿는 것이 절대 옳다는 확신을 가질 수는 있지만, 낙타는 삼키고 하루살이는 걸러내는 것은 주께 조금도 기쁘심이 되지 않습니다. 작은 차이는 제쳐 놓아야 하고, 공동의 목표를 따라야 합니다.

육적 신자들은 쉽게 감동을 받습니다. 어떤 때는 극도의 자극을 받고 행복힐 수도 있으나, 또 어띤 때는 매우 낙심하고 슬피합니다. 행복한 순간에는 세계가 너무 좁아 그들을 다 품을 수 없다고 판단하여, 하늘을 향해 날개를 펴 솟아오릅니다. 그러나 슬플 때에는 세계가 그들에게 충분하며, 그들이 죽어 없어져버리면 세상이 기뻐할 것이라고 결론을 짓습니다. 마치 불이 속에서 타오르고 있거나, 갑자기 보물을 발견했다는 듯 그들의 가슴이 불타올라 흥분하는 때들도 있는가 하면, 마음이 너무 가라앉아 상실감 속에 빠져 매우 낙심되고 의기소침할 때들도 있습니다. 그들의 기쁨과 슬픔이 똑같이 느낌에 크게 좌우되는 것입니다. 그들의 삶은 항상 변하기가 쉽습니다. 정서에 좌우되기 때문입니다.

지나친 민감성은 혼적인 사람의 일반적 표가 되는 또 한 가지 특징입니다. 그들과 함께 살아가기가 매우 힘듭니다. 그들이 주변의 모든 움직임을 그들에게 겨냥된 것이라 풀이하기 때문입니다. 그들은 등한히 여겨지면 성이 납니다. 그들에 대한 남들의 태도가 변하는 듯 하면 그들은 상처를 받습니다. 그들은 사람들과 쉽게 친해집니다. 문자 그대로 정에 이끌리기 쉽기 때문입니다. 그들은 정에 약합니다. 그런 관계에 조그만 변화만 보여도 그들의 혼은 말할 수 없는 고통을 받습니다. 따라서 이런 사람들은 자기네가 주를 위해 고난을 받고 있다는 생각에 빠지곤 하는데 이것은 자기기만입니다.

육적 기독교인은 외적 문제들로 자주 괴롭힘을 받습니다. 주변 세계의 사람들이나 일이나 사물이 쉽게 그들의 속사람에 침입하여 그의 영의 평안을 어지럽히는 것입니다. 혼적인 사람을 유쾌한 환경 속에 두면 유쾌해질 것입니다. 그를 슬픈 환경에 두면 슬퍼할 것입니다. 그는 창조적 능력이 부족합니다. 그 대신 그는 자기 마음에 드는 일이나, 어울릴 수 있는 사람 특유의 태도를 취하는 것입니다.

혼적 생활을 잘 살아가는 기독교인들은 자만심이 매우 강합니다. 이것은 그들이 자아를 중심에 두기 때문에 그렇습니다. 그들이 아무리 하나님께 영광을 돌리려 애쓰고 모든 공로를 하나님의 은혜로 인정하더라도, 육적 신자들은 그들의 마음을 자아에 둡니다. 그들의 삶을 선하게 보든 나쁘게 보든, 그들의 생각은 자신들 주변만을 맴돕니다. 그들은 아직 자기네를 잊을 정도로 하나님께 열중하지를 않습니다. 그들은 일에서나 혹은 남들의 판단에서 뒤쳐지면 크게 상처를 받습니다. 그들은 오해를 받거나 비판을 받으면 참지를 못합니다. 그들은 더 영적인 형제들과는 달리 추켜세워지든 거절을 당하든, 하나님의 순서를 기쁘게 받아들이는 법을 아직 배우지 못했기 때문입니다. 멸시를 당할 때 그들은 2등급으로 보이기가 싫습니다. 그들의 타고난 삶의 실제 상태가 매우 부패한 것을 알만한 은혜를 받은 후에도 그들의 삶이 세상의 최악이라고 간주하고 하나님 앞에 겸손해진 후에도, 이 사람들은 얄궂게도 나머지들보다 자기네가 더 겸손하다고 생각하며 끝납니다. 그들은 자기네의 겸손을 자랑하는 것입니다! 교만을 날 때부터 뼈 속까지 깊이 타고나는 것입니다.

혼적 신자들의 일

혼적인 신자는 일이라면 누구에게도 못지않습니다. 그들은 매우 활동적이고, 열심 있고, 기꺼이 수행합니다. 그러나 그들이 하나님의 명령을 받았기 때문에 일하는 것이 아닙니다. 그들이 그렇게 할 열심과 힘이 있기 때문에 하는 것입니다. 그들은 하나님이 **지정해주신** 일만을 하는 것이 참으로 훌륭하다는 것을 모르고, 하나님의 일을 **한다는** 것으로 충분하다고 생각합니다. 이 사람들에게는 의지하는 마음이나 기다릴 시간이 없습니다. 그들은 하나님의 뜻을 결코 진지하게 추구하지 않습니다. 반대로, 그들의 생각에 따라 일하며 사업계획과 방법으로 가득 찬 생각으로 그렇게 합니다. 그들은 부지런히 일하기 때문에 자신들을 그들의 한가한 형제들보다 훨씬 더 앞서 있다고 생각하는 잘못에 빠집니다. 하지만, 하나님의 은혜로 후자가 전자보다 훨씬 더 영적일 수 있다는 것을 누가 부정할 수 있겠습니까?

혼적 신자들의 일은 느낌에 좌우됩니다. 그들은 기분이 내킬 때에만 일합니다. 그리고 일하다가 그만둘 느낌이 들면, 자동적으로 그만 둡니다. 마음속에 불 타 오르는 말할 수 없는 기쁜 느낌이 들면 지칠 줄 모르고 몇 시간씩을 계속 증언할 수 있습니다. 그러나 속에 차가움이나 지루함을 느끼면 매우 큰 필요에 직면해 있으면서도, 예컨대 임종의 자리 앞에서조차 전혀 말조차 하려고 하지 않는 것입니다. 그러나 홍분으로 속이 울렁거릴라 치면 천리 길도 달려갈 수 있습니다. 그러나 그것이 없으면 단 한 걸음도 움직이려고 하지 않습니다. 배가 고플 때에는 사마리아 여인에게도 말을 걸거나, 졸려 눈꺼풀이 내려 앉을 때에도 니고데모에게도 말할 정도로 그들은 기분을 무시할 수 없습니다.

육적 기독교인들은 일이 하고 싶어 못 견딥니다. 그러나 많은 일을 할 때에도 그들의 영은 평온을 유지할 수가 없습니다. 그들은 영적 신자들처럼 하나님의 명령을 조용히 끝낼 수 없습니다. 많은 일들이 그들을 어지럽히는 것입니다. 외부의 혼란이 내부의 불안을 일으킵니다. 그들의 마음은 외적 일들의 지배를 받는 것입니다. "준비하는 일이 많아 마음이 분주한"(눅 10:40) 것은 혼적인 신자의 일의 특징입니다.

육적 신자들은 힘든 일을 할 때 쉽게 낙심합니다. 하나님의 일을 위해 주를 의지하는 조용한 확신이 부족한 것입니다. 내적 기분과 외적 환경에 지배를 받아 그들은 "믿음의 법"의 진가를 알 수 없는 것입니다. 실패한 느낌을 받을 때면 반드시 실패하지는 않았는데도 그들은 포기합니다. 환경이 어둡게 보이고, 마음이 내키지 않으면 그들은 기가 죽습니다. 그들은 아직 하나님의 안식에 들어가지 못한 것입니다(히 3,4장 참조-역주).

혼적인 신자들이 반드시 더 잘하지는 않는데도 그들은 결점을 찾아내는데 전문가들입니다. 혼적인 신자들은 비판하는데 빠르고, 용서하는데 느립니다. 다른 사람들 속의 단점을 조사하고 정정할 때 그들은 일종의 자부심이 강하고, 거만한 태도를 보입니다. 그들이 가끔 사람들을 돕는 방식은 정확하고 예법에 딱 들어맞습니다. 그러나 그들의 동기가 항상 바른 것은 아닙니다.

그들은 신령한 말씨를 쓰기를 좋아합니다. 그들은 언제든 편리할 때면 반드시 사용하기를 마다않는 방대한 영적 어휘를 구사합니다. 그들은 이것을 기도할 때나 설교할 때 사용하지만 거기 따르는 마음은 없이 하는 것입니다.

공명심은 혼적 영역에 사는 사람들의 특징이기도 합니다. 상석은 그들이 원하는 자리입니다. 그들은 주의 일에 허영심이 강합니다. 그들은 주님께 크게 쓰이는 강력한 일꾼이 되기를 열망합니다. 왜 그럴까요? 한 자리를 차지하기 위해서, 얼마만큼의 영광을 받기 위해서입니다. 그들은 남들과 자기네를 비교하기를 좋아합니다. 그들이 모르는 사람과는 그렇게 하지 않고 함께 일하는 사람들과 그렇게 합니다. 그런 어둠 속의 다툼과 경쟁은 매우 강렬할 수가 있습니다. 그들은 영적으로 뒤쳐져 있는 사람들을 느림보라고 생각하며 멸시합니다. 영적으로 유명한 사람들을 깎아내려 자기들과 거의 대등하다고 생각합니다. 그들은 유명해지고, 머리가 되기 위하여 끝도 없이 추구합니다. 그들은 자기네 일이 성공하여 그들의 평판이 좋아지기를 소망하는 것입니다. 이런 소원들은 물론 그들 마음속에 깊이 감치어져 있어 타인들의 눈에는 거의 띄지 않습니다. 이 같은 바람이 거의 숨겨져 있고, 다른 더 순수한 동기들과 섞여 있더라도 그런 천한 욕망이 나타나는 것은 부정할 수 없는 사실입니다.

　육적인 사람은 매우 다재다능하기 때문에 생각이 활기차고 감정이 풍부하여 사람들의 관심을 쉽게 일으키며, 그들의 마음을 자극합니다. 그 결과 혼적인 기독교인은 대체로 매력 있는 인품을 갖고 있습니다. 그들은 보통 사람들의 갈채를 금새 얻어낼 수 있습니다. 하지만 그들에게 영적 능력이 부족하다는 사실은 변함이 없습니다. 그들은 성령의 능력의 산 흐름을 거두어 넣어둘 수가 없습니다. 그들이 갖고 있는 것은 그들 자신으로부터 오는 것입니다. 사람들은 그들이 무언가를 소유하고 있음을 압니다. 그러나 이 무언가가 남들에게 영적 생명력을 나누어주지를 못합니다. 그들은 매우 풍요로워 보이지만, 그들은 실은 아주 빈약한 것입니다.

제 12 과 혼적인 생활의 위험

육체를 신뢰하지 아니함(빌 3:3 하반 NASV 참조).

하나님이 정해주신 것을 성취하기를 싫어하거나 이루지 못하는 신자들은 어떤 위험에 빠지게 마련입니다. 하나님의 뜻은 그의 자녀들이 혼이나 육신으로 행하지 않고, 영을 따라 행하는 데에 있습니다. 영을 따라 살지 못하면, 손해를 초래하게 되는 것입니다.

1. 영이 억압당하는 위험. 하나님이 일하시는 방법에 대한 완벽·완전한 순서는 먼저 사람의 영에서 시작하고, 다음으로 혼의 마음에 조명하시고, 끝으로 몸을 통해 수행하십니다. 이런 순서는 극히 중요합니다.

하지만 하나님의 자녀들 중 성령의 움직임을 지각하지 못하는 사람들이 많습니다. 그들은 영적인 것과 혼적인 것을 구별할 수 없습니다. 그들은 혼적인 것을 영적인 것으로 또는 영적인 것을 혼적인 것으로 풀이할 때가 많습니다. 그 결과 혼의 힘에 크게 의지해서 행하고 일함으로서 영을 해롭게 하는 것입니다. 그들은 실제로는 혼을 따라 행하면서도 영을 따라 행하고 있다고 생각합니다. 이 같은 어리석음은 그들의 영을 억압하여 성령과 협력하지 못하게 하고, 따라서 하나님께서 그들의 삶에서 이루시려는 것을 방해하게 됩니다.

기독교인이 혼으로 사는 한, 그들은 마음의 생각과 상상과 계획과 비전에 따라 움직입니다. 그들은 유쾌한 감정을 탐하고 그들의 기분에 좌우됩니다. 그들이 감각적 경험을 할 때는 우쭐대지만 그런 경험을 빼앗길 때는 한 손가락도 움직일 수가 없습니다. 그러므로 그들은 영의 영역에서 살아갈 힘이 없게 됩니다. 그들의 기분이 그들의 삶이 되고, 그들의 기분이 변하면 그들은 변할 것입니다. 이것은 그들의 존재의 중심인 영으로 살아가는 대신, 외면의 혼과 몸의 감각을 따라 행하는 것에 지나지 않는 것입니다. 그들의 영적 감수성은 몸과 혼에 눌려 둔하게 됩니다. 이런 신자들은 혼이나 몸의 일들만을 감지할 수 있으며, 영적 지각을 상실했습니다. 그들의 영은 하나님과 협력할 수 없게 되었고, 그들의 영적 성장은 정지되었습니다. 그들은 전쟁과 예배를 위한 힘과 인도하심을 더 이상 영에서 얻을 수 없게 됩니다. 사람이 그의 존재에 대한 완전한 지배권을 그의 영에게 주지 않거나, 그 영의 힘에 의존해서 살아가지 못하면, 그는 결코 성장하지 못할 것입니다.

2. 몸의 영역으로 물러서는 위험. 갈라디아서 5장에 나오는 수많은 육신의 일들은 당연히 몸의 정욕에 그 기원을 두고 있습니다. 그러나 그중 몇몇은 혼의 활동을 보여줍니다. "이기심과

당 짓는 것과 분열함"은 분명히 사람의 자아 또는 인격으로부터 흘러나옵니다. 이것들은 성도들에게 달라붙어 있는 수많은 다양한 생각과 의견의 결과입니다. 여기서 주목해야 할 것은 혼의 이 같은 활동들이 "음행과 더러운 것과 호색과 술 취함과 방탕함"같은 몸의 죄들과 함께 나온다는 사실입니다. 이것은 혼과 몸이 얼마나 밀접하게 얽혀 있는가를 상기시켜 줍니다. 이 둘은 사실상 분리시킬 수 없습니다. 우리가 지금 입고 있는 몸은 "육의 몸"(고전 15:44)이기 때문입니다. 그러므로 신자가 단지 그의 죄의 성품만을 억압하고, 그의 타고난 생명을 억압하지 않으면 그는 죄에 대한 승리를 잠시 경험한 후 자기가 다시 죄의 몸의 영역으로 떨어짐을 보게 될 것입니다. 그가 죄의 더 추한 종류로 돌아가지는 않겠지만, 그는 죄에 묶여 있게 되는 것입니다.

3. 허를 찌르는 어둠의 세력의 위험. 신자들에게 써 보낸 야고보서는 혼적 생활과 사탄의 일의 관계를 뚜렷이 묘사하고 있습니다.

> 너희 중에 지혜와 총명이 있는 자가 누구냐 그는 선행으로 말미암아 지혜의 온유함으로 그 행함을 보일지니라 그러나 너희 마음속에 독한 시기와 다툼이 있으면 자랑하지 말라 진리를 거슬러 거짓하지 말라 이러한 지혜는 위로부터 내려온 것이 아니요 땅 위의 것이요 정욕의 것이요 귀신의 것이니 (약 3:13-15).

사탄으로부터 오는 지혜가 있는데, 그것은 인간의 혼으로부터 가끔 생기는 지혜와 동일한 것입니다. "육신"은 마귀의 공장입니다. 육신의 혼적 부분에서 사탄의 작업은 신체적 부분에서처럼 활기찹니다. 위의 성경 구절은 지독한 시기가 어떻게 혼적 지혜를 구하는데서 생기는가를 설명해 줍니다. 지독한 시기는 인간의 혼에서 마귀의 활동을 통해 옵니다. 기독교인들은 우리의 대적이 사람들을 꾀어 죄에 빠뜨릴 수 있음을 알지만, 그가 사람 마음속에 생각을 주입시킬 수 있음도 알고 있다고 보십니까? 사람의 타락은 지식과 지혜의 사랑 때문이었습니다. 사탄은 신자의 혼을 그의 활동의 중심으로 간직하기 위해서 오늘도 같은 전술을 사용하고 있습니다.

사탄의 계책은 자기를 위하여 옛 창조 부분을 가급적 많이 보전하는데 있습니다. 그가 신자들을 죄에 얽어매는 일에 실패하면, 그는 다음으로 신자들이 그의 계교에 대한 무지나 성령에 굴복하지 않으려는 그들의 마음을 이용해서 그들의 타고난 생활을 계속하도록 유도하려 할 것입니다. 그 이유는, 그가 성공하지 못하면, 지옥의 모든 군대가 전혀 할 일이 없어질 것이기 때문입니다. 신자들이 영으로 주와 연합하면 할수록 성령의 생명이 그들의 영 속으로 더 많이 흘러들어가게 되고, 십자가는 날마다 더욱 그들 안에서 작용하게 될 것입니다. 이런 까닭에, 그들은 점점 더 옛 창조로부터 구출 받게 되고, 사탄이 활동할 근거지를 점점 적게 내주게 될 것입니다. 꼬임에 의하든 공격에 의하든, 사탄의 모든 노력은 우리의 옛 창조 부분에서 저질러짐을 명심합시다. 그는 하나님 자신의 생명인 "새 피조물"에는 그의 힘을 낭비하지 않습니다. 그것이 죄이든 아름다운 타고난 생명이든, 하나님의 자녀들이 옛 창조 부분을 유지·보존하도록 사탄이 끊임없이 설득하려는 이유도 이 때문입니다. 이것은 그가 이렇게 하여 활동을 계속하기 위한 것입니다. 신자들이 죄를 미워하는데도 불구하고 사탄이 어떻게 신자들에 대항해 음모를 꾸미고, 그들을 혼란케 하여 그들의 자아 생활을 사랑하게 하려고 하는 것이겠습니까.

제 13과 십자가와 혼

또 자기 십자가를 지고 나를 따르지 않는 자도 내게 합당하지 아니하니라 자기 목숨을 얻는 자는 잃을 것이요 나를 위하여 자기 목숨을 잃는 자는 얻으리라(마 10:38-39).

십자가의 부름 소리

적어도 네 번의 각기의 별도의 계기에서, 그리고 네 복음서에 기록된 대로 주 예수님은 그의 제자들이 혼 생활을 부인하고 그것을 죽음에 내주고난 다음, 그를 따르라고 하셨습니다. 주를 따르고, 사람들을 섬기고, 하나님을 순종함에서 그와 같이 완벽하기를 소원하는 사람은 누구에게나 이것이 **필수불가결함**을 주는 잘 아셨습니다. 주 예수는 이 여러 부르심에서 혼 생명을 말씀하시지만, 각기 다르게 강조하시고 있습니다. 혼 생명은 그 자체를 다양하게 표현할 수 있으므로, 주는 매번 다른 면을 강조하시고 있는 것입니다. 주의 제자가 되려는 사람은 누구나 그가 하신 말씀에 세밀한 주의를 기울여야만 합니다. 주는 사람들이 그들의 타고난 생명을 십자가에 내어주라고 요구하십니다.

십자가와 혼적 애착

"자기 십자가를 지고 나를 따르지 않는 자도 내게 합당하지 아니하니라 자기 목숨(혼적 생명)을 얻는 자는 잃을 것이요 나를 위하여 자기 목숨을 잃는 자는 얻으리라"(마 10:38-39).

이 구절은 우리가 주를 위해 혼 생명을 버리고 그것을 십자가에 내주라고 손짓합니다. 주 예수는 사람의 원수가 어떻게 그의 집 식구들이 될 것인지, 아들이 주를 위해 그의 아버지로부터, 딸이 어머니로부터, 며느리가 시어머니로부터 어떻게 분열될 것인지를 설명하시고 있습니다. 이것이 십자가이며, 십자가는 십자가에 못 박히는 것을 의미합니다. 사랑하는 사람들을 소중히 여기는 것은 모두의 타고나는 기질입니다. 그들에게 귀를 기울일 때 우리는 행복하며, 그들의 부름에 기꺼이 응합니다. 그러나 주 예수는 사랑하는 사람들 때문에 하나님을 거역하지 말라고 하십니다. 하나님의 소원과 사람의 소원이 충돌할 때 우리가 사랑하는 사람이 소중하고, 보통 환경에서는 그에게 아픔을 주는 것이 가장 내키지 않는 일이지만, 우리는 주를 위해 십자가를 짊어짐으로써 우리의 혼적 애정을 죽음에 내어주지 않으면 안 됩니다. 주 예수는 우리의 타고난 사랑으로부터 정결하게 되도록 이 길로 우리를 부르시고 있습니다. 그러므로 그가 "아버지나 어머니를 나보다 더 사랑하는 자는 내게 합당하지 아니하고 아들이나 딸을 나보다 더 사랑하는 자도 내게 합당하지 아니하며"(37절)라고 선언하시는 것이 이런 이유 때문입니다.

"무릇 내게 오는 자가 자기 부모와 처자와 형제와 자매와 더우기 자기 목숨까지 미워하지 아니하면 능히 내 제자가 되지 못하고 누구든지 자기 십자가를 지고 나를 따르지 않는 자도 능히 내 제자가 되지 못하리라"(눅 14:26-27). 마태는 애정 문제에서 신자가 어떻게 자기 가족보다 주를 먼저 사랑하기로 선택해야 하는지를 보여줍니다. 반면에, 누가는 우리의 혼적 생명에서 발생하는 사랑에 대하여 우리가 어떤 태도를 유지해야 하는지를 보여줍니다. 우리는 그것을 미워해야 합니다. 엄밀히 말하면, 우리의 애정의 대상이 우리가 날 때부터 사랑하는 사람들이라고 해서 반드시 사랑해서는 안 됩니다. 부모와 형제와 자매와 아내와 자식들이 우리에게 소중하고 가깝기는 해도 그들은 금지 목록에 들어있습니다. 그런 인간적 사랑은 마음의 소원에 집착하고 그 댓가로 사랑을 요구하게 될 혼적 생명에서 흘러나오는 것입니다. 주는 그런 혼적 생명을 죽음에 내어주어야 한다고 주장하십니다. 우리가 주를 지금 보지 못하더라도, 주는 우리가 그를 사랑하기를 바라십니다. 주는 우리가 타고난 사랑을 부인하기를 바라십니다. 주는 우리가 남들에 대한 우리의 타고난 사랑을 제거함으로서 우리 자신의 사랑으로 사랑하지 않기를 바라십니다. 물론 우리가 남들을 사랑해야 하지만 우리의 타고난 혼적 애정으로 사랑하지 않기를 바라시는 것입니다. 우리가 사랑하면, 주를 위해 사랑해야지 그들을 위해서는 하지 맙시다. 주 안에서 새로운 관계가 우리에게 생깁니다. 우리는 주로부터 그의 사랑을 받아야 다른 사람을 사랑하게 됩니다. 예컨대, 우리의 사랑은 주께 지배를 받아야 하는 것입니다. 그가 바라시면 우리의 원수조차 사랑해야만 합니다. 그가 요청하지 않으시면, 우리 식구들 중 가장 소중한 사람도 사랑할 수 없습니다. 주는 우리 마음이 다른 어느 것에도 애착을 갖지 않기를 바라십니다. 우리가 그를 아낌없이, 거침없이 섬기기를 바라시기 때문입니다.

새 관계의 경우가 그러하니까 혼적 생활은 거부되어야만 합니다. 이것이 십자가입니다. 타고난 애정을 무시할 만큼 그리스도를 순종하게 되면 신자의 타고난 사랑은 심한 고통을 받습니다. 그런 슬픔과 고통은 그에게 실제로 십자가가 됩니다. 사랑하는 사람을 잃을 때 마음의 상처는 깊고 많은 눈물이 있습니다. 이것은 우리 삶에 심한 고통을 줍니다. 주를 위해 혼이 사랑하는 사람을 내어주는 것이 얼마나 끔찍스럽습니까! 그러나 바로 이런 행동을 통해서 혼은 죽음에 넘겨지게 됩니다. 그렇습니다. 기꺼이 죽기까지 하는 것입니다. 따라서 이 신자는 혼의 힘에서 해방되는 것입니다. 타고난 애정을 십자가에서 잃고 혼이 성령께 그 기초를 양도하게 되면 주께서 신자의 마음에 하나님의 사랑을 흘러넘치게 하실 것이며, 그로 하여금 하나님 안에서 하나님의 사랑을 가지고 사랑할 수 있게 하시는 것입니다.

십자가와 자아

"이에 예수께서 제자들에게 이르시되 누구든지 나를 따라 오려거든 자기를 부인하고 자기 십자가를 지고 나를 따를 것이니라 누구든지 제 목숨을 구원하고자 하면 잃을 것이요 누구든지 니를 위하여 제 목숨을 잃으면 찾으리라"(마 16:24-25). 다시 우리 주는 십자가를 지고 그들의 혼 생명을 죽음에 넘겨주도록 제자들을 부르시고 있습니다. 마태복음 10장은 혼의 애정을 강조하는 반면, 여기 마태복음 16장에서는 혼의 자아가 눈에 뜨입니다. 이 구절들에서 주 예수께서 자기 제자들에게 다가오는 그의 십자가와의 만남을 펼쳐 보이시고 있음을 배우게 됩니다. 주께 대한 열렬한 사랑에서 베드로는 불쑥 "주여 그리 마옵소서"라고 했습니다. 베드로는 사람을 생각하여 그의 주가 십자가에서 육신의 고통을 받지 않도록 강권했습니다. 베드로는 십자가 위의 죽음 같은 문제에서조차 사람이 하나님의 일들을 얼마나 유념해야 하는지를 깨닫지를 못했습니다. 그는 하나님의 뜻에 대한 관심이 자아에 대한 관심을 훨씬 앞질러야 함을 깨닫지를 못했습니다. "십자가 위의 죽음으로 하나님의 뜻을 이루고, 하나님의 목적을 성취하게 되더라도, 사람은 자기를 생각해야 하지 않겠습니까? 주가 견뎌야 할 고통을 생각해야 되지 않겠습니까? 주여, 그리 마옵소서."

베드로를 향한 주의 대답이 어떠했습니까? 주가 엄히 꾸짖으시고, 자기 연민 같은 생각은 사탄에게서만 올 수 있다고 선언하셨습니다. 그런 다음 제자들에게 말씀을 계속하셨습니다. "십자가로 가야 할 것은 나만이 아니고, 나를 따르고 제자가 되려는 너희도 모두 거기로 가야만 한다. 내 길이 그런 것 같이 너희 길도 그러해야 한다. 나만 하나님의 뜻을 행해야 한다고 어설프게 생각하지 말라. 너희도 모두 그의 뜻을 행해야 한다. 내가 나를 생각하지 않고 십자가의 죽음에 이르기까지 무조건 하나님의 뜻을 순종하듯, 너희도 너희 혼적 생명을 부인하고 하나님을 순종하여 그것을 기꺼이 잃어야 한다." 그러자 베드로가 주님에게 **"자신을 생각하셔야만 합니다!"** 라고 했습니다. 주께서는 "너는 **자기를 부인해야만** 한다"라고 대꾸하셨습니다.

하나님의 뜻을 따르는 데는 치루어야 할 대가가 있습니다. 육신은 그런 생각에 부들부들 떱니다. 혼적 생명이 우리 안에 주권을 잡고 지배하는 한, 우리는 하나님의 명령을 받아들이지 못합니다. 하나님의 뜻이 아니라 자기 뜻을 따르려고 하기 때문입니다. 하나님께서 십자가를 통하여 우리 자신을 부인하고, 그를 위해 모든 것을 버리라고 하실 때, 우리의 타고난 생명은 본능적으로 자기 연민으로 반응하는 것입니다. 자기 연민은 우리가 하나님을 위해 어떤 대가도 치르지 못하게 합니다. 이런 까닭에 십자가의 좁은 길을 선택하고 그리스도를 위해 참고 견딜 때마다, 우리의 혼적 생명은 손실을 감수하게 되는 것입니다. 이렇게 해서 우리는 혼적 생명을 잃게 되는 것입니다. 이렇게 해야만 그리스도의 영적 생명이 순수하고 최고 권위의 왕좌에 오를 수 있고, 무엇이든 하나님께 기뻐하심이 되고, 사람들에게 유익한 것을 우리 안에 떠맡게 되는 것입니다.

십자가와 세상에 대한 혼적 사랑

다시 한 번 우리 주께서 말씀하십니다. "롯의 처를 기억하라. 무릇 자기 목숨을 보존하고자 하는 자는 잃을 것이요 잃는 자는 살리리라"(눅 17:32-33). 이 구절들이 이제는 독자에게 낯 익은 말들이 되었더라도, 우리는 이 세상의 일들과 관련해서 주께서 여기서 자기 부인을 강조하심을 주목해야 합니다. 신자들이 그들의 마음을 이 세상의 소유물들로부터 떼어 놓는 것이 얼마나 괴롭게 보입니까? 우리는 롯의 처를 기억하라고 하시는 주의 경고를 따라야 합니다. 롯의 처는 가장 큰 위기를 맞고서도 소유물을 잊지 못한 사람이었기 때문입니다. 그녀는 소돔을 향해 단 한 발걸음도 내어딛지는 않았습니다. 그녀는 뒤를 돌아다 본 것이 모두일 뿐입니다. 하지만 그 뒤를 향한 눈짓은 얼마나 시사적입니까! 그녀의 마음 상태에 대해 많은 것을 말해주고 있지 않습니까?

신자가 외견상 세상을 버리고, 모든 것을 뒤에 두고서도 그가 주를 위해 내어 버렸던 바로 그것들에 다시 매어달리는 것은 가능한 것입니다. 혼적 생명이 아직 활동하고 있는 것을 보여주기 위해서라면 헌신한 사람이 세상으로 돌아가거나, 그가 세상에 버렸던 것을 다시 소유할 필요까지는 없을 것입니다. 그가 그리운 눈짓을 한 번 던지는 것만으로 세상이 십자가에 대하여 어떤 관계에 서 있는지를 그가 참으로 알고 있지 못함을 보여주기에 충분한 것입니다.

십자가와 혼의 힘

요한복음에서 주 예수님은 혼 생명에 한 번 더 간단히 언급하시고 있습니다. "내가 진실로 진실로 너희에게 이르노니 한 알의 밀이 땅에 떨어져 죽지 아니하면 한 알 그대로 있고 죽으면 많은 열매를 맺느니라. 자기의 생명을 사랑하는 자는 잃어버릴 것이요 이 세상에서 자기의 생명을 미워하는 자는 영생하도록 보전하리라"(요 12:24-25). 그는 이어 이런 말씀으로 설명하시고 있습니다. "내가 땅에서 들리면 모든 사람을 내게로 이끌겠노라"(32절). 요한복음 12장은 우리 주의 생애에서 가장 순조로운 순간을 기록하고 있습니다. 나사로가 죽은 자 가운데서 살아났고,

따라서 많은 유대인들이 그를 믿었습니다. 그는 득의의 예루살렘 입성을 하셨고 대중의 환호를 받으셨습니다. 이방인들조차 그를 보려고 찾았습니다. 인간적 관점에서 보면 갈보리는 아주 불필요한 것처럼 보였습니다. 그가 십자가로 가지 않고 모든 사람을 자기에게로 쉽게 끌어들일 수 있지 않았습니까? 하지만 주는 더 잘 아셨습니다. 그의 일이 순조로워 보였어도 죽음으로 가지 않고는 사람들에게 생명을 줄 수 없음을 그는 아셨습니다. 갈보리는 구원의 유일한 단 한 길이었습니다. 그가 죽으면 모든 사람을 그에게로 이끌어 모두에게 생명을 주실 수 있었습니다.

요한복음 12장에서 주는 십자가의 작용을 뚜렷이 서술하십니다. 주는 자기를 한 알의 밀로 비유하십니다. 그것이 땅에 떨어져 죽지 않으면 그것은 한 알 **그대로**입니다. 그러나 그가 십자가에 못 박혀 죽으면 많은 사람에게 생명을 주시게 될 것입니다. 한 가지 조건은 죽음입니다. 죽음이 없으면 열매도 없습니다. 죽음을 통하지 않고 열매 맺는 다른 길은 없는 것입니다.

하지만 우리의 목적은 주 예수님에 대해 단순히 배우는 데에 있지 않습니다. 우리는 이것을 넘어 **우리의** 혼적 생명에 대한 그것의 관계에 특별한 주의를 끌고 싶은 것입니다. 주는 24절에서 밀알을 자기에게 적용하십니다. 그러나 25절에서 주는 모든 제자가 그의 발자취를 따르지 않으면 안 된다고 넌지시 비치십니다. 주는 밀을 그들의 자아 생명을 상징하는 것으로 묘사하십니다. 밀알이 죽지 않으면 열매를 맺을 수 없음 같이 타고난 생명이 죽음을 통해 깨어지지 않으면 영적 열매가 있을 수 없는 것입니다. 여기서 주는 열매 맺음의 문제를 강조하십니다. 혼적 생명이 엄청난 힘을 갖고는 있어도 그것은 열매 맺는 사역을 성취할 수 없습니다. 재능, 은사, 지식, 지혜를 포함해서 혼에서 발생하는 모든 힘은 신자로 하여금 영적 열매를 맺을 수 없게 합니다. 주 예수께서 열매를 맺으시기 위해 죽으셔야 했다면, 그의 제자들도 열매를 맺기 위해 죽어야만 하는 것입니다. 주는 혼적 힘이 하나님의 열매 맺는 사역에서 하나님께 도움이 되지 않는다고 여기시는 것입니다.

 기독교인의 봉사에서 우리의 가장 큰 위험은 우리 자신들에 기울어 우리의 혼적 힘-우리의 재능, 은사, 지식, 매력, 웅변 또는 영리함에 의존하는 것입니다. 수없이 많은 영적 신자들의 경험은 우리의 혼성(soulishness)이 확실히 죽음에 넘겨지고, 그 생명이 작용하지 못하게 늘 억제되지 않으면 봉사에 매우 활동적이라는 것을 확인해 줍니다. 이것이 그들에게 그러하다면 혼적 생명을 양도하고 싶지 않거나, 부인하기를 게을리 하는 사람들이 어떻게 혼적 생명의 침입을 막을 수 있겠습니까? 타고난 생명과 관계되는 것을 모두 죽음에 내어주어야만 우리가 그것에 의존하지 않고, 그 대신 기쁘게, 떠받침 없고, 감정이 없고, 보임이 없고, 깨달음이 없는 죽음의 어둠을 통하여 인도함을 받아 우리가 더 영광스런 생명을 소유하기 위해 부활의 피안에 나타날 때까지 하나님께서 사역하시도록 조용히 하나님을 의지할 수 있습니다. "이 세상에서 자기의 생명을 미워하는 자는 영생하도록 보존하리라." 우리의 혼은 멸절되지 않습니다. 오히려 그것은 죽음을 통과함으로서 하나님께서 그의 생명을 우리에게 전달할 기회를 주게 되는 것입니다. 혼적 생명을 죽음에서 잃지 않으면 신자에게 큰 손실을 가져올 것입니다. 그러나 그것을 잃음에서 그는 그것을 영원히 구원하게 될 것입니다.

제 14 과 영적인 신자들과 혼

하나님의 말씀은 살아있고 운동력이 있어 좌우에 날선 어떤 검보다도 예리하여 혼과 영과 및 관절과 골수를 찔러 쪼개기까지 하며 또 마음의 생각과 뜻을 감찰하나니(히 4:12)

우리의 타고난 생명은 영적 생활에 무서운 장애물이 됩니다. 혼적 생명은 하나님만으로 만족하지 못하고 하나님 말고도 그 외의 것을 끊임없이 하나님께 더 가져다 보태는 것입니다. 이런 까닭에 혼적 생명은 평안이 없습니다. 자아가 처리되기까지 하나님의 자녀들은 잘 변하는 자극과 감정으로 살아가게 되는 것입니다. 그들이 불안정하고 기복 있는 생활양식을 보이는 것도 이 때문입니다. 그들의 혼적 에너지가 영적 경험과 뒤섞이기 때문에 그들의 길은 자주 변하기 쉽습니다. 따라서 그들은 남들을 인도할 자격이 갖춰져 있지 않습니다. 양도되지 않은 그들의 혼적 힘이 영이 숭심이 되지 못하게 그들을 계속 방해하게 되는 것입니다. 혼적 감정이 자극될 때 영의 자유와 감각은 큰 손상을 받습니다. 기쁨과 슬픔은 신자의 자제력을 위태롭게 하고, 자의식을 난폭하게 뒤흔들 수 있는 것입니다. 지성이 지나치게 활동적이면 영의 고요함에 영향을 주어 뒤흔들어 놓을 수 있습니다. 영적 지식을 동경하는 것은 좋지만, 영적 범위나 한계를 넘어서면 결과는 영이 아니라 다만 율법조문이 될 것입니다. 많은 일꾼들이 매우 탁월한 진리를 설교하고 전하더라도 그토록 차갑고 생명이 없는 이유는 이 때문입니다. 영적 걸음을 모색하는 많은 성도가 같은 경험을 - 신음 소리를 내는 경험-나누곤 하는 것은 그들의 혼과 영이 하나가 되지 못하기 때문입니다. 그들의 혼의 생각과 의지와 정서는 번번이 영에 저항하고, 영의 지시를 거부하고, 영과 반대되는 독자적 행동으로 나아가는 것입니다. 그들의 영의 생명은 이런 상황에서 고통하지 않을 수 없습니다.

신자 안의 이런 상태 때문에 히브리서 4장 12절의 가르침은 가장 중요한 의미를 갖습니다. 성령이 여기서 영과 혼을 분리시키는 법을 가르치십니다. 이 둘의 분리는 다만 한낱 교리만은 아닙니다. 이것은 뚜렷한 하나의 삶이며, 신자의 행보에 있어서 절대로 필요한 것입니다. 그 본질적인 뜻은 무엇이겠습니까? 그 뜻은 우선 그의 말씀과 그의 내주하시는 영을 통하여 하나님께서는 기독교인으로 하여금 영과 혼의 운행과 표현이 서로 다름을 경험을 통해 구별지을 수 있게 하신다는 것입니다. 따라서 그는 영으로 말미암는 것과 혼으로 말미암는 것을 알 수 있게 되는 것입니다.

이 두 요소의 분리는 하나님의 자녀가 자원하는 협력을 통해서 혼에게 방해 받지 않는 순수한 영적 길을 따를 수 있음을 이어 표시해 줍니다. 히브리 4장에서 성령은 주 예수의 대제사장적 사역을 진술하고 또 그 관계를 우리에게 설명하고 있습니다. 12

절은 "하나님의 말씀은 살아있고 활력이 있어 좌우에 날선 어떤 검보다도 예리하여 혼과 영과 및 관절과 골수를 찔러 쪼개기까지 하며 또 마음의 생각과 뜻을 판단하나니"라고 선언합니다. 그리고 13절은 이어 "지으신 것이 하나도 그 앞에 나타나지 않음이 없고 우리의 결산을 받으실 이의 눈 앞에 만물이 벌거벗은 것같이 들어나느니라"라고 합니다. 그러므로 이 구절들은 주 예수께서 우리의 영과 혼과 관련해서 대제사장의 사역을 어떻게 수행하시는가를 말씀해 줍니다. 성령께서 신자를 제단 위의 제물에 비유하십니다. 구약시대 사람들이 제물을 바칠 때, 그들은 제물을 제단에 붙들어 매었습니다. 그런 다음 제사장은 예리한 칼로 그것을 죽이고 둘로 갈라 관절과 골수를 찔러 쪼개서 이전에 사람 눈에 숨겨있던 것을 드러나게 했습니다. 그런 다음 그것은 불로 태워 하나님께 제물로 바쳐졌습니다. 성령께서 이 사건을 사용하셔서 신자들에 대한 예수님의 사역과 주 안의 신자들의 경험을 설명하셨습니다. 옛 희생 제물이 제사장의 칼로 갈라 놓여져서 관절과 골수가 드러나고 분리되듯, 오늘 신자의 혼과 영은 우리의 대제사장이신 주 예수님이 사용하시는 하나님의 말씀으로 쪼개어지는 것입니다. 그것은 혼이 더 이상 영에 영향을 주지 못하고, 또 영이 더 이상 혼의 지배 아래에 있지 않게 하기 위한 것입니다. 오히려, 그것은 각기 자기 위치를 찾게 되므로 혼란도 뒤섞임도 없게 될 것입니다.

옛적에 제사장이 제물을 쪼개듯, 우리의 대제사장께서 오늘 우리의 혼과 영을 쪼개십니다. 제사상의 갈이 그토록 예리하기 때문에 제물은 둘로 갈라지고 치밀히 얽혀있는 관절과 골수를 찔러 분리시키듯, 주 예수께서 사용하시는 하나님의 말씀은 두 날

가진 어느 칼보다도 더 예리하여 영과 혼이 아무리 깊이 연결되어 있더라도 깨끗이 쪼갤 수 있는 것입니다.

하나님의 말씀은 "살아" 있습니다. 산 능력을 갖고 있는 것입니다. 그것은 "활력이 있습니다." 작용하는 법을 알고 있기 때문입니다. "좌우에 날선 검보다 더 예리합니다." 영 속으로 쪼개고 들어가기 때문입니다. 하나님의 말씀이 찔러 쪼개는 것은 혼보다 훨씬 더 깊습니다. 제일 깊은 영 속에 도달하는 것입니다. 하나님의 말씀은 그의 백성을 단순한 감각의 영역보다 더 깊은 곳으로 인도하는 것입니다. 말씀은 그들을 영원한 영의 영역 안으로 데려 갑니다. 하나님 안에 자리 잡고 싶은 사람들은 영 안으로의 이 침투의 의미를 알아야만 합니다. 성령께서만이 혼적 생명과 영적 생명을 우리에게 가르치실 수 있습니다. 이 두 가지 종류의 생명을 체험을 통해 구별 짓는 법을 배워 각기의 가치를 알게 된 뒤에야 우리는 천박하고, 조잡하고, 선정적인 행보로부터 깊고, 견실하고, 영적인 걸음으로 옮겨집니다. 그래야만 안식에 들어가게 됩니다. 혼적 생활은 우리에게 안식을 결코 줄 수 없습니다. 하지만 이것을 반드시 **체험으로** 알아야 한다는 것을 명심하십시오. 단순히 지적으로 아는 것은 우리를 더욱 혼적으로 만들게 될 것입니다.

우리는 이 찔러 쪼개는 것에 특별히 주목해야 합니다. 하나님의 말씀은 이렇게 둘을 분리시키기 위해 혼뿐만 아니라 영속에 들어옵니다. 주 예수님은 십자가에 못 박히실 때 손과 발과 옆구리에 찔리셨습니다. 십자가의 작용이 우리의 혼과 영에 이루어지기를 원하십니까? "칼이 마리아의 혼을 찔러 꿰뚫었습니다"(눅 2:35). 하나님께서 그녀의 "아들"을 주셨을지라도, 그녀는 그를 놓아주고 그에 대한 그녀의 모든 권리를 내어놓도록 강요당했습니다. 그녀의 혼은 그에게 끈질기게 매달리려 갈망했지만, 마리아는 그녀의 타고난 애정을 부인하지 않으면 안 되었습니다.

혼과 영을 쪼개는 것은 분리를 의미할 뿐만 아니라, 혼 자체를 깨뜨려 여는 것을 의미합니다. 영은 혼에 둘러싸여 있으므로 깨어진 껍질을 통하지 않고는 생명의 말씀이 도달할 수 없습니다. 십자가의 말씀이 찌르고 들어와 혼속으로, 혼을 통과하여 길을 열게 되어야만 하나님의 생명이 영 안에 미칠 수 있고, 혼적 껍질의 속박에서 영을 해방시킬 수 있습니다. 혼은 이제 십자가의 표를 받아 영에 종속되는 제 위치에 자리를 잡을 수 있습니다. 그러나 혼이 영으로 가는 "통로"가 되는데 실패하면 혼은 영의 사슬이 될 것이 틀림없습니다. 이 둘은 결코 어떤 문제에 대해서든 일치하지 않는 것입니다. 영이 정당한 그 우월한 자리를 쟁취하기 전까지는 혼의 끈질긴 도전을 받습니다. 영이 자유와 패권을 잡으려 분투하는 동안은 강한 혼의 힘이 영을 억압하기 위해 최대한의 힘을 발휘하는 것입니다. 십자가가 혼적 생명에 그 작용을 수행한 다음에야 영이 해방됩니다. 영과 혼의 불화가 감각적 행보의 기쁨을 가져오거나, 그 기쁨을 기꺼이 버리지 않을 때의 손상이나 피해를 모르면, 우리는 어떤 영적 전진도 거의 이룰 수 없을 것입니다. 혼이 급히 만든 공성(포위)이 제거되지 않는 한 영은 자유로워질 수 없습니다.

성경의 이 부분의 가르침을 세심히 연구하고 나서, 우리는 영과 혼의 분리가 두 요소에 의해 결정된다고 결론지을 수 있습니다. 십자가와 하나님의 말씀입니다. 제사장이 칼을 사용하기 전에 희생제물이 제단 위에 놓여야 했습니다. 구약성경의 제단은

제14과 영적인 신자들과 혼 121

신약 성경의 십자가를 나타냅니다. 신자들은 먼저 그들이 십자가로 기꺼이 와서 그 죽음을 받아들이지 않으면 그들의 대제사장이 하나님의 예리한 칼인 그의 말씀을 휘두를 것을 기대할 수 없습니다. 제단 위에 눕는 것이 항상 칼의 찌름을 앞서는 것입니다. 이런 까닭에 혼과 영의 분리를 경험하려는 사람들은 모두 갈보리로의 주의 부르심에 응답하고, 제단 위에 자신들을 주저 없이 눕히고, 그들의 대제사장이 그의 예리한 칼을 움직여 영과 혼을 분리하시도록 의지하지 않으면 안 됩니다. 우리가 제단 위에 눕는 것은 하나님께 만족스러운, 자발적으로 드리는 제물입니다. 칼을 사용하여 분리하는 것은 제사장의 사역입니다. 우리는 극진한 충성심으로 우리 몫을 수행해야 하고, 나머지는 자비하시고 신실하신 우리의 대제사장에게 맡겨야 합니다. 그러면 적절한 시간에 그가 우리를 완전한 영적 체험 속으로 인도하실 것입니다.

  이것은 우리를 이것과 똑같이 중요한 영과 혼의 분리의 다른 국면으로 이끌어가게 됩니다. 영에 대한 혼의 영향과 지배에 관한 한, 십자가 사역은 이 둘의 구분을 가져옵니다. 그러나 영의 충만과 지배에 관한 한, 십자가는 혼의 자립을 포기하도록 작용하게 되므로 혼은 영과 완전히 화해하게 되는 것입니다. 신자들은 영과 혼의 하나 됨을 체험하도록 모색해야 합니다. 십자가와 성령이 우리 안에서 철저히 작용하도록 우리가 허용한다면, 혼이 포기한 것은, 그것이 궁극적으로 얻는 것의 작은 일부도 안 된다는 것을 발견하게 될 것입니다. 즉 죽은 것이 이제 열매를 맺게 되고, 잃는 것이 이제 영원히 살 수 있게 보존되는 것입니다. 우리의 혼이 영의 통제 아래에 들어올 때, 혼은 엄청난 변화를 겪게 됩니다. 전에는 그것이 하나님께 소용없고 버림받는 것 같아 보였습니다. 자아를 위해 사용하고 독자적으로 움직일 때가 많았기 때문입니다. 후에는 그것이 사람에게는 부수어진 것처럼 보일지 몰라도, 하나님은 우리의 혼을 얻으시게 됩니다. 우리는 "오직 (영)혼을 구원함에 이르는 믿음을 가진 자"(히 10:39)가 됩니다. 이것은 우리가 흔히 "구원 받았다"고 하는 말보다 훨씬 더 깊은 것입니다. 그것은 특히 생명을 가리키기 때문입니다. 우리가 감각과 눈에 보이는 것으로 행하지 않는 법을 배웠으므로 우리는 이제 믿음으로 우리 생명을 구할 수 있으므로 하나님을 섬기고 영화롭게 할 수 있는 것입니다. "너희 (영)혼을 능히 구원할 바 (마음에) 심어진 말씀을 온유함으로 받으라"(약 1:21 하반). 하나님의 말씀이 심기어졌을 때, 우리는 그 새 성품을 우리 속에 받게 되고 따라서 열매를 맺을 수 있습니다. 우리는 말씀의 **생명**을 생명의 **말씀**으로부터 얻습니다. 혼의 기관들(지·정·의)이 아직 그대로이긴 하지만, 이 기관들은 더 이상 혼의 힘을 통하여 기능하지 않습니다. 오히려 그것들은 하나님의 말씀의 능력으로 작용하는 것입니다. 이것이 "믿음의 결국 곧 영혼의 구원을 받음이라"(벧전 1:9)인 것입니다.

제4부

영

제 15 과 성령과 신자의 영

성령이 친히 우리 영으로 더불어 우리가 하나님의 자녀인 것을 증거하시나니(롬 8:16).

죄인이 왜 거듭나야만 합니까? 왜 위로부터 다시 나지 않으면 안 됩니까? 왜 영의 거듭남이 있어야만 합니까? 사람은 타락한 영이기 때문입니다. 타락한 영이 새 영이 되기 위해서는 거듭날 필요가 있습니다. 사탄이 타락한 영인 것같이 사람도 그렇습니다. 사람만 몸을 갖고 있습니다. 사탄의 타락은 사람의 타락 이전에 있었습니다. 그러므로 우리는 사탄의 곤두박질로부터 우리의 타락한 상태에 대해 배울 수 있습니다. 사탄은 영으로 창조되었으므로 하나님과 영교할 수 있었습니다. 그러나 사탄은 타락하여 어둠의 세력의 머리가 되었습니다. 그는 지금 하나님으로부터, 모든 경건한 덕목으로부터 관계가 끊겼습니다. 그렇다고 사탄이 존재하지 않는다는 의미는 아닙니다. 그의 타락이 하나님과 바른 관계를 단절시켰을 따름입니다. 이렇게, 사람 역시 타락할 때 어둠속으로 침몰하여 하나님과 단절되었습니다. 사람의 영은 아직 존재합니다. 그러나 하나님과 분리되어 그와 영교할 수 없게 되고, 다스릴 수 없게 되었습니다. 영적으로 말하면 사람의 영은 죽었습니다. 그렇지만 사악한 대천사(사탄)의 영이 영원히 존재하는 것같이 사악한 사람의 영도 영원히 계속하는 것입니다. 사람은 몸을 가지기 때문에 그의 타락은 그를 "육신"이 되게 했습니다. "나의 영이 영원히 사람과 함께 하지 아니하리니 이는 그들이 육신이 됨이라"(창 6:3). 이 세상의 어떤 종교나 어떤 윤리나 문화나 법도 이 타락한 인간의 영을 개선할 수 있는 것은 없습니다. 사람은 육신의 위치로 타락했습니다. 그 자신의 아무 것도 그를 영적 상태로 회복시킬 수 있는 것은 없습니다. 그런 까닭에 영의 중생이 절대 필요합니다. 하나님의 아들만이 우리를 하나님께 회복시키실 수 있습니다. 그가 우리 죄를 깨끗케 하시기 위해 피를 흘리셨고, 새 생명을 주시기 때문입니다.

  죄인은 주 예수를 믿는 즉시 거듭납니다. 하나님께서 그에게 그의 창조되지 않은 생명을 주시어 죄인의 영이 거듭나게 하십니다. 죄인의 중생은 **그의 영에서** 발생합니다. 하나님의 사역은 예외 없이 사람 안에서 시작하는데 중심에서 주위로 퍼져나갑니다. 사탄의 일의 양상은 얼마나 다릅니까! 그는 바깥에서 안으로 움직입니다. 하나님은 먼저 영에 생명을 주심으로서 사람의 어두워진 영을 소생시키십니다. 하나님이 그의 생명을 받아 그와 교제하도록 애초에 디자인 하신 것은 사람의 이 영이기 때문입니다. 그 후 하나님의 의도는 영으로부터 시작하여 사람의 혼과 몸으로 퍼져나가기 위한 것입니다.

성령과 중생

중생할 때 사람의 영은 하나님의 생명이 들어옴에 따라 살아나게 됩니다. 이 임무의 원동력은 성령이십니다. 성령이 죄에 대하여, 의에 대하여, 심판에 대하여 세상을 책망하십니다(요 16:8). 그가 사람의 마음을 준비시키시어 주 예수를 구주로 믿게 하십니다. 십자가 사역은 주 예수께서 성취하셨습니다. 그러나 이 완성된 사역을 죄인의 마음에 적용하는 일은 성령께 위임되었습니다. 우리는 그리스도의 십자가와 성령에 의한 그 적용의 관계를 알아야 합니다. 십자가가 모든 것을 성취하지만, 성령은 그것이 성취한 것을 사람에게 나누어 주십니다. 십자가는 우리에게 위치를 부여해 줍니다. 성령님은 우리에게 체험을 주십니다. 십자가는 하나님의 사실을 들여옵니다. 성령은 이 사실에 대한 증거를 가져오십니다. 십자가 사역은 적절한 한 위치를 창조하고 구원을 성취하므로 죄인들이 구원을 받을 수 있게 합니다. 성령의 임무는 십자가가 창조하고 성취한 것을 죄인들에게 계시해주셔서 그들이 그것을 사실로 받아들이고 구원을 받을 수 있게 합니다. 성령은 결코 십자가와 별도로 활동하시지 않습니다. 성령은 십자가 없이는 활동하실 적절한 근거를 갖지 못하십니다. 성령이 없이는 십자가 사역은 죽은 것이나 다름없습니다. 즉, 십자가 사역은 하나님 앞에 벌써 효과가 있긴 하지만 사람들에게 그 효과를 가져오지 못하는 것입니다.

구원의 전체 사역을 성취하는 것은 십자가이지만 사람들의 구원을 위해 그들에게 직접 작용하시는 이는 성령이십니다. 이런 까닭에 성경은 우리의 중생을 성령의 사역으로 특징지어 줍니다.

"**영**으로 난 것은 영이니"(요 3:6). 주 예수께서 중생한 사람은 "성령으로 난 사람"(8절)이라고 이어 설명하십니다. 신자들은 성령께서 십자가의 사역을 그들에게 가져오시어 하나님의 생명을 그들의 영에 전달하시기 때문에 거듭나는 것입니다. 성령은 하나님의 생명을 전달하시는 분이십니다. "우리는 성령으로 삽니다" (갈 5:25). 사람이 그들의 영을 중생시키시는 성령은 없이 그들의 두뇌를 통해 무엇이든 알게 되면 그들의 지식은 그들에게 조금도 도움이 되지 못할 것입니다. 그들의 신념이 사람의 지혜에 의존하고 하나님의 능력에 의지하지 않으면, 그들은 다만 그들의 혼에서만 자극받을 따름입니다. 그들은 오래 지속하지 못할 것입니다. 그들이 아직 거듭나지 않았기 때문입니다. 중생은 마음으로 믿는 사람들에게만 오는 것입니다(롬 10:10).

성령은 거듭날 때 신자들에게 생명을 가져오시는 것 말고도 그들 안에 **거하심**의 이후 사역을 수행하십니다. 우리가 이것을 잊는다면 얼마나 유감 된 일이겠습니까! "**새** 영을 너희 속에 두고 새 마음을 너희 속에 주되…내 신을 너희 속에 두어"(겔 36:27-28). "새 영을 너희 속에 두고"에 즉시 이어 "**내** (신)**영**을 너희 속에 두어"를 주목하십시오. 첫 번째 진술은 신자들의 죽은 영에 생명이 들어옴으로 소생함을 통해 새 영을 받게 될 것을 의미합니다. 둘째 진술은 그들의 새로워진 영에 성령의 내주하심, 또는 거하심을 언급합니다. 신자들은 거듭날 때 새 영을 얻을 뿐만 아니라, 그들 안의 성령의 거하심도 얻게 됩니다. 그들의 영의 새로움**과** 그들의 새 영에 성령이 거하심을 깨닫지 못하는 사람이 많은 것은 얼마나 애석한 일입니까? 기독교인들은 중생 후 여러 해 동안 지체하다가 갑자기 깨어나 성령을 구할 필요가 없습니다. 그들은 구원받은 순간에 그들 안에 **거하시는** – 그들을 찾아오신 것뿐만 아니라 – 그의 전 인격을 모시고 있습니다. 사도는 우리에게 이렇게 권면합니다. "하나님의 성령을 근심하게 하지 말라 그 안에서 너희가 구원의 날까지 인치심을 받았느니라" (엡 4:30). 여기에 "분노하다"가 아니라 "근심하다"란 말이 사용된 것은 성령의 사랑을 보여줍니다. "떠나시게 하지 말라"가 아니라 "근심하게 하지 말라"고 하십니다. "그는 너희와 함께 거하심이요 또 너희 속에 계시겠음이라"이기 때문입니다(요 14:17). 거듭난 신자는 모두 그 안에 영원히 거하시는 성령을 모시고 있지만, 그럼에도 내주하시는 성령의 곤경(어려운 상태)은 모든 성도에게 같지 않을 수 있습니다. 그가 근심하게 되실 수도 있고, 기쁘시게 되실 수 도 있는 것입니다.

성령이 사람의 가장 깊은 곳에, 생각과 느낌과 결단의 기관들보다 더 깊은 곳에 거하심을 아는 것이 어째서 그렇게 중요합니까? 하나님의 자녀가 이것을 알지 못하면 그는 그의 혼에서 인도나 지시를 찾을 것이기 때문입니다. 이것을 깨닫게 되면 그는 외적인 것을 바라보는 과오와 속음에서 구함 받게 될 것입니다. 성령은 우리 존재의 가장 깊은 곳에 거하십니다. 거기 그리고 거기에서만 우리는 그의 역사하심을 기대할 수 있고 그의 인도하심을 구할 수 있습니다. 우리의 기도는 "**하늘**에 계신 우리 아버지"에게 드려집니다. 그러나 하늘 아버지는 우리 **안에서**부터 인도하십니다. 우리의 중보자, 보혜사께서 우리 영 안에 거하신다면, 그의 인도는 안에서부터 오시 않으면 안 됩니다. 우리가 속 사람 안에서 그를 찾기보다 우리 겉 사람 안에서 꿈과 환상과 음성과 느낌을 찾는다면 우리는 얼마나 속게 될 것이며 이것은 얼마나 큰 비극입니까!

"성령이 감히 우리의 영과 더불어 우리가 하나님의 자녀인 것을 증언하시나니"(롬 8:16). 사람의 영은 사람이 하나님과 함께 일하는 곳입니다. 우리가 거듭났으며, 그러므로 우리가 하나님의 자녀라는 것을 우리는 어떻게 압니까? 우리의 속사람이 소생했고, 성령이 거기에 거하시기 때문에 아는 것입니다. 우리의 영은 중생했고, 새로워진 영입니다. 우리 안에 거하시는 이는 이 새 영과 구별되는 성령이십니다. 그래서 이 둘(우리의 영과 성령)이 함께 증언하시는 것입니다.

제 16 과 영에 속한 사람

그 영광의 풍성을 따라 그의 성령으로 말미암아 너희 속사람을 능력으로 강건하게 하오시며(엡 3:16).

그의 영이 중생 받아 그 안에 성령이 거하시는 사람도 여전히 육적일 수 있습니다. 그의 영이 아직 혼이나 몸의 억압을 받고 있을 수 있기 때문입니다. 그가 영적으로 되려면 어떤 매우 뚜렷한 행동이 요구됩니다.

대체로 말하면, 우리는 우리 삶에서 적어도 두 가지 큰 위험을 만나게 되겠지만, 첫 번째 위험뿐만 아니라 두 번째 위험도 극복할 수 있습니다. 이 두 가지 위험은 거기에 상응하는 승리와 함께 다음과 같습니다. 여전히 멸망해가는 죄인으로 남아있는 위험 또는 구원받은 신자가 되어 육적 신자로 계속하는 위험이거나, 아니면 영적 신자로 발전해 나가는 것입니다. 죄인이 신자로 변하는 것이 확실히 실현될 수 있듯, 육적 신자가 영적으로 변하는 것도 마찬가지로 실현될 수 있습니다. 죄인에게 그의 생명을 주심으로서 기독교인으로 변화시키실 수 있는 하나님은 육적 기독교인에게 그의 생명을 더 풍성히 주심으로서 영적 신자로 똑같이 변화시키실 수 있습니다. 그리스도에 대한 믿음은 그를 영적 신자가 되게 할 수 있습니다. 성령에 대한 순종은 그를 영적 신자가 되게 할 수 있습니다. 그리스도와의 올바른 관계가 기독교인을 만들어 내듯, 성령과의 올바른 관계는 영적 신자를 만들어 낼 수 있습니다.

하나님의 자녀들은 벌써 그들 안에 거하시는 성령을 모시고 있습니다. 그러나 그들은 그를 알아보지 못하거나 그를 순종하지 않을 수도 있습니다. 그들은 완전히 순종할 필요가 있습니다. 그들은 이 내주하시는 임재가 인격이시며, 가르치시고, 인도하시고, 그들에게 그리스도의 실상을 전달하시는 분이라는 것을 깨닫지 않으면 안 됩니다. 그들의 혼의 어리석음과 아둔함을 기꺼이 인정하고 가르침을 받을 준비가 될 때까지 그들은 이 분(인격)의 길을 가로막고 있습니다. 그들은 그 분으로 하여금 진리를 계시하시도록 하기 위해 모든 것을 규제하시게 할 필요가 있습니다. 그들이 그들의 존재 깊은 곳에 하나님의 성령이 그들 안에 거하심을 알지 못하고 그들의 영으로 그 분의 가르침을 기다리지 않으면, 그들은 그들의 혼 생활에 대한 그 분의 활동을 환영하지 않게 될 것입니다. 그들 스스로 무언가를 구하는 일을 중단하고, 가르침 받으려는 자세를 취할 때에만 성령으로부터 그들이 소화할 수 있는 진리를 가르침 받게 될 것입니다. 생각과 정서보다 더 깊은 곳에 있는 우리의 영은 하나님의 지성소이며, 여기서 우리가 성령과 교제하며 그의 교통을 기다리게 된다는 것을 깨닫게 될 때에 비로소 우리는 그가 진정으로 우리 안에 거하심을 알게 되는 것입니다. 우리가 그를 인정하고 그를 존경할 적에,

그가 우리 존재의 숨겨진 부분에서 그의 능력을 나타내시어 그의 생명을 우리의 혼적, 의식적 생활에까지 확대하시게 되는 것입니다.

성령의 강화하심

사람의 가장 깊은 기관이 혼과 몸을 지배하고, 성령의 생명을 남들에게 전달할 통로로 쓰일 수 있기 위해서는 성령의 강화하심이 있어야만 합니다. 바울은 신자들에게 기도하기를 "그의 영광의 풍성함을 따라 그의 성령으로 말미암아 너희 속사람을 능력으로 강건하게 하시오며"(엡 3:16)라고 합니다. 바울이 이렇게 기도하는 이유는 이것이 한없이 중요하다고 생각하기 때문입니다. 바울은 그들의 "속사람"을 그의 성령으로 하나님께서 강건하게 하시기를 기도하는데, 이 속 사람은 그들이 주를 의지한 이후의 그들 속의 새 사람을 가리키는 것입니다. 그러므로 이 기도는 신자의 영이 하나님의 영으로 강건하게 해달라는 기도입니다.

하나님의 능력으로 충만한 영을 가지면 그 결과로 그의 영은 혼과 몸을 완전히 지배할 수 있게 됩니다. 모든 생각과 소원과 감정과 의도가 영에 지배됩니다. 혼은 더 이상 단독으로 행동할 수 없게 됩니다. 그 대신 영의 청지기가 되는 것입니다.

영을 따라 행함

혼적인 데서 영적인 데로의 변화가, 신자가 다시는 결코 육신에 따라 행하지 않을 것을 보장해 주지는 않습니다. 그와 반대로 혼적인 데로 후퇴하는 위험은 항상 존재합니다. 사탄은 그들의 그 높은 위치에서 표준 이하의 삶으로 떨어뜨릴 온갖 기회를 잡으려 항상 노리고 있습니다. 그러므로 하나님의 자녀들이 항상 경계하고 성령을 따르는 것이 크게 필요하며, 이렇게 하여 그들은 영적인 상태에 머무르게 됩니다.

"육신을 따르지 않고 그 영을 따라 행하는 우리에게 율법의 요구가 이루어지게 하려 하심이니라… 영을 따르는 자는 영의 일을 생각하나니… 영의 생각은 생명과 평안이니라"(롬 8:4-6). 영을 따르는 것은 육신을 따라 행하는 것의 반대입니다. 영을 따르지 않는다는 것은 육신에 따라 행하는 것입니다. 이 둘 사이에 오락가락하는 신자들이 많습니다. 지금은 영을 따르다가 금방 육신을 따릅니다. 그들은 오직 속사람을 따라 행해야만 합니다. 이것은 영의 직관을 따라 행하고, 한 순간도 혼이나 육신에 따라 행하지 않는 것을 말합니다. 이렇게 영을 따름으로서 그들은 변함없이 "영의 일을 생각"해야 합니다. 그러면 그 결과는 "생명과 평안"일 것입니다.

영으로 산다는 것은 직관에 따라 행하는 것을 의미합니다. 그것은 한 사람의 모든 삶, 섬김, 행동을 영에 두어 항상 영의 지배를 받고 능력을 부여받는 것을 말합니다. 이렇게 하면 성도가 생명과 평안을 보존하게 됩니다. 그가 성령에 따라 행하지 아니하면 영적 상태에 머물러 있을 수 없으므로, 적어도 성도가 올바로 행하려면 영의 다양한 기능과 법칙을 이해하지 않으면 안 됩니다.

기독교인의 매일의 임무는 영을 따라 사는 것에 있습니다. 영을 따라 사는 사람은 가장 고상한 느낌으로도, 가장 고귀한 사상으로도 살 수 없다는 것을 알아야 합니다. 우리는 우리의 직관을 통하여 우리에게 주시는 지시에 따라 행하지 않으면 안 됩니다. 성령은 우리 영의 섬세한 감(sense)을 통해 그의 느낌을 표시하십니다. 성령은 갑자기 우리가 어떤 것을 생각하게 하도록 우리 마음에 직접 작용하시지 않습니다. 그의 모든 사역은 우리의 가장 깊은 곳에서 행하여집니다. 우리가 그의 생각을 알고자 하면 우리 영의 직관에 일치해서 행동해야 합니다. 그러나 가끔은 그 것이 무슨 뜻인지, 무엇을 요구하는지, 무엇을 전달하고 있는지를 이해하지는 못하고 거기에 무언가를 감지하는 수가 있습니다. 이런 일이 생길 때에는 기도에 전념하여 우리의 마음에 깨달음을 주시도록 간구해야만 합니다. 일단 우리가 직관적으로 감지한 것의 의미를 이해하게 되면, 우리는 그 후 거기에 입각해서 행동해야 합니다. 그럴 때 마음에 즉각 조명을 받을 수 있고, 직관의 의미를 이해할 수 있게 되는 것입니다. 그러나 직관은 없이 머리에서 생기는 갑작스런 생각들을 따라서는 안 됩니다. 오직 직관적 가르침만이 성령의 생각을 나타내 줍니다. 우리는 오직 이것만을 따라야 하는 것입니다.

이렇게 영으로 행하려면 **의지**와 **믿음**이 필요합니다. 육체의 모든 선한 행동이 어떻게 하나님에 대하여 독자적 태도를 보여주는가를 우리는 앞에서 본 바 있습니다. 혼의 본성은 바로 독자성입니다. 신자들이 그들의 생각과 느낌과 소원에 따라 행동한다면 그들은 하나님의 인도를 기다리며 하나님 앞에서 시간을 보낼 필요가 없습니다. "육체와 마음의 원하는 것"(엡 2:3)을 따르는 자들은 하나님을 의지할 필요가 없습니다. 기독교인들이 하나님의 뜻을 알려고 할 때 자기네가 얼마나 쓸모없고, 얼마나 신뢰할 수 없고, 얼마나 철저히 연약한지를 깨닫지 못하면 그들은 결코 하나님을 의지하는 마음을 연마하려고 하지 않을 것입니다. 그들의 영으로 하나님의 인도하심을 받기 위해서는 하나님을 기다리지 않으면 안 됩니다. 그들은 그들의 느낌이나 생각을 지침으로 받아들여서는 안 됩니다. 우리가 하나님을 의지하고 구하고 기다림 없이 행하거나 행할 수 있는 것은 무엇이든 육신으로 행하거나 행하게 될 것을 기억합시다. 우리는 두려움과 떨림으로 내면의 깊은 데서 인도받기 위해 하나님을 의지하지 않으면 안 됩니다. 이것이 영을 따라 행하는 유일한 길입니다.

이렇게 행하려면 신자의 믿음이 요구됩니다. 보고 느끼는 것의 반대는 믿음입니다. 그런데 보고 느낄 수 있는 것들을 붙잡음으로서 확신을 얻는 사람은 혼적인 사람입니다. 그러나 영을 따르는 사람은 보는 것으로 살지 않고 믿음으로 삽니다. 그는 인간의 도움이 없다고 괴로워하지 않을 것이며, 인간의 반대 때문에 움직여지지도 않을 것입니다. 그는 칠흑 같은 어둠에서도 하나님을 의지할 수 있습니다. 하나님에 대한 믿음을 갖고 있기 때문입니다. 그는 자기를 의지하지 않기 때문에 그 자신의 보이는 힘보다 보이지 않는 힘을 더 의지할 수 있습니다.

우리의 목적은 영적인 사람이 되는 것이지, 영이 되는 것이 아닙니다. 이런 구별을 알고 있다면 우리 삶은 결코 꺾이거나 무미건조하지 않을 것입니다. 우리는 오늘 인간이며, 영원히 그러할 것입니다. 그러나 인간의 최고의 업적은 영적인 사람으로 발전해 나가는 것입니다. 천사들은 영입니다. 그들은 몸도 혼도 없습니다. 그러나 우리 인간은 둘 다 갖고 있습니다. 우리는 영적인 사람들이 되어야 하며, 영이 되어서는 안 됩니다. 영적인 사람은 그의 혼과 몸을 계속 보존할 것입니다. 그렇지 않다면 그는 사람이 되는 대신 영으로 축소될 것입니다. 그렇습니다. 영적인 사람이 된다는 것은 그가 그의 전 인격의 최고 기관이 된 그의 영의 지배 아래에 있다는 뜻입니다. 이 점에서 오해가 없어야 합니다. 영적인 사람은 그의 혼과 몸을 보존하고 있습니다. 영적으로 된다는 것은 이 기관들과 각 기관들을 멸절시키는 것이 아닙니다. 이런 것들이 사람을 사람 되게 하기 때문입니다. 그러므로 영적인 사람이 이런 것들로 살지는 않아도 그는 확실히 이것들의 어느 하나도 멸절시키지 않습니다. 그 대신 그것들은 죽음과 부활을 통해 새로워져서 영에 완전히 연합되고, 영의 표현을 위한 도구가 되는 것입니다. 이런 까닭에 정서와 지성과 의지는 영적인 사람 안에 남아 있지만, 직관의 안내에 전적으로 종속되는 것입니다.

사도 바울은 데살로니가 전서에서 영적인 사람의 진정한 상태를 이렇게 서술했습니다. "평강의 하나님이 친히 너희를 온전히 거룩하게 하시고 또 너희의 온 영과 혼과 몸이 우리 주 예수 그리스도께서 강림하실 때 흠 없게 보존되기를 원하노라"(5:23). 이런 까닭에 지금까지 말한 모든 것으로부터 그릴 수 있는 영적인 사람의 초상화는 다음과 같습니다.

첫째로, 영적인 사람은 그를 전적으로 성화시키며, 그의 영에 거하시는 하나님을 모시고 있습니다. 그의 생명은 그의 전인격에 가득히 넘치므로, 그의 모든 요소는 영의 생명으로 살며, 영의 힘으로 활동합니다.

둘째로, 영적인 사람은 혼적 생명으로 살지 않습니다. 그의 모든 생각, 상상, 느낌, 이념, 애정, 소원과 의견은 성령으로 새로워지고 정화되며, 그의 영에 종속됩니다. 이것들은 더 이상 독자적으로 작용하지 않습니다.

셋째로, 영적인 사람은 영원히 몸을 갖고 있습니다. 그는 육신으로부터 분리된 한 영이 아닙니다. 하지만 신체적 피로와 고통과 요구 때문에 영이 그 높은 위치에서 넘어지는 일은 없습니다. 몸의 모든 지체가 의의 도구가 된 것입니다.

결론적으로, 신령한 사람은 영에 속한 사람입니다. 전인(the whole man)은 속사람의 지배를 받습니다. 그의 존재의 모든 기관들은 영에 완전히 종속됩니다. 그의 영이 그의 삶을 특유하게 특징지어줍니다. 모든 것은 그의 영으로부터 나옵니다. 한편, 영적인 사람 자신이 영에 절대적 충성을 다합니다. 그는 자기 자신에 따라서는 어떤 말도 하지 않으며, 어떤 행동도 하지 않습니다. 오히려 그는 영으로부터 힘을 끌어내기 위해 매번 그의 타고난 힘을 부인합니다. 요컨대, 신령한 사람은 영으로 살아갑니다.

제 17 과 영적인 일

이는 힘으로 되지 아니하며 능력으로 되지 아니하고 오직 나의 영으로 되느니라(슥 4:6 NASV).

하나님의 모든 자녀는 하나님의 종들입니다. 그들은 각기 주로부터 은사를 받습니다. 아무도 제외되는 사람은 없습니다(마 25:15). 하나님은 그들을 교회 안에 두시고 각자에게 수행할 사역을 나누어 주십니다. 하나님의 목적은, 신자의 영을 잠깐 후에 시들어버리는 영적 생명의 저수지로 만드시는데 있지 않습니다. 하나님의 생명이 그 신자 안에서 정체되어 있으면 그 신자는 메마르는 느낌을 받기 시작합니다. 그렇습니다. 영적 생명은 영적 일을 위한 것입니다. 영적 사역은 영적 생명을 표현합니다. 이런 삶의 비결은 그 생명이 다른 사람들에게 끊임없이 흘러가게 하는 데에 있는 것입니다.

영적인 힘

우리가 그리스도를 증거하고 사탄을 대적할 능력을 갖고자 소원하면, 성령으로 충만해지는 체험을 갖도록 소원해야만 합니다. 사람들은 오늘 점점 더 그런 체험을 열렬히 추구하고 있습니다. 그러나 그런 추구의 배후가 무엇인지 질문을 해보아야 합니다. 자기네가 자랑할 것을 탐하는 사람들이 얼마나 많습니까? 그들의 육신에 대한 자랑거리를 소원하는 사람들이 얼마나 많습니까? 다른 사람들이 그들의 능력 밑에 힘들이지 않고 쉽게 넙죽 엎드리기를 바라는 사람들이 얼마나 많습니까? 우리가 어째서 성령의 능력을 간청하는지 분명히 하지 않으면 안 됩니다. 우리의 동기가 하나님으로 말미암은 것도, 하나님과 함께 하는 것도 아니라면, 우리가 능력을 얻지 못하리라는 것은 확실합니다. 하나님의 성령은 사람의 "육체"에 내리지 않습니다. 성령은 오직 하나님의 새로 창조된 사람 안의 영에만 내리십니다. 하나님께서 속사람인 우리의 영을 성령 안에서 푹 잠기게 해달라고 우리가 간구하면서 동시에 겉 사람인 육신이 살아남게 허용할 수는 없습니다. 육신이 상처를 입지 않고 계속하는 한, 하나님의 영은 사람의 영에 결단코 내리시지 않을 것입니다. 능력이 그에게 허용되면, 그 사람은 더욱 육적이고 더욱 자랑하게 될 뿐일 것이기 때문입니다.

갈보리가 오순절 앞에 온다고 자주 말들을 합니다. 성령은 십자가로 처리 받지 못한 남자와 여자들에게 능력을 베풀려고 하시지 않습니다. 예루살렘의 다락방으로 인도하는 길은 갈보리를 지나 구불구불 굽이지어 있습니다. 오직 주의 죽음을 따르는 사람들만이 주의 능력을 받을 수 있습니다. 하나님의 말씀은 "사람의 몸에 (거룩한 관유를) 붓지 말며"라고 합니다(출 30:32 다아비역). 하나님의 거룩한 관유는 육체가 극히 더럽든, 매우 깨끗하든 육신에 부어지지 않을 것입니다. 십자가의 표가 부족한 곳에 성령의 관유는 없습니다. 하나님은 주 예수의 죽음을 통하여 아담 안에 있는 모두에게 판결을 이렇게 선언하십니다. "모두 죽어야 한다." 주 예수께서 죽으시기 까지 하늘의 능력이 내리지 않은 것같이, 신자가 주 예수의 죽음을 경험을 통해 알지 못한다면 신자는 그 능력을 기대해서는 안됩니다. 역사적으로, 오순절은 갈보리에 뒤이어 왔습니다. 체험적으로, 성령의 능력으로 충만해짐은 십자가를 짊어짐에 뒤이어 오는 것입니다.

우리는 성령의 힘을 구할 때에 우리 마음을 깨끗이 유지하고 우리의 의지가 깨어있어 원수의 모조품에 속지 않도록 우리 자신을 지키지 않으면 안 됩니다. 동시에 우리는 하나님께서 사악하고 불의하고 의심스런 것들에서 우리의 삶을 깨끗케 지키시어 우리의 전존재를 주께 바쳐지게 해야만 합니다. 그런 다음 "믿음으로 말미암아 성령의 약속을" 받아야 합니다(갈 3:14). 하나님께서 때가 되면 그의 약속을 이루어주실 것을 믿으며 그를 의지하십시오. 하지만 그의 약속을 잊지 마십시오. 지체되는 일이 있으면, 그의 빛 아래에서 당신의 삶을 세밀히 살펴볼 기회를 가지십시오. 능력과 함께 오는 어떤 느낌도 기쁘게 받아들이십시오. 그러나 하나님께서 능력과 함께 느낌이 따르지 않게 하심이 적당하다고 생각하시면, 그가 그의 믿음을 참으로 이루셨음을 다만 믿으십시오.

영적인 일의 시작

　사역의 시작은 사소한 문제가 아닙니다. 기독교인들은 주제넘게도 필요나 이익이나 공로에 기초해서 어떤 일이든 시작해서는 안 됩니다. 이런 일들은 조금도 하나님의 뜻의 징조가 아닐 것입니다. 아마 하나님은 다른 사람들을 일으켜 이 일을 하게 하시거나, 아니면 얼마 뒤까지 이 일을 연기하실지 모릅니다. 사람들은 서운해 할지 모르지만 하나님은 가장 좋은 것을 아십니다. 이런 까닭에 필요, 이익, 공로는 우리 사역을 위한 징조가 될 수 없습니다.
　사도행전은 일에 접근할 때에 가장 좋은 도움이 됩니다. 우리는 거기서 자기를 설교자로 드리거나(헌신), 자기를 선교사나 목사로 만들어 주의 일을 하기로 결정하는 사람을 하나도 보지 못합니다. 우리 눈에 보이는 것은, 성령 자신이 그 일을 하도록 사람들을 임명해서 **파송하신다**는 것입니다. 하나님은 결코 그를 섬기도록 사람들을 모병하시지 않습니다. 하나님은 단순히 **그**가 원하시는 사람만을 보내십니다. 우리는 어느 누구든 자기를 선택하기로 결정하는 것을 보지 못합니다. 일꾼을 선택하시는 이는 하나님이십니다. 사람의 육체를 위한 근거는 단연코 없습니다. 하나님이 뽑으실 때는 다소의 사울조차 거스를 수 없습니다. 하나님이 뽑지 않으실 때는 시몬조차 그것을 돈 주고 살 수 없습니다. 하나님이 그의 일의 유일한 주인이십니다. 하나님은 그의 일에 어떤 인간적 혼합물도 허용하시지 않을 것입니다. 사람은 결코 사역에 오지 못합니다. 일을 하도록 **파송하시는** 이는 항상 하나님이십니다. 영적 봉사는 결국 우리를 부르시는 주님 자신이 시작하셔야만 합니다. 설교자들의 설득을 통하여, 친구들의 격려를 통하여, 또는 우리의 타고난 기질 때문에 시작해서는 안 됩니다. 육신의 신발을 신은 자들은 아무도 하나님을 섬기는 거룩한 땅에 설 수 없습니다. 이로 인한 많은 실패와 많은 낭비와 혼란은, 파송을 받고 나서 일하지 않고 사람들 자신이 일하러 **나서기** 때문입니다.

영적인 일의 목적

영적 일은 사람의 영에 생명을 주거나, 영에 생명을 강화시키는 것을 목표로 합니다. 우리의 수고가 사람의 깊은 곳에 있는 영에 기울여지지 않는다면 그 가치나 효과는 전무(全無)합니다. 죄인에게 필요한 것은 생명이지, 어떤 고상한 사상이 아닙니다. 신자는 단순한 성경 지식이 아니라, 그의 영적 생명에 영양분을 주어 자라게 할 수 있는 일만이 필요합니다. 우리가 전달하는 것이 고작 탁월한 설교의 대지 구분이나, 훌륭한 비유나, 초월적 추상개념이나, 재치 있는 말이나, 논리적 논증이라면 사람들의 마음(지성, 감정, 의지)에 사상을 추가 공급하거나, 그들의 정서를 다시 한 번 일깨우거나, 다시 한 번 결단을 하도록 그들의 의지를 활성화 하는 것에 지나지 않습니다. 그들은 빈사(moribund)의 활기 없는 영으로 다가오며, 떠날 때에도 그들을 위한 우리의 고된 수고에도 불구하고 똑같이 활기 없는 영으로 떠나갑니다. 죄인은 그의 영이 부활될 필요가 있습니다. 더 잘 설득할 수 있을 필요도, 많은 눈물을 흘릴 필요도, 더 확고한 결단을 할 필요도 없습니다. 신자는 또 외적 교화(덕을 세움)도 필요 없습니다.

그가 실제로 부족한 것은 더 풍성한 내면적 생명, 곧 그가 어떻게 영적으로 성장할 수 있는가 이기 때문입니다. 우리가 우리의 주의를 바깥사람에게 기울이고 속사람을 등한히 한다면, 우리의 사역은 전혀 헛될 것이며 무의미한 것이 될 것입니다. 그런 사역은 조금도 사역이라 할 수 없습니다. 아마 사역하지 않는 것보다 더 나쁠지도 모릅니다. 많은 귀중한 시간이 부정할 여지없이 낭비되었기 때문입니다!

기독교인의 책임은 결국 다음과 같을 뿐입니다. 그들의 영을 하나님께 그릇으로 드리고, 그 자신들과 관계된 모든 것을 죽음에 내어주는 것입니다. 그들이 그들의 영을 막지도 않고, 또 그들 자신 안에 갖고 있는 것과 그들(육신)로 말미암은 것을 남에게 주려고 하지 않는다면, 하나님은 그의 자녀들을 죄인들을 위한 구원과 성도들을 세워 주는 일의 통로로 크게 사용하실 수 있습니다. 이것이 없이는 듣는 사람이 무엇을 받아들이든, 그것은 사역자의 생각이나 추론이나 느낌에 지나지 않습니다. 듣는 자는 주를 결코 구주로 받아들이지 못하며, 그의 죽은 영이 소생하지도 않습니다. 우리의 목표는 사람의 영에 생명을 주는 것이라는 사실을 알고, 이것에 입각해서 우리들 자신을 준비하지 않으면 안 됩니다. 우리의 혼 생명을 진정 포기하고 전적으로 속사람에 의존함으로서, 우리는 주께서 우리 입을 통해 하시는 말씀이 계속 "영과 생명"(요 6:63)이 됨을 보게 될 것입니다.

영적인 사역의 중단

영적 사역은 변함없이 성령의 흐름과 함께 흐릅니다. 그것은 결코 마지못해서도 아니며, 강제에 의해서도 아니며, 따라서 육신의 필요에 의해서도 아닙니다. 그렇다고 이것이 세상으로부터 반대가 없다거나, 적으로부터 공격이 없다는 의미는 물론 아닙니다. 그것은 이 사역이 주의 기름부음을 받는 의식(consciousness)과 함께 주 안에서 행해진다는 것을 의미할 따름입니다. 하나님께서 여전히 사역을 요구하시면, 신자는 그의 상황이 얼마나 어려운가와 관계없이 그 자신이 그 흐름 속에 흐르고 있음을 계속 느낄 것입니다. 성령은 영적 생명을 발산시키는 것을 목표하십니다. 따라서 주 안에서 이루어지는 수고는 영에서 생명을 나타내게 됩니다. 불행히도, 하나님의 종들 중 환경이나 기타 요소들에 눌리어 기계적으로 일에 들어가는 사람들이 많습니다.

개인이 이 사실을 알게 되는 즉시 그는 그런 "기계적인 일"이 성령께서 원하시는 것인지, 아니면 하나님께서 그를 다른 일로 부르시는지 물어야 합니다. 하나님의 종들은 영적으로 시작된 어떤 일, 즉 성령 안에서 시작된 그 일이 반드시 그렇게 계속되지 말아야 할 것인지 알아야 합니다. 많은 일들이 하나님으로 말미암아 시작되지만, 그가 그 일들이 더 이상 필요하지 않으신 데도 사람들은 그 일들을 계속하려고 하는 경우가 많습니다. 성령으로 시작된 일들을 끝도 없이 영적인 일로 간주하는 것은 불가피하게도 영적인 일을 육적으로 변화시키게 되는 것입니다.

영적 기독교인은 기계적으로 된 일(사역)에서는 성령의 관유(anointing)를 더 이상 누릴 수 없습니다. 어떤 임무가 하나님에게 불필요한 것으로 벌써 포기됐는데도 그것을 둘러싸고 있는 외적 조직기구(형태를 갖추었든 아니든) 때문에 기독교인에 의해 유지되고 있다면, 그것은 하나님의 능력에 의해서가 아니라 그 자신의 자원에 의존하여 수행되고 있음에 틀림없습니다. 영적 사역이 끝난 후에도 어떤 성도가 그 일에 힘쓰고 있다면, 그는 그 일을 계속하기 위하여 혼적 힘과 신체적 힘을 사용하고 있음에 틀림없습니다. 참된 영적 봉사에서는 그의 타고난 재능과 소질을 완전히 부인해야만 합니다. 그는 이렇게 해야만 하나님을 위해 열매 맺을 수 있습니다. 그렇지 않고, 성령의 인도하심을 받지 않은 모든 노력은 두뇌와 재능과 소질로 뒷받침 되지 않으면 무너지고 맙니다.

제 18 과 기도와 전쟁

우리의 싸우는 무기는 육신에 속한 것이 아니요 오직 어떤 견고한 진도 무너뜨리는 하나님의 능력이니라 (고후 10:14 NASV).

모든 기도는 영적이어야 합니다. 비 영적 기도는 진품이 아니므로 실제적 결과를 가져올 수 없습니다. 신자들이 땅에서 드리는 모든 기도가 영적인 것이라면, 그야말로 영적 성공이 얼마나 풍성하겠습니까! 그러나 애석하게도 혈육의 기도가 너무나도 많고 많습니다. 그 속에서 발견되는 자아의 의지는 그런 기도에서 영적인 결실을 빼앗아 가버립니다. 오늘 기독교인들은 기도를 **그들의** 목적과 이념을 성취하기 위한 수단으로 여기는 것 같습니다. 그들이 조금만 더 깊은 깨달음이 있다면, 기도는 사람이 하나님의 뜻을 표명하는 데에 지나지 않는다는 것을 알게 될 것입니다. 육신은 어디서 나타나든 간에 십자가에 못 박히지 않으면 안 됩니다. 기도에서조차 육신은 허용되지 않습니다. 하나님의 사역에 사람의 뜻을 뒤섞는 것은 허용되지 않습니다. 하나님은 인간의 최상의 의도와 가장 유익한 전망이나 기대이더라도 물리치십니다. 하나님은 사람이 시작한 일을 따라야 할 것으로 여기시지 않습니다. 하나님의 지시를 따르는 것 이외에 우리는 하나님을 지시할 권리가 없습니다. 하나님의 인도하심을 순종하는 것 외에는 우리는 그에게 바칠 능력이 없습니다. 하나님은 사람에서 기인한 일은 사람이 아무리 많은 기도를 드릴지라도 수행하지 않으실 것입니다. 하나님은 그런 기도를 육적인 것으로 정죄하십니다.

모든 영적 기도는 그 원천을 하나님께 두고 있습니다. 하나님은 우리가 기도해야 할 것을 우리에게 알려주시는데, 우리에게 그 필요를 펼쳐 보이시고, 그 필요를 우리의 직관적 영에 한 부담으로 주심으로서 그렇게 하십니다. 오직 직관적 부담만이 우리의 기도의 사명을 정당화시키게 됩니다. 하지만 우리는 직관의 섬세한 수많은 사항들을 얼마나 무심하게 간과해 왔습니까. 우리 기도가 우리의 직관의 부담보다 크면 안 됩니다. 영에서 시작되지 않거나, 영에서 반응을 보이지 않은 기도들은 신자 자신에게서 기인한 것입니다. 그러므로 이런 기도들은 혈육으로 말미암은 것입니다. 그러므로 그의 기도가 육적이 아니고 영적 영역에서 결과를 가져오기 위해서는, 하나님의 자녀는 그가 기도할 줄을 모른다고(롬 8:26) 그의 연약함을 고백하고 성령께서 그에게 가르쳐 주시도록 간구해야 합니다. 하나님은 우리가 전할(설교) 말을 주심 같이 기도할 말을 우리에게 주십니다. 기도할 말이 필요한 것처럼 전할 말도 똑같이 필요합니다. 우리의 전적 연약함을 인정할 때에 우리는 기도를 드릴 수 있도록 우리 영 안의 성령의 역사하심에 의지할 수 있습니다. 육적 사역은 얼마나 실없는 것입니까. 육적으로 드리는 기도 역시 얼마나 무익한 것입니까.

우리는 영으로 기도해야 할 뿐만 아니라 "또 마음(지·정·의)으로 기도해야 합니다. 기도에서 이 두 가지가 함께 역사해야만 합니다. 신자는 그가 기도할 내용을 그의 영에서 받으며, 그가 받은 것을 그의 마음으로 이해합니다. 영은 기도의 부담을 받는 데 반하여, 마음은 그 부담을 기도의 말로 조리 있게 표현하게 됩니다. 신자의 기도는 오직 이렇게 해서만 완성됩니다. 기독교인이 그의 영에 어떤 계시도 받지 못하고 마음의 생각에 따라 기도드릴 때가 얼마나 많습니까. 그 자신이 기도의 원천이 되는 것입니다. 그러나 참된 기도는 하나님의 보좌로부터 기원하지 않으면 안 됩니다. 그것은 처음에는 그 사람의 영에서 감지되고, 다음으로 그의 마음에서 이해되고, 끝으로 성령의 힘을 통해 아뢰어집니다. 사람의 영과 기도는 불가분리적인 것입니다.

기독교인은 영으로 기도할 수 있기 위하여 먼저 영을 따라 기도하는 법을 배우지 않으면 안 됩니다. 온 하루 동안 그가 육신을 따라 행한다면 아무도 그의 영으로 기도할 수 없습니다. 한 사람의 기도 생활의 상태가 그의 매일의 행함의 상태와 너무 크게 무관할 수는 없습니다. 그들의 영적 상태 때문에 영으로 기도하지 못하는 사람들이 많습니다. 한 사람의 기도의 질은 그의 삶의 상태로 결정되는 것입니다. 육적인 사람이 어떻게 영적 기도를 드릴 수 있습니까? 한편 영적인 사람이라고 반드시 영적으로 기도하지는 못합니다. 그가 경계하지 않으면 그 역시 육신에 빠질 것이기 때문입니다. 그렇더라도 영적인 사람이 그의 영으로 자주 기노하면, 그의 기도가 그의 영과 마음을 하나님과 계속 조율을 유지할 수 있게 해줄 것입니다. 기도는 그 활동을 통해 강화되는 영을 활동시키게 됩니다. 기도를 등한이 하면 속사람을 메마르게 합니다. 아무 것도, 기독교 사역조차도 기도를 대신할 수 없습니다. 사역에 너무 몰두하는 사람이 많아 그들은 기도할 시간을 거의 내지를 않습니다. 이런 까닭에, 그들은 귀신들을 내어쫓을 수 없습니다. 기도는 우리로 하여금 먼저 내면에서 적을 압도할 수 있게 해주고, 그런 다음 외적으로 그를 다룰 수 있게 합니다. 무릎으로 적과 싸우는 사람들은 모두 그들이 일어날 때에는 적이 완패한 것을 보게 될 것입니다.

 신자가 일단 성령의 세례를 통하여 하나님을 접촉하게 되면, 그 자신의 영이 해방됩니다. 그는 이제 영적 영역에서 사물과 존재의 실상을 감지하게 됩니다. 이런 지식과 함께(그리고 영에 속한 사람의 지식이 그에게 갑자기 한꺼번에 생기지 않는다는 것을 상기합시다. 그것의 일부는 많은 시련을 통해 올 수 있고, 실제로 그렇게 옵니다.) 그는 사탄과 마주치게 됩니다. 영적인 사람들만이 영적 원수의 실상을 알아보고, 따라서 전투에서 맞붙게 됩니다(엡 6:12). 그런 전투는 육신의 무기로 싸우지 않습니다(고후 10:4). 영적이기 때문에 무기들도 영적이어야 합니다. 그것은 사람의 영과 적의 영 사이의 싸움입니다. 영과 영의 싸움인 것입니다.

영적 전쟁에 대비하여 지켜야 할 것

 신자의 행보(walk)의 각 단계는 그 나름의 특정한 위험을 안고 있습니다. 우리 안의 새 생명은 그 성장을 방해하는 모든 것에 대항하여 항상 전쟁을 벌입니다. 신체적 단계에서는 죄에 대항하는 전쟁이고, 혼적인 단계에서는 자연적(타고난) 삶에 대항하는 전투이고, 끝으로 영적 단계에서는 초자연적 적에 대한 맹공격입니다. 악령이 영적 영역에서 기독교인의 영에 대한 공격을 가하는 것은 그가 다만 영적으로 될 때만 그렇습니다. 따라서 이것을 영적 전쟁이라 일컫는 것입니다. 그것은 영들 사이에서 싸워지며, 영으로 싸웁니다. 이런 현상은 비 영적 신자들의 경우에는 드뭅니다. 그러므로 한 사람이 영적 고지에 도달할 때, 그가 투쟁을 넘어섰다고 한 순간도 생각하지 마십시오. 기독교인은 전장에서 끊임없는 싸움에 휘말립니다. 기독교인은 주님 앞에 설 때까지 그의 무기를 내려놓을 가능성이 없습니다. 혼적일 때는 육신과 그 위험과 싸우고, 영적일 때는 영적 전쟁과 그 특유의 위험에 마주칩니다. 처음에는 광야에서 아말렉에 대한 전쟁이 있습니다. 가나안에 들어가서는, 다음으로 가나안 일곱 족속과 싸웁니다. 신자가 영적으로 된 다음에만 거기서(가나안) 신자의 영에 대한 사탄과 그 악의 무리들의 공격이 개시됩니다.

적은 영에 특별한 주의를 기울이므로, 영적 신자가 그들 자신의 영을 정상 상태로 유지하고, 그것을 자주 활용하는 것이 얼마나 필요하겠습니까. 그들은 모든 신체적 감각을 극히 조심해서 관리하고, 모든 자연 및 초자연적 현상을 세심히 구별하지 않으면 안 됩니다 그들의 마음을 조금도 어지럽힘 없이 완벽할 정도로 고요하게 유지해야만 합니다. 그들의 신체적 감각 또한 동요됨이나 흥분됨 없이 평온한 균형 상태로 유지해야만 합니다. 영적 기독교인들은 모든 거짓을 거부하고 대항하기 위해 그들의 의지를 발휘해야 하며, 온 마음으로 속사람을 따르려 힘써야 합니다. 그들이 어느 때든 속사람 대신 혼을 따르려고 한다면, 그들은 벌써 귀중한 근거지를 잃었습니다. 더욱이 그들은 이 전투에서 수동적으로 되지 않도록 그들의 영을 매우 조심스럽게 지키지 않으면 안 됩니다.

성령의 사역과 악령의 그것과의 근본적 차이는 다음과 같습니다. 성령은 사람들이 그들 스스로 일하도록 감동시키시며, 결코 사람의 인격을 제쳐놓고 사역하게 하시지 않습니다. 악령은 사람들이 전적으로 활동하지 않게 하여 자기가 그들 대신 사역하기 위해 사람의 영을 로봇으로 축소시킵니다. 이런 까닭에 수동적인 영은 악령에게 활동할 기회를 주게 될 뿐만 아니라, 동시에 성령의 손을 묶게 됩니다. 성령은 신자의 협력 없이는 활동하시지 않을 것이기 때문입니다. 이런 환경에서 악령이 상황을 활용할 것은 불가피한 일입니다. 기독교인이 영적으로 되기 전에는 사탄의 힘과 접촉하는 이런 위험에 마주치지 않습니다. 그러나 일단 그가 영적으로 되면, 악한 영이 당연히 그의 속사람을 공격하게 될 것입니다. 육적 기독교인은 결코 영의 수동성을 경험하는 일이 없습니다. 영적인 사람만이 잘못된 영을 발전시킬 위험에 마주치게 되는 것입니다.

제 5 부
영의 분석

제 19 과 직관

사람의 사정을 사람의 속에 있는 영 외에는 누가 알리요 이와 같이 하나님의 사정도 하나님의 영 외에는 아무도 알지 못하느니라(고전 2:11).

영적 생활이 무엇인지 더 확실히 이해하기 위해서는 우리는 영을 명확히 분석하고 그 모든 법칙을 동화하지 않으면 안 됩니다. 우리가 그 다양한 기능들에 정통하게 된 뒤에야 그 기능들을 지배하는 법칙을 알 수 있습니다. 우리가 이 법칙들에 익숙하게 된 뒤에야 영에 따라 행할 수가 있습니다. 즉 영의 법칙에 따라 행할 수 있는 것입니다. 이것은 영적 생활을 체험하기 위해서는 필수불가결한 것입니다. 우리는 영에 대하여 너무 많은 지식을 전용하게 될까봐 두려워해서는 안 됩니다. 하지만 우리의 마음 (지정의)을 이것을 추구하는 일에 지나치게 사용한다면 매우 염려해야 할 것입니다.

영의 기능

영의 기능이 직관, 영교, 양심으로 분류될 수 있다고 앞서 말씀드렸습니다. 이 셋을 구별할 **수**는 있지만, 이 셋은 치밀히 얽혀 있습니다. 그러므로 다른 둘을 언급하지 않고 어느 하나를 다루기는 매우 어렵습니다. 이를테면, 우리가 직관에 대해 말할 때는 당연히 영교와 양심을 논의에 당연히 포함시켜야만 합니다. 이렇게 영을 분석할 때는 반드시 그 3중의 기능을 살펴보아야만 하는 것입니다. 우리는 이미 영이 세 가지 기능을 포함함을 살펴보았으므로, 다음으로는 우리가 영에 따라 행하는데 도움을 받기 위해 이 기능들이 정확히 어떤 것인지 파헤치게 될 것입니다. 영에 따라 행하는 것은 직관과 영교와 양심에 의한 행보라고 말할 수 있습니다.

이 세 가지는 다만 영의 **기능**들에 지나지 않습니다. (더우기, 이것이 세 가지 기능**만**은 아닙니다. 성경에 의하면, 이것은 영의 **주요** 기능들에 지나지 않습니다.) 이 셋의 어느 것도 영이 아닙니다. 영 그 자체는 본질적이며, 개인적이며, 비가시적입니다. 영의 본질을 이해하는 일은 우리의 현재의 이해의 범위를 넘어섭니다. 우리가 오늘 그 본질에 대해 알고 있는 것은 우리 안의 그 다양한 나타남을 통해 오는 것입니다. 우리는 여기서 미래의 신비를 해결하려는 시도는 접어두고, 다만 영적 생활을 발견해 보려고 하는 것입니다. 이 재능, 또는 기능에 대한 지식과, 영을 따르는 방법에 대한 지식으로 우리에게는 충분합니다. 우리의 영은 물질적인 것이 아니지만, 그것은 독자적으로 존재합니다. 그러므로 영은 그 자체의 영적 본질(substance)을 소유하고 있으며, 그것으로부터 인간에 대한 하나님의 요구 수행을 위한 다양한 능력이 생기는 것입니다. 이런 까닭에 우리가 배우려고 하는 것은 그 본질이 아니라 영의 기능들입니다.

직관

혼이 그 감각을 가지고 있듯, 영도 감각을 갖고 있습니다. 영은 혼과 밀접히 관련되어 있습니다. 그러나 혼과는 전혀 다릅니다. 혼은 다양한 감각을 갖고 있습니다. 그러나 영에 속한 사람은 그의 존재의 가장 깊은 곳에 있는 다른 일단의 감각을 갖고 있는데, 이것은 일단의 혼적 감각하고는 철저히 다릅니다. 거기 가장 깊은 곳에서 그는 기뻐할 수 있고, 가슴 아파할 수 있고, 예상할 수 있고, 사랑, 두려움, 시인, 정죄, 결정, 분별할 수 있습니다. 이런 움직임이 영에 감지될 수 있고, 몸을 통해 혼이 표현되는 것들과는 뚜렷이 구별되는 것입니다.

이 영적 감지(sense)를 "직관"이라 부릅니다. 그것은 추리나 원인 없이 **직접** 작용하기 때문입니다. 그것은 어떤 절차도 거침이 없이, **직접** 나타납니다. 사람의 통상적 감지는 사람들이나 사물이나 사건들로 야기되거나 드러나게 됩니다. 기뻐할 이유가 있을 때 우리는 기뻐하고, 슬퍼할 사유가 있을 때 슬퍼합니다. 이 감각들은 각기 나름의 전례가 있습니다. 이런 까닭에 우리는 그것들을 직관의 표현이나 직접적 감지라고 결론지을 수가 없습니다. 한편 영적 감지는 어떤 외부적 원인이 필요 없고 직접 사람 안에 나타나는 것입니다.

혼과 영 사이에는 큰 유사점들이 있습니다. 그러나 신자들은 혼을 따라 행해서는 안 됩니다. 즉 신자들은 생각이나, 느낌이나 욕구들을 따르면 안 됩니다. 하나님께서 자녀들에게 정해주신 길은 영을 따라 행하는 것입니다. 다른 모든 길은 옛 창조에 속하는 것이므로 영적 가치가 없습니다. 그러나 어떻게 영을 따라서 행한다는 것입니까? 그것은 직관으로 살아가는 것인데, 직관은 영의 생각을 표현하기 때문이며, 영의 생각은 하나님의 생각을 표현하는 것입니다.

우리가 행해야 할 정당한 이유가 있고, 우리 마음이 그것을 기뻐하고, 끝으로 우리의 의지가 그것을 수행하기로 결정하려는 일에 대해 생각할 때가 우리에게 많이 있습니다. 그러나 어쨌든 우리 존재의 내면의 성소에서는 우리의 생각과 감정이나 의지가 품고, 느끼고, 결정한 것을 강하게 반대하는 어떤 **말로 표현되지 않은 무언의 소리 없는 조용한 목소리**가 들려옵니다. 이 이상한 강박관념은 이것을 행하면 안 된다고 암시하는 것 같아 보입니다. 이 같은 경험은 변화된 상태나 조건에 따라 변할 수 있을 것입니다. 그 이유는, 평소에는 내면의 깊은 곳에서 이처럼 말없는 무언의 소음 없는 조용한 모니터(감시자)가 우리에게 크게 비합리하게 보이고, 우리가 흔히 행하거나 욕구하는 것과 반대되는, 우리가 하고 싶지 않은 것을 하도록 우리를 매우 강권하고, 움직이고 압박하는 것을 감지하기 때문입니다.

하나님의 기름 부으심

지금까지 우리가 말해오고 있는 직관은 정확히 다음과 같이 가르치는 관유를 발생시키는 바로 그 중심점입니다. "너희는 거룩하신 자에게서 기름 부음을 받고 모든 것을 **아느니라**... 너희는 주께 받은바 기름 부음이 **너희 안에 거하니니 아무도 너희를 가르칠 필요가 없고** 오직 그의 기름 부음이 모든 것을 너희에게 가르치며 또 참되고 거짓이 없으니 너희를 가르치신 그대로 주 안에 거하라"(요일 2:20,27). 성경의 이 부분은 성령의 기름 부음이 어디서 어떻게 우리를 가르치는지를 아주 명쾌하게 알려줍니다.

  그러나 우리가 이 문구를 탐사해 들어가기 전에 우리는 "아느니라"와 "깨닫느니라"의 의미를 먼저 설명하는 것이 좋겠습니다. 우리는 흔히 이 두 낱말을 구별 짓지 않습니다. 그러나 영적인 일에서 그 차이는 헤아릴 수 없이 큽니다. 영은 "알고", 마음은 "깨닫습니다." 신자는 영의 직관으로 하나님의 일들을 "압니다." 엄밀히 말하면, 마음은 다만 "이해"할 수 있을 뿐입니다. 그것은 결코 "알" 수 없습니다. 아는 것은 직관의 작용이고, 이해하는 것은 마음의 작용입니다. 성령은 우리 영이 알 수 있게 하십니다. 우리의 영은 마음에 알려주어 이해하게 합니다. 이 둘은 추상적으로는 구별하기가 어려워 보입니다. 그러나 이 둘은 경험적으로는 알곡과 쭉정이가 다르듯 서로 다릅니다. 현대의 신자들은 성령의 생각을 아는 일에 너무 무지 무식하여 그들은 "아는 것"과 "이해하는 것"을 어떻게 구별하는지 깨닫지 조차 못하고 있습니다.

  우리로 하여금 어떤 일을 할 것인지 아니면 말 것인지 **알게 하는** 우리 안의 이 형언할 수 없는 감을 우리가 자주 경험하는 것은 사실이 아닙니까? 우리는 우리 영 안의 성령의 생각을 안다고 말할 수 있을 것입니다. 그렇지만 우리의 마음은 그 모든

제 19 과   직관   161

의미를 여전히 **이해**하지 못하는 수도 있습니다. 영적인 일에서 우리가 그것을 이해하지는 못하고 아는 것은 가능합니다. 우리가 어찌할 바를 모르다가 우리 영에서 성령의 가르침을 받고 기쁨에 넘쳐 "알았다!"라고 말할 때 들이 있는 것이 아닙니까? 우리 생각이 빛을 받아 성령이 우리 직관에서 표명해주신 것을 우리가 순종하여 거기 입각해 행하기 **오래 전에** 의미하셨던(나타내셨던) 것을 이해하게 되는 때들이 있는 것이 아닙니까? 그런 순간에 우리는 "**이제** 나는 알았다(이해했다)"라고 외치지 않습니까? 이런 경험들은 우리가 하나님의 생각을 우리 영의 직관에서는 "알지만", 우리 혼의 마음에서는 그의 인도하심을 "이해하게 됨"을 보여주는 것입니다.

분별

성경의 이 같은 부분의 문맥을 읽어보면 사도가 많은 거짓된 가르침과 적그리스도들에게 얼마나 관심을 가졌는지 보여 줍니다. 사도는 그들에게 기름 부으신 거룩하신 이가 진리와 거짓된 것과, 그리스도로 말미암은 것과 적그리스도로 말미암은 것을 분별하도록 가르치신다고 그의 독자들에게 확신시켜 줍니다. 기독교인들은 다른 사람들이 그들을 가르치도록 요청하지 않습니다. 내주하는 기름 부음이 그들에게 모든 것을 가르쳐 주기 때문입니다. 이것이 영적 분별이며, 오늘 크게 필요한 것입니다. 우리가 궁극적으로 거짓된 것과 진리를 이해하게 될 때까지 우리가 많은 신학적 언급을 연구해보고, 우리의 머리로 추리하고, 비교하고, 연구하고, 관찰하고, 생각해 보아야 한다면 우수한 머리와 교육을 받은 기독교인들만 속음을 면하게 될 것입니다. 그러나 하나님은 옛 창조물을 존중하시지 않습니다. 하나님은 새로 창조된 영 이외에는 모두 죽어 멸해야만 한다고 결론지으십니다. 하나님께서 파괴되어야 한다고 하시는 지혜가 사람들로 하여금 선과 악을 알게 도와줄 수 있겠습니까? 없습니다. 절대로 없습니다! 하나님은 그가 얼마나 사악하든 또는 아둔하든 관계없이 모든 신자의 영에 그의 영을 넣어주십니다. 내주하시는 성령께서 하나님으로 말미암은 것과 아닌 것을 그에게 가르쳐 주실 것입니다. 이것이 우리가 가끔 어떤 가르침을 반대할 논리적 이유를 찾을 수 없지만 우리의 존재 깊은 곳에 저항감이 생기는 이유인 것입니다. 우리는 이것을 설명할 수 없지만 그러나 우리의 감은 이것이 잘못된 것이라고 말해 줍니다. 혹은 이와 반대로 우리가 일반적으로 지녀오고 있는 것과 전혀 달라 따르고 싶지 않은 어떤 가르침을 들을 경우가 있습니다. 그러나 이것이 그 길이고 우리에게 그 안에서 행하라고 끈덕지게 말하며 강력히 주장하는 세미한 작은 음성이 가끔 있는 것이 아닙니까? 우리가 그것에 반대해 많은 논박을 불러일으키고 심지어 그것을 조리 있게 압도할지라도 이 내면의 작은 음성은 여전히 우리가 잘못되었다고 주장하는 것입니다.

계 시

우리의 직관으로 사물을 아는 것을 성경에서는 계시라고 부릅니다. 계시는 성령이 어떤 특정한 문제를 신자의 영에 보이심으로서 그것을 이해할 수 있게 한다는 것 이외에 다른 의미는 없습니다. 성경이나 하나님에 관해 가치 있는 지식에는 오직 한 종류만이 있습니다. 그것은 하나님의 영으로 우리 영에 계시되는 진리입니다. 하나님은 사람의 추리를 통해 자기 자신을 설명하시지 않습니다. 사람은 이론적 설명을 통해서는 결코 하나님을 알지 못합니다. 사람의 머리가 아무리 영리하고, 하나님에 관해 아무리 많이 이해하더라도, 그의 하나님을 앎은 장막에 가리어져 있습니다. 그가 할 수 있는 것은 고작 장막 뒤에 가리어 있는 것을 이론적으로 설명하는 것이 모두입니다. 그는 보이지 않게 숨겨진 실상을 꿰뚫을 수 없기 때문입니다. 사람은 아직 "보지" 못했으므로, "이해"할 수는 있어도 그가 "알"수는 없는 것입니다. 계시, 개인적 계시가 없으면 기독교는 아무런 가치가 없습니다. 하나님을 믿는 사람은 그의 계시를 그의 영 안에 갖지 않으면 안 됩니다. 그렇지 않으면 그가 믿는 것은 하나님이 아니라 다만 인간의 지혜나 이념이나 낱말뿐입니다. 그런 신앙은 시험을 감당할 수 없습니다.

하나님의 인도하시는 길

처음으로 신자가 그의 영에서 그의 첫 하나님 앎을 받았을 때처럼 그는 그의 영으로 계속 하나님을 알지 않으면 안 됩니다. 기독교인의 삶에서 그것이 직관의 계시로부터 흘러나오지 않으면, 아무런 영적 유익이 없습니다. 영에서 나오지 않은 것은 하나님의 뜻으로 말미암은 것이 아닙니다. 우리가 생각하거나 느끼거나 결정하는 것이 무엇이든 그것이 영에서 계시로 먼저 선행되지 않았다면, 하나님의 눈에는 죽은 것으로 간주됩니다. 신자가 그의 갑작스런 생각이나, 그의 마음에 "타오르는 불"이나, 그의 타고난 기질이나, 그의 완벽한 추리나, 그의 합리적 사고를 따른다면 그는 그의 옛 사람을 다시 활성화시키고 있는데 지나지 않습니다. 하나님의 뜻은 그렇게 알려지지 않습니다. 하나님은 자기를 오직 사람의 영에만 계시하십니다. 거기에 계시되지 않은 것은 순전히 인간의 활동입니다.

우리 영 안의 하나님의 계시는 두 종류로 되어 있습니다. 직접적인 것과, 구하여 얻게 된 계시입니다. 직접 계시란, 하나님이 신자가 행해야 할 어떤 특별히 바라는 바를 가지시고 그것을 그의 영에 가까이 다가가셔서 그것을 계시해 주신다는 뜻입니다. 그런 계시를 그의 영에 받으면 신자는 거기에 따라 행동합니다. 구하여 찾은 계시란 신자가 특별한 필요가 있어 그 필요를 가지고 하나님께 가까이 가서 그의 영에서 하나님의 움직임을 통해 응답을 구하고 기다리는 것입니다. 초 신자들이 받는 계시는 대개가 구하여 얻는 타입입니다. 더 성숙한 신자들의 것은 주로 직접적인 종류입니다. 그러나 우리가 즉시 추가해야 할 것은, 이것이 유독 그렇다는 것이 아니라, 다만 대체로만 그렇다는 것입니다. 초 신자들에게는 어려움이 있습니다. 그가 자기 생각과 느낌과 소원을 부인하고 주 앞에 기다려야 할 때, 그는 자주 하나님의 계시를 기다리는데 참을성 없게 될 때가 많습니다. 그래서 그 자신의 변장된 뜻을 하나님의 뜻으로 대신 해버립니다. 그 한 결과로 그는 그의 양심의 질책을 받게 됩니다. 그가 진정으로 하나님의 뜻을 따를 마음을 깊고 있음을 인정하나나도, 그는 부지중에 그의 마음의 생각을 따르게 되는 것입니다. 영적 지식이 부족하기 때문입니다. 계시 없이 행한다면 누가 잘못을 피할 수 있겠습니까?

　이제 우리는 참 영적 지식을 이것에서 발견합니다. 즉, 영에서 전용된 것만이 영적 지식입니다. 나머지는 전적으로 지적인 종류입니다. 잠깐 질문해 봅시다. 하나님은 사물을 어떻게 아시는가? 하나님은 판단을 어떻게 내리시는가? 무슨 지식으로 하나님은 우주를 장악하시는가? 그가 사람처럼 그의 마음으로 확인하시는가? 하나님은 이해하시기 전에 조심스레 생각하실 필요가 있는가? 하나님은 어떤 문제를 아시기 위해 철학과, 논리와 비교에 의존하시는가? 그가 해결책을 찾기 전에 조사하고, 연구 검토하셔야 하는가? 전능자가 그의 두뇌에 의존하셔야하는가? 결단코 아닙니다. 하나님은 그런 땀나는 활동에 빠질 필요가 없으십니다. 그의 지식과 판단은 직관적입니다. 사실상 직관은 모든 영적 존재들의 공통된 기능입니다. 천사들은 그들이 직관적으로 하나님의 뜻으로 아는 것을 순종합니다. 그들은 논증이나 이성이나 응시를 통해 결론에 도달하지 않습니다. 직관적으로 아는 것과 지적으로 아는 것과의 차이는 헤아릴 수 없이 많습니다. 영적 성공과 패배의 결과는 바로 이런 구별에 달려 있습니다. 신자의 행동이나 봉사가 이론적 설명이나 상식에 지배 받게 되어 있다면, 과거와 현재의 저 수많은 영광스런 영적 사역들을 아무도 시도하지 않았을 것입니다. 그것들은 모두 인간의 추리를 대신하기 때문입니다. 그가 하나님의 뜻을 먼저 직관적으로 알지 못했다면 누가 그런 일들을 감행했겠습니까?

제 20 과 영교

하나님은 영이시니 예배하는 자가 신령과 진정으로 예배할찌니라 (요 4:24).

우리는 몸을 통해 물질세계와 교통합니다. 우리는 영을 통해 영적 세계와 교통합니다. 이 영적 세계와의 교통은 지성이나 정서를 수단으로 수행되지 않고, 영이나 직관적 기능으로 됩니다. 우리가 우리 직관의 활동을 보면 하나님과 사람 사이의 영교의 성격을 이해하기가 쉽습니다. 하나님께 예배하고 친교하기 위해서는 사람은 그의 본성과 같은 본성을 가져야만 합니다. "하나님은 **영**이시니 예배하는 자가 **영**과 진리로 예배할지니라"(요 4: 24). 본성이 다른 것끼리의 교통은 있을 수 없습니다. 이런 까닭에 그의 영이 아직 되살아나지 않은 비중생인과, 그의 영을 사용하여 예배하지 않는 중생인은 똑같이 하나님과 진정한 친교를 하는데 부적당합니다. 고상한 감정과 고매한 느낌은 사람들을 영적 실상 속으로 이끌어 오지 못하며, 하나님과 개인적 영교를 이루어주지도 못합니다. 하나님과 우리의 친교는 우리의 생각과 느낌과 의지보다 더 깊은, 우리 존재의 가장 깊은 곳에서, 우리 영의 직관에서 체험되는 것입니다.

고린도전서 2:9-3:2을 세밀히 음미해 보면 사람이 어떻게 하나님과 영교 하는지, 사람이 어떻게 영의 직관을 통해 하나님의 실상을 알게 되는지 매우 명확히 알 수 있습니다.

"하나님이 자기를 사랑하는 자들을 위하여 예비하신 모든 것은 눈으로 보지 못하고 귀로 듣지도 못하고 사람의 마음으로 생각하지도 못하였다"(9절). 이 한 절의 더 큰 문맥은 하나님과 하나님의 것들에 대해 말씀하고 있습니다. 하나님이 준비하신 것을 겉 사람으로는 볼 수도, 들을 수도 없으며, 그의 마음으로도 생각할 수 없는 것입니다. "사람의 마음"은 다른 여러 가지 면들 중 이해와 생각과 지성을 포함합니다. 사람의 생각은 하나님의 일을 상상할 수 없습니다. 하나님의 일은 전자를 초월하기 때문입니다. 그러므로 하나님을 알고 영교하고 싶은 사람은 유독 그의 생각에만 의존할 수 없음이 분명합니다.

성 령

"하나님이 성령으로 이것을 우리에게 보이셨으니 성령은 모든 것 곧 하나님의 깊은 것까지도 통달하시느니라"(10절). 이 10절은 **성령이** 모든 것을 **탐색하신다**는 것과, 우리 마음은 모든 것을 생각하지 못한다는 사실을 나타냅니다. 오직 성령만이 하나님의 깊은 것을 아십니다. 성령은 사람이 알지 못하는 것을 아십니다. 성령은 직관으로 모든 것을 탐색하십니다. 하나님은 이렇게 성령을 통하여 우리 마음이 생각하지 못하는 것을 계시하실 수 있습니다. 이 "계시"는 많은 생각을 한 후에 오는 것이 아닙니다. 우리의 마음은 그것을 상상조차 할 수 없습니다. 그것은 계시입니다. 계시는 우리의 생각의 도움이 필요하지 않습니다.

다음 두 절은 하나님이 자기를 어떻게 계시하시는지를 말씀해 줍니다. "사람의 일을 사람의 속에 있는 영외에 누가 알리요 이와 같이 하나님의 일도 하나님의 영외에는 아무도 알지 못하느니라. 우리가 세상의 영을 받지 아니하고 오직 하나님으로부터 온 영을 받았으니 이는 우리로 하여금 하나님께서 우리에게 은혜로 주신 것들을 알게 하심이라"(11, 12절). 아무도 사람의 영외에는 사람의 생각을 모릅니다. 이와 같이 아무도 성령 외에는 하나님의 일들을 알지 못합니다. 사람의 영과 하나님의 영은 추론이나 조사를 해보지 않아도 사물을 직접 압니다. 그것은 직관의 기능을 통해 지각합니다. 성령만이 하나님의 일들을 아시므로 우리가 이런 일들을 알려면 성령을 받아야만 합니다. 세상의 영은 하나님과의 영교로부터 단절되었습니다. 그것은 죽은 영입니다. 그것은 하나님과의 영교를 가져올 수 없습니다. 한편, 성령은 하나님의 일들을 인식합니다. 그러므로 우리도 성령이 아시는 것을 우리 직관에 받음으로서 하나님의 실상을 이해할 수 있습니다. "우리가... 하나님으로부터 온 영을 받았으니 이는 우리로 하여금 하나님께서 우리에게 은혜로 주신 것들을 알게 하려 하심이라."

그러면 **우리는** 어떻게 **압니까?** 11절은 사람이 그의 영으로 안다고 말씀합니다. 성령이 직관적으로 아시는 것을 우리 영에게 펼쳐 보이시므로 우리 또한 직관적으로 알게 되는 것입니다. 성령이 하나님에 관한 일들을 드러내실 때, 성령은 우리 마음이나 어느 다른 기관이 아닌 우리 영에 그렇게 드러내십니다. 하나님은 영이 그의 일들뿐만 아니라 사람의 일들을 이해할 수 있는 사람 안의 유일한 곳임을 아십니다. 마음은 이것들을 알기 위한 곳이 아닙니다. 마음이 많은 일들을 생각하고 상상할 수 있는 것은 사실이지만, 그럼에도 그 일들을 알 수는 없습니다.

우리는 이것으로부터 하나님께서 사람의 중생한 영을 얼마나 높이 평가하시는지 알 수 있습니다. 사람의 영은 중생하기 전에는 죽었습니다. 하나님은 그런 사람에게 그의 생각을 펴 보이실 방법을 갖고 계시지 않았습니다. 가장 영리한 두뇌도 하나님의 생각을 모릅니다. 하나님이 사람과의 교제와 사람의 하나님에 대한 예배는 사람의 중생한 영에 달려 있습니다. 하나님과 사람은 이 소생함 받은 요소 없이 가망 없이 분리되어 있으므로 서로에게 올 수도, 갈 수도 없습니다. 하나님과 사람 사이의 영교를 향한 첫 걸음은 사람의 영을 이렇게 소생시키는데 있습니다.

지혜와 계시의 영

지혜와 계시의 영은 하나님과 영교하는 데에 필수적입니다. "우리 주 예수 그리스도의 하나님, 영광의 아버지께서 지혜와 계시의 영을 너희에게 주사 하나님을 알게 하시고"(엡 1:17). 중생하여 생명을 받을 때 그 기능들은 발달을 기다리고 있습니다. 그 기능들이 거기에 지금은 휴면 상태에 있는 것입니다. 사도 바울은 에베소서에서 중생한 신자들을 위해 기도하며, 그들이 지혜와 계시의 영을 받아 하나님을 직관적으로 알기를 바랐습니다. 이것이 기도를 통해 활성화 되는 신자의 영의 숨은 기능인지, 기도의 결과로 성령에 의해 신자의 영에 첨가된 그 무엇인지는 우리가 모릅니다. 하지만 한 가지는 확실합니다. 이 지혜와 계시의 영은 하나님과 영교 하는데 필수불가결하다는 것입니다. 우리는 이것을 기도를 통해 받을 수 있음도 알고 있습니다.

제21과 양심

하물며 영원하신 성령으로 말미암아 흠 없는 자기를 하나님께 드린 그리스도의 피가 어찌 너희 양심을 죽은 행실에서 깨끗하게 하고 살아계신 하나님을 섬기게 하지 못하겠느뇨(히 9:14).

우리의 영은 직관과 영교의 기능 외에도 또 다른 중요한 직무를 수행하곤 하는데, 곧 우리가 하나님의 영광에 미치지 못할 때 우리를 불안하게 할 만큼 우리의 잘못을 지적하고 꾸짖는 직무입니다. 이 기능을 우리는 양심이라고 부릅니다. 하나님의 성결이 악을 꾸짖고 선을 옳다고 하듯, 신자의 양심은 죄를 책망하고 의를 시인합니다. 양심은 하나님이 그의 거룩을 표시하시는 곳입니다. 우리가 영을 따르려고 하면(그리고 우리는 무오<無誤>의 단계에 결코 도달하지 못하므로) 우리는 우리의 내면의 모니터가 우리의 의향과 외적 행위에 관해 일러주는 것을 주목해야만 합니다. 양심의 작용은, 양심이 일어나 우리를 꾸짖게 될 잘못을 범한 **후에는** 확실히 불완전하게 될 것이기 때문입니다. 그러나 우리가 어떤 조치도 취하기 전에, 우리가 아직 우리의 진로를 생각하고 있는 동안에도 성령께 어떤 불쾌한 생각이나 의향에 대해서도 우리의 양심이 직관과 함께 즉각 항의하고 우리를 불안하게 할 것을 우리는 아는 것입니다. 우리가 오늘 양심의 소리에 더욱 유의할 생각이 있다면, 이전처럼 실패하지는 않게 될 것입니다.

양심과 구원

우리가 죄인이었을 때 우리의 영은 철저히 죽어 있었습니다. 그러므로 우리의 양심 역시 죽어 있었고, 정상적으로 기능할 수 없었습니다. 이것은 죄인의 양심이 전혀 작용을 중단한 것을 의미하는 것은 아닙니다. 그것은 혼수상태에 있었을지라도 계속 작용하는 것입니다. 양심이 혼수상태에서 나올 때마다 그것은 죄인을 정죄하는 일 외에는 아무것도 하지 않습니다. 양심은 사람들을 하나님께로 인도할 힘이 없습니다. 양심이 하나님께 죽어 있기는 하더라도 하나님은 양심이 사람 마음속에 어떤 미약한 일을 해주기를 바라십니다. 이런 까닭에 사람의 죽은 영에서 양심은 영의 다른 기능들보다 좀 더 작용을 하는 것 같긴 합니다. 직관과 영교의 죽음은 양심의 죽음보다 더 커 보입니다. 물론 이렇게 변형된 데에는 다른 이유가 있긴 합니다. 아담이 선악을 알게 하는 나무의 열매를 먹자마자 하나님을 향한 그의 직관과 영교는 완전히 죽었습니다. 그러나 선악을 구별하는 능력은(이것이 양심의 기능인 바) 증가했습니다. 오늘에도 죄인의 직관과 영교는 하나님께 전적으로 죽어 있지만 그의 양심은 그 활동의 일부를 유지하고 있는 것입니다. 그렇다고 사람의 양심이 살아있다는 뜻은 아닙니다. 성경의 살아있다는 의미에 의하면, 하나님의 생명을 갖고 있는 것만을 살아있는 것으로 간주하기 때문입니다. 하나님의 생명이 없는 것은 무엇이든 죽은 것으로 생각되기 때문인 것입니다. 죄인의 양심은 하나님의 생명을 품고 있지 못하므로 그것이 사람의 느낌에 따르면 활동적인 것같이 보여도 죽은 것으로 간주되는 것입니다. 한편, 양심의 이런 활동은 죄인의 고뇌를 증가시켜 줍니다.

구원 사역을 시작하심에서 성령의 제 1단계는 이 혼수상태의 양심을 깨우는 사역입니다. 성령은 시내 산의 뇌성과 번개를 사용하여 이 어두워진 양심을 흔들어 깨우고 빛을 비추어, 하나님의 법을 깨뜨리고 하나님의 의로운 요구에 응답하지 못하는 그의 무능을 깨우치시고, 정죄 받아 멸망 이외에는 아무것도 받을 자격이 없는 자로 가책 받게 하십니다. 그의 양심이 불신앙의 죄를 포함하여 그가 범한 모든 죄를 기꺼이 낱낱이 고백하면, 그 양심은 하나님의 자비를 열심히 간구하며 경건한 모습으로 슬퍼하게 될 것입니다. 우리 주님의 비유에서 기도하러 성전에 올라간 세리는 성령의 이 같은 사역을 예시해 줍니다. 주 예수께서 "그가(성령) 와서 죄에 대하여 의에 대하여 심판에 대하여 세상을 책망하시리라"(요 16:8)는 말씀의 뜻이 이와 같습니다. 그러나 사람의 양심이 이런 가책에 대하여 닫혀 있으면 그는 결코 구원 받을 수 없습니다.

성령은 하나님의 율법의 빛으로 죄인의 양심에 빛을 비추어 죄를 깨닫게 하십니다. 성령은 또한 그를 구원하시기 위해 사람의 양심에 복음의 빛을 비추어 주십니다. 죄인이 자기 죄를 깨달으며 은혜의 복음을 듣고 복음을 받아들이기를 기꺼이 하여 그것을 믿음으로 받아들이면, 그는 주 예수의 귀중한 피가 그의 모든 양심의 고발에 어떻게 대응하는가를 보게 될 것입니다. 죄가 있는 것은 의심할 여지가 없습니다. 그러나 주 예수의 피가 흘려졌습니다. 죄의 형벌이 충분히 치러졌으니 고발할 근거가 남아 있겠습니까? 주의 피가 한 신자의 모든 죄를 속죄했습니다. 이런 까닭에 양심의 정죄는 더 이상 없습니다. "섬기는 자들(예배하는 자들)이 단번에 정결하게 되어 다시 죄를 깨닫는 일이 없으리니 어찌 제사 드리는 일을 그치지 아니하였으리요"(히 10:2). 우리는 그리스도의 피가 우리 양심에 흘려졌기 때문에 두려움과 떨림이 없이 하나님 앞에 서 있을 수 있습니다(히 9:14). 우리의 구원은 귀중한 피가 이 정죄의 소리를 침묵시켰다는 사실로 확인되었습니다.

양심과 영교

"하물며 영원하신 성령으로 말미암아 흠 없는 자기를 하나님께 드린 그리스도의 피가 어찌 너희 양심을 죽은 행실에서 깨끗하게 하고 살아계신 하나님을 섬기게 하지 못하겠느뇨"(히 9:14). 하나님과 영교하고 하나님을 섬기기 위해서는 사람은 먼저 그의 양심이 고귀한 피로 정결하게 되지 않으면 안 됩니다. 신자의 양심이 깨끗해질 적에 그는 중생하게 됩니다. 성경에 의하면, 피에 의한 정결과 영의 중생은 동시에 발생합니다. 여기서 우리는 사람이 하나님을 섬길 수 있기 전에 그가 새 생명을 받아야만 하며, 그의 직관이 피에 의한 양심의 정결을 통해 소생해야 함을 알게 됩니다. 이렇게 깨끗해진 양심은 영의 직관이 하나님 섬김을 가능하게 하는 것입니다. 양심과 직관은 불가분리적인 것입니다.

"우리가 마음에 뿌림을 받아 악한 양심으로부터 벗어나고 몸은 맑은 물로 씻음을 받았으니 참 마음과 온전한 믿음으로 하나님께 **나아가자**"(히 10:22). 우리는 구약시대 사람들처럼 신체적으로 하나님께 가까이 나가지 않습니다. 우리의 생각과 느낌은 하나님과 영교할 수 없으므로 우리는 이 기관들을 가지고 혼적으로 가까이 나가지 않습니다. 중생한 영만이 그에게 접근할 수 있습니다. 신자들은 그들의 소생한 직관으로 하나님을 예배합니다. 위의 성구는 피 뿌림을 받은 양심이 하나님과 직관적으로 영교할 기초라고 확언합니다. 범죄로 인해 더러워진 양심은 항상 가책 아래에 있습니다. 이것은 당연히도 양심과 밀접히 맞물려 있는 직관에 영향을 줄 것이며, 그 정상적 기능을 마비시키며 하나님께 가까이 감을 방해할 것입니다. 하나님과 신자의 영교에서 "참 마음과 온전한 믿음"을 갖는 것이 얼마나 무한히 필요하겠습니까? 양심이 깨끗하지 않을 때 하나님께 가까이 감은 무리한 것이며 참되지 않습니다. 하나님이 그를 위하시며 그에게 반대할 아무 것도 갖고 있지 않음을 온전히 믿을 수가 없기 때문입니다. 그런 두려움과 의심은 직관의 정상 기능을 해쳐 하나님과 자유롭고 거침없이 교제할 자유를 직관으로부터 빼앗게 됩니다. 기독교인은 그의 양심에 세미한 가책조차 가져서는 안 됩니다. 그는 그의 모든 죄가 주의 피로 완전히 속죄되었으며 이제 그에게 아무런 혐의도 없음을 확신 받아야 합니다(롬 8:33-34). 양심의 단 하나의 범죄도 하나님과의 영교에서 직관의 정상 기능을 억압하고 중단시킵니다. 신자가 죄를 의식하는 즉시 그의 영은 그 특정한 죄를 제거하기 위해 그 모든 힘을 집결시켜 하늘로 올라갈 힘을 더 이상 남겨놓지 않기 때문입니다.

신자의 양심

신자의 양심은 그의 영이 중생할 때 소생합니다. 주 예수의 귀중한 피가 그의 양심을 정결케 하고 따라서 그것이 성령의 뜻에 순종해야 한다는 예리한 지각을 그것에 줍니다. 사람 속의 성령의 성화 사역과 양심의 사역은 친밀히 연결되어 있고 서로 결합되어 있습니다. 하나님의 자녀가 성령으로 충만해지고, 성화되고, 전적으로 하나님의 뜻을 따르는 삶을 소원하면, 그는 양심의 소리에 충실하지 않으면 안 됩니다. 그가 그것에 합당한 자리를 주지 않으면 그가 육신을 따라 걸어가는 데로 떨어질 것은 피할 수 없을 것입니다. 자기 양심에 충실하게 되는 것은 성화 사역을 위한 첫 단계입니다. 양심의 소리를 따르는 것은 참된 영성의 신호입니다. 기독교인이 양심으로 하여금 그 기능을 발휘하게 하는 데 실패하면, 그는 영적 영역에 들어가지 못하게 됩니다. 그가 자기를 영적이라 생각하고(남들이 그를 그렇게 간주하더라도) 그의 "영성"은 그 기초가 없어집니다. 죄와 하나님의 뜻 및 성도에게 어울리지 않는 기타 문제들도 양심의 소리가 명하는 대로 억제되지 않으면, 그 어떤 영적 이론으로 보충되더라도 그것은 궁극적으로 무너질 것입니다. 진정한 기초가 없기 때문입니다.

양심은 우리가 하나님과 사람들에 대하여 투명한지 그리고 우리의 생각과 말과 행실이 하나님의 뜻을 따르며, 그리스도에 대하여 어느 모로든 반역하는지 않는지 그 여부를 증거해 줍니다. 기독교인들이 영적으로 전진할 적에는 양심의 증거와 성령의 증거가 결속을 굳히고 일치단결합니다. 이것은 양심이 성령의 소리에 완벽하게 조율되기까지 전적으로 성령의 지배 아래에 있으므로, 날마다 더 민감하게 되기 때문입니다. 따라서 성령은 그들의 양심을 통해서 신자들에게 말씀하실 수 있게 되는 것입니다. "내 양심이 성령 안에서 나와 더불어 증언하노니"라고 한 사도의 말씀은(롬 9:1) 그 속에 이런 의미를 지니고 있는 것입니다.

선한 양심

"우리가 세상에서 특별히 너희에 대하여 하나님의 거룩함과 진실함으로 행하되 육체의 지혜로 행하지 아니하고 하나님의 은혜로 행함은 우리 양심이 증언하는 바니 이것이 우리의 자랑이라"(고후 1:12). 이 구절은 양심의 증언에 대해 말씀해 줍니다. 죄과 없는 양심만이 신자를 위해 증언할 수 있습니다. 남들의 증언을 갖는 것은 좋습니다. 그러나 우리 자신의 양심의 증언을 갖는 것은 훨씬 더 좋습니다. 사도는 주장하기를 자기가 여기서 자랑하고 있는 것이 이것이라고 합니다. 성령을 따라 행함에서 우리는 이 증언을 계속해서 지녀야 할 필요가 있습니다. 남들이 하는 말은 잘못된 것이기 쉽습니다. 그들은 하나님이 우리를 어떻게 인도하셨는지 충분히 알지 못하기 때문입니다. 사도들이 신자들에게 오해를 받고 잘못 판단 받은 것같이 그들은 우리를 오해하고 잘못 판단할 수 있습니다. 가끔 그들은 우리를 지나치게 칭찬하고 지나치게 감탄할지 모릅니다. 우리가 주를 실제로 따르고 있을 때 사람들이 우리를 비판할 때가 많습니다. 또 어떤 때는 그들이 우리 안에서 본 것 때문에 우리를 칭찬하는데 그럴 때는 대체로 우리 측의 일시적인 정서적 폭발이거나 솜씨 좋게 생각해낸 우리 나름의 생각인데도 그런 것입니다. 이런 까닭에 외부의 찬양이나 비판은 하찮은 것입니다. 그러나 되살아난 우리의 양심의 증언은 중요한 것입니다. 우리는 양심이 우리를 어떻게 증언하는지 극도의 주의를 기울여야 합니다. 그것이 우리에게 어떤 평가를 내립니까? 그것이 우리를 위선자로 정죄합니까? 아니면 우리가 사람 가운데 성결과 경건과 신실함으로 행했다고 증언합니까? 우리가 갖고 있는 빛에 따라 우리가 벌써 행했다고 양심이 긍정해 줍니까?

양심과 지식

영에 거하며 양심의 소리에 귀를 기울일 때, 우리는 한 가지를 기억해야 합니다. 그것은 양심이 지식에 제한을 받는다는 것입니다. 양심은 선악을 구별하는 기관이며 이것은, 양심이 우리에게 선악의 지식을 준다는 것입니다. 이 지식은 기독교인들에 따라 다양합니다. 지식을 더 갖고 있는 사람들과 덜 갖고 있는 사람들이 있습니다. 지식의 정도는 개인의 환경이나 각자가 받아온 교훈에 따라 결정되는 것 같습니다. 따라서 우리는 남들의 기준에 따라 살 수도 없고, 우리가 지니는 빛에 따라 살라고 남들에게 요구할 수도 없습니다. 한 기독교인이 하나님과의 친교에서 알지 못하는 죄가 있더라도 영교에 지장을 받지는 않습니다. 누구든 자기가 알고 있는 하나님의 뜻을 모두 지키고, 하나님께 죄가 된 것으로 알려져 있는 것을 모두 버리는 사람은 하나님과 완전한 교제를 즐길 자격이 있습니다. 어린 기독교인이 지식이 부족하기 때문에 자기가 하나님을 기쁘게 할 수가 없다고 결론지을 때가 많습니다. **영적** 지식은 참으로 매우 중요합니다. 그러나 그런 지식이 부족하다고 하나님과의 친교에 지장이 있는 것은 아님을 우리는 압니다. 친교 문제에 있어서 하나님은 우리가 그의 뜻을 얼마나 많이 알고 있는가를 보시지 않고, 그의 뜻에 대한 우리의 **태도**를 보십니다. 우리가 정직하게 구하고 그가 바라시는 것을 온 마음으로 순종하면, 우리 안에 알지 못하는 죄가 많이 있어도 우리의 교제는 중단되지 않습니다. 교제가 하나님의 성결에 따라 결정된다면 과거나 현재에서나 매우 거룩한 성도들이더라도 하나님과 한 순간의 완전한 영교를 가질 자격이 있는 사람이 누가 있겠습니까? 모두가 하나님의 면전에서, 그의 힘의 영광 앞에서 내쫓기게 될 것입니다. 알려져 있지 않은 죄는 그의 고귀한 피로 덮여 있는 것입니다.

한편, 우리 양심이 정죄한 가장 작은 죄조차도 남아 있게 내버려두면 우리는 하나님과의 완벽한 교제를 잃게 될 것입니다. 눈에 티가 끼면 볼 수 없는 것같이, 우리의 알려진 죄가 아무리 작은 것이더라도 하나님의 미소 짓는 얼굴을 가리게 될 것입니다. 양심이 해침을 받는 순간 교제는 즉시 영향을 받습니다. 성도가 모르는 죄가 하나님과의 교제에 영향을 주지 않고 그의 삶에 오래 계속될 수 있습니다. 그러나 빛(지식)이 들어오는 순간 그 죄를 남겨두면 그 동안의 하나님과의 하루의 교제는 박탈당합니다. 하나님과의 친교는 우리의 양심의 지식의 수준을 따르게 되는 것입니다. 어떤 문제가 여러 해 동안 하나님과의 교제에 지장이 되지 않았으므로 그것이 뒤에도 그렇게 중요할리 없다고 생각한다면 우리는 매우 어리석을 것입니다.

제6부

영을 따라 행함

제22과 영적인 생활의 위험

두렵고 떨림으로 너희 구원을 이루라(빌 2:12 하반).

그들의 영에 가끔 있는 성령의 역사를 삶의 체험 중 가장 고귀한 일로 생각하는 기독교인들이 수 없이 많습니다. 그들은 그런 체험을 매일 기대하지를 않습니다. 그런 특별한 사건은 평생에 몇 번만 생길 수 있다고 생각하기 때문입니다. 하지만 그들이 영적 법칙에 따라 영으로 살아가면, 이것이 매일 생기는 일임을 알게 될 것입니다. 그들이 비상한 일이라고 생각하는 것-영구히 유지할 수 없는 것-이 실제로는 신자들의 평소의 매일의 체험인 것입니다. 신자들이 이 **평상의** 매일의 삶의 체험을 저버리고 어둠 가운데 살고 있다면 그거야말로 "비상한" 일인 것입니다.

우리의 혼이 우리에게 자의식을 제공함을 우리는 압니다. 자의식의 한 국면 또는 양상은 자기 검토입니다. 이것은 가장 해롭습니다. 우리가 우리들 자신에 초점을 기울이게 되고, 따라서 자아 생활의 성장을 부추기기 때문입니다. 자아를 높이는 것과 교만이 이런 자기 검토의 결과일 때가 얼마나 많습니까? 그러나 영적 순례에서 한없이 도움이 되는 일종의 분석이 있습니다. 이 도움 없이 우리가 누구이며, 무엇을 따르고 있는가를 아는 것은 쓸데 없는 일입니다. 자기검토의 해로운 점은 자신의 성공이나 패배를 둘러싸고 일어나며, 자기 교만이나 자기 연민의 태도를 자극한다는데 있습니다. 분석의 유익한 점은 그의 생각이나 느낌이나 소원의 **원천**만을 모색한다는데 있습니다. 하나님은 우리가 자기의식에서 벗어나기를 바라십니다. 그러나 동시에 하나님은 우리가 지적인 자각이 없는 사람으로 땅 위에 살게 하려고 하시지 않습니다. 우리는 지나치게 사람들 앞을 꺼려서는 안 됩니다. 하지만 성령이 우리에게 허용하신 지식을 통해 우리의 모든 내적 부분들의 참 상태를 이해해야만 합니다. 우리가 마음으로 우리의 활동들을 유심히 살피는 것이 매우 필요합니다.

 실제적 문제로서 혼의 지각과 영의 직관은 뚜렷이 정반대입니다. 그렇지만 때로 이 둘은 아주 비슷해 보입니다. 그 비슷함은 기독교인들을 혼란시킬 만큼 가깝습니다. 기독교인들이 성급히 움직이면 이렇게 비슷할 때에 속임 당함을 쉽게 피할 수 없습니다. 그러나 인내 있게 기다리며 그 느낌들의 원천을 거듭거듭 시험해 보면, 적당한 때에 성령이 실제의 원천을 알려주실 것입니다. 영을 따라 행할 때에 우리는 모든 성급함을 피해야만 합니다.

사탄의 공격

 성령과 성도들 간의 영교의 자리인 우리의 영의 중요함을 감안해볼 때, 우리가 영을 따르게 될까 두려워서 우리가 영의 기능을 아는 것을 사탄이 가장 꺼린다면, 그것이 이상한 일이겠습니까? 적은 성도의 삶을 혼에 제한시키고, 그의 영을 침묵시키려 노립니다. 그는 많은 이상한 신체 감각들을 신자들에게 주어, 그들의 마음을 가지각색의 종잡을 수 없는 생각들로 가득 채워줄 것입니다. 사탄은 이런 감각과 생각들로 신자의 영적 자각을 혼란시킬 작정인 것입니다. 이것들로 혼란해지면 하나님의 자녀들은 영으로 인한 것과 혼에서 나오는 것을 구별할 능력이 없게 됩니다. 사탄은 신자들의 승리가 그들의 영적인 감을 "읽는 법"을 아는 데에 의존하고 있음을 잘 압니다(아, 이 원칙을 모르는 사람들이 얼마나 많습니까!). 사탄은 그의 온 힘을 신자의 영을 공격하는데 기울이고 있는 것입니다.

사탄은 신자들이 영을 따르는 대신 혼으로 살아가도록 그들을 꾀는 일보다 심지어 더 과감한 수단을 쓰기도 합니다. 그들의 생각이나 느낌으로 살아감을 통해 겉 사람으로 살아가도록 유혹하는데 성공하면, 사탄은 다음으로 자기가 그들 안의 한 영(a spirit),인 양 가장하는 단계를 취하는 것입니다. 사탄은 신자들의 영적 감각을 혼란케 하기 위해 신자들 속에 많은 기만적 느낌을 만들어낼 것입니다. 신자들이 적의 간계를 모르면 영이 기능을 중단할 때까지 그들이 영을 억압되게 할 수도 있습니다. 그러면 신자들은 자기네가 아직 영을 따르고 있는 듯이 이 가짜 느낌을 주목하게 되는 것입니다. 일단 그들의 영적 감각이 둔해지면 사탄은 기만책을 더욱 계속하게 됩니다. 그는 그들 마음속에 지금 하나님이 그들의 새로워진 마음으로 그들을 인도하시고 있다는 생각을 집어넣어 적의 사역을 은폐하는 것은 물론, 그들의 영을 사용하지 않는 사람들의 잘못을 교묘히 은폐해 버립니다. 사람의 영이 활동을 중단하는 즉시 성령은 그 안에서 어떤 협력적 요소를 더 이상 찾을 수 없게 됩니다. 그러면 당연히도 하나님으로부터 오는 모든 자원이 단절됩니다. 따라서 그런 사람들이 참된 영적 생활을 계속 체험하는 일은 불가능하게 되는 것입니다.

영적 신자들은 영적 지식을 소유해야 그들의 모든 운동이 영적 추리의 지배를 받을 수 있습니다. 그들은 덧없는 정서나 점멸하는 생각에 따라 충동적으로 행해서는 안 됩니다. 그들은 결코 서둘러서는 안 됩니다. 모든 행동은 영의 직관적 지식이 시인하는 것만을 허용되도록 하기 위해 영적 통찰로 세밀히 조사해 보아야만 합니다. 흥분된 느낌이나 돌연한 생각으로 추진되는 일을 해서는 안 됩니다. 무슨 일이든 수행하기 전에 주의 깊게 조용히 검토해야만 합니다.

사탄의 고발

사탄은 영의 직관의 인도를 따르기로 마음먹은 사람들을 공격하는 또 다른 방법을 갖고 있습니다. 이것은 그의 양심에 온갖 종류의 고발을 허위로 거짓되게 상상하게 하는 것입니다. 우리 양심을 순수하게 간직하기 위하여 우리는 그 질책을 기꺼이 받아들이고 그것이 정죄하는 것은 무엇이든 처리해야 합니다. 적은 여러 가지로 우리를 고발하여 양심을 허물없이 간직하려는 이런 요망을 이용하게 됩니다. 그런 고발을 우리들 자신의 양심으로부터 오는 것으로 오해하여 우리는 평안을 잃게 되고 거짓된 고발과 보조를 맞추는 일에 싫증나 자신 있게 영적으로 전진하기를 중단할 때가 많습니다.

영적인 사람들은 사탄이 하나님 앞에 우리를 고발할 뿐만 아니라 우리들 앞에서도 고발할 것을 알아야 합니다. 사탄은 우리가 잘못했으니까 처벌을 받아야 한다고 생각하도록 우리를 어지럽히기 위해 이렇게 하는 것입니다. 하나님의 자녀들이 확신하는 마음을 갖지 못하면 영적으로 전진할 수 없다는 사실을 사탄은 압니다. 그 결과 사탄은 그들이 죄를 지었다고 믿게 하기 위해 거짓된 양심의 고발을 만들어냅니다. 그러면 하나님과의 영교가 단절됩니다. 신자들의 문제는 그들이 악령의 고발과 양심의 질책을 구별하지 못한다는데 있습니다. 자주 하나님을 노하시게 한다는 두려움 때문에 그들은 악령의 고발을 양심의 고발로 잘못 받아들입니다. 이런 고발은 억제할 수 없을 때까지 점점 강해집니다. 따라서 영적 신자들은 양심의 비난에 기꺼이 굴복하려는 자세에 더하여 적의 고발을 분별하는 법을 배워야 합니다.

성도들에 대한 적의 고발은 실제로 죄에 대한 것일 때가 가끔 있어도 다만 상상적인 것일 때가 훨씬 많습니다. 즉 악령은 그들이 죄를 지었다고 **느끼게** 하는 것입니다. 그들이 실제로 죄를 **범하면** 즉시 하나님 앞에 자복하여 그 귀중한 피의 정결케 하심을 받아야 합니다(요일 1:9). 그러나 고발의 목소리가 계속되면 그것은 악령으로부터 오는 것이 틀림없습니다.

추가적 위험

영을 따르는 데는 사탄의 위장과 그의 공격 외에도 다른 위험들이 놓여 있습니다. 우리의 혼이 우리가 행동하도록 강요하는 그 무엇을 만들어 내거나 느끼게 할 때가 많을 것입니다. 기독교인들은 모든 감이 영으로부터 오는 것이 아님을 잊지 말아야 합니다. 몸과 혼과 영은 그 나름대로의 감을 갖고 있습니다. 혼적이거나 신체적인 것을 영의 직관으로 해석하지 말아야 할 것은 매우 중요합니다. 하나님의 자녀는 진정 직관적인 것과 아닌 것을 경험으로 매일 배워야 합니다. 직관을 따름의 중요함을 일단 인식하면 감이 영 이외의 다른 부분에도 존재한다는 사실을 간과하기가 얼마나 쉽습니까. 실제로 영적인 생활은 사람들이 흔히 상상하는 것처럼 그렇게 복잡하지도, 그렇게 쉽지도 않은 것입니다.

여기에 경각심을 위해 두 가지 원인을 말씀드립니다. 첫째는 다른 감을 영의 직관으로 오인하는 위험이며, 둘째로는 직관의 의미를 오해하는 위험입니다. 우리는 이 두 위험을 매일 겪습니다. 이런 까닭에 성경의 가르침이 절실히 필요합니다. 우리가 성령의 감동을 받아 행하는가 않는가를 확인하기 위해서는 어떤 주어진 것이 성경의 가르침과 조화되느냐 않느냐를 살펴야만 합니다. 성령은 옛 선지자들이 이렇게 기록하도록 감동시키시고, 오늘 우리들에게는 그와 다르게 감동시키시는 일이 결코 없습니다. 성령이 지난날의 백성들에게 하지 말라고 가르치셨던 바로 그것을 오늘의 우리에게 해야만 한다고 하시는 것은 절대 있을 수 없는 일입니다. 우리가 영의 직관에서 받는 것을 하나님의 말씀의 가르침으로 확인할 필요가 있습니다. 직관만을 따르고 성경과 관련시키지 않는 것은 우리를 **틀림없이** 잘못 인도하게 될 것입니다. 우리의 영으로 감지된 성령의 계시는 성경의 성령의 계시와 일치되지 않으면 안 되는 것입니다.

한 가지 더 주목해야 할 것이 있습니다. 우리가 너무 많이 영으로 살고 행한다면, 우리 앞에 큰 위험이 다가오게 됩니다. **말**

씀은 신자 개인의 영을 강조하지만, **말씀**은 또한 한 사람의 영의 중요함이 내주하시는 **성령** 때문이라고 우리에게 알려줍니다. 우리가 전적으로 영으로 행하고 살아야만 할 이유는, 우리의 영이 성령의 거처가 되므로 **그가** 그의 마음을 표시하는 곳이 되기 때문입니다. 우리가 거기서 받는 인도와 징계는 그의 인도하심과 징계입니다. 우리가 성령의 중요함을 강조하는 것은 동시에 우리 자신의 영을 강조하는 것이 됩니다. 후자는 그의 활동의 근거지가 되기 때문입니다. 사람의 영의 작용과 기능을 이해할 때 우리의 위험은 그것이 다만 성령의 종이라는 것을 잊고 그것에 전적으로 의존한다는데 있습니다. 우리가 모든 진리 가운데로 직접 인도해 주시도록 기다리는 것은 하나님의 영이시지 우리의 영이 아닙니다. 사람의 영이 성령으로부터 이탈되면 그것은 사람의 다른 부분들처럼 쓸데없게 되는 것입니다. 우리는 사람의 영과 성령의 순서를 결코 뒤바꾸어서는 안 됩니다. 우리가 몇 장에 걸쳐 이것을 자세히 진술한 것은 사람의 영과 그 활동에 대해 무지한 주의 백성들이 많기 때문입니다. 그러나 이것은 사람 안의 성령의 위치가 사람의 영의 위치보다 못하다는 의미가 아닙니다. 사람의 이런 기능을 이해하는 목적은, 우리가 그를 더욱 순종하고 그를 더욱 높이는데 도움을 주기 위해서입니다.

제23과 영의 법칙

이는 그리스도 예수 안에 있는 생명의 성령의 법이 죄와 사망의 법에서 너를 해방하였음이라(롬 8:2 NASV).

하나님의 자녀는 영을 따라 행하는 생활을 위한 첫째 조건으로서, 그의 내적 존재 의식 속의 감을 알아보는 법을 배워야만 합니다. 그가 영에 의한 것과 이어 혼에 의한 것을 분별하지 못하면, 영이 그에게 요구하는 것을 행할 수 없게 될 것입니다. 이를테면 우리가 배고픔을 느끼면 먹어야 할 것을 압니다. 추위를 느낄 때는 옷을 입어야할 것을 압니다. 우리의 감각이 필요한 것들과 요구들을 표시해주는 것입니다. 그러므로 우리가 신체에 필요한 물건을 공급하여 감각을 만족시켜주는 법을 알기 전에, 그것들이 무엇을 의미하는지 알아야만 합니다. 영적 영역에서도 그의 영의 다양한 감의 의미 뿐만 아니라, 각기 필요한 것들을 이해해야만 합니다. 그의 영으로 그 움직임들을 이해한 후에만 그가 영으로 행할 수 있는 것입니다.

기독교인이 알아야할 몇 가지 법칙이 있습니다. 이 법칙들을 이해하지 못하거나 영의 감각의 중요함을 알지 못하는 사람은 그 많은 움직임들을 놓치게 될 것입니다. 영의 감을 분별하지 못하면 매일의 행보에서 영의 제 위치를 해치게 될 것입니다. 이런 까닭에 직관과 영교와 양심 같은 속사람의 여러 기능을 일단 알게 되면 우리는 영을 따라 행할 수 있게 하는 그 여러 움직임들을 규명할 필요가 있습니다. 우리의 영이 성령으로 충만해지면 활발히 작용하게 될 것입니다. 그러나 이 작용들을 등한시 하면 손실을 받을 것입니다. 따라서 영이 습관적으로 움직이는 방식을 관찰하는 것은 필수적입니다. 기독교인은 마음의 활동에 대해서보다 그의 영의 작용을 더 알아야 하는 것입니다.

(1) 영의 짓누름(중압)

영은 완전히 자유로운 상태를 유지할 필요가 있습니다. 마치 공중에 떠있는 듯 항상 가벼워야 합니다. 오직 그럴 때에만 생명이 자라고 일을 할 수 있습니다. 기독교인은 그의 영을 짓누르는 것이 무엇인지 알아야 합니다. 마치 천 파운드나 되는 짐이 그의 마음을 짓누르듯, 그의 마음이 압박감을 느낄 때가 많습니다. 그는 그에게 갑자기, 대체로는 아주 살그머니 들어오는 이 중압의 이유를 알 수가 없습니다. 그것은 그로부터 기쁨과 가벼움을 빼앗아 갈 뿐만 아니라, 그의 영이 성령과 함께 사역할 수 없게 하려는, 영을 괴롭히려는 원수로부터 오는 것입니다. 그가 영의 이 무서움의 원천과 입박의 의미를 알지 못하면, 그는 그것에 즉시 대처함으로서 그의 영을 정상 상태로 즉각 회복시킬 수가 없습니다.

(2) 영의 봉쇄

영은 표현을 위한 기관으로서 혼과 몸이 필요합니다. 영은 여주인과 같아서 그녀가 원하는 것을 이루기 위하여 그녀를 위해 일하는 청지기와 종이 필요합니다. 영은 또한 빛을 보내기 위해 전선이 필요한 전류에 비유할 수 있습니다. 혼과 몸이 적의 공격을 받아 그 정상 상태를 잃으면, 영은 닫혀 지고 어떤 출구의 수단도 거부당하게 됩니다. 대적은 영의 요구 사항을 잘 알고 있으므로 신자의 혼과 몸에 대항할 때가 많습니다. 이 부분들이 제 기능을 중단할 때 영은 그 표현 수단을 빼앗기고 그 승리의 위치를 박탈당하게 되는 것입니다.

그 기간 동안은 그의 마음은 혼란스럽고, 정서는 어지럽혀지고, 그의 의지가 지쳐져서 전 존재를 능동적으로 지배할 수 없게 되거나, 그의 몸이 지나치게 피곤하고 잠시 나태하게 됩니다. 그는 이런 징조에 즉시 저항해야 합니다. 그렇지 않으면 그의 영이 봉쇄되고 그는 전투에서 적과 활기 있게 교전할 수 없거나, 그의 승리의 근거지를 계속 유지할 수 없게 될 것입니다.

(3) 영의 중독

우리의 영은 악령에 의해 중독 될 수 있습니다. 이 독은 직접 우리의 영에 겨냥된 적의 불 화살입니다. 그 속으로 그는 슬픔과 비통과 고뇌와 비애와 애끓는 마음을 쏟아 보내어 우리가 "슬픈 영"(삼상 1:15, NASV)을 갖게 합니다. 그래서 "상한 영을 누가 견딜 수 있겠느냐?"(잠 18:14)가 됩니다. 누구든 반대나 의

문을 품지 않고 그에게 오는 모든 슬픔을 받아들이고, 이것이 당연히 그 자신의 느낌임을 기정사실로 여기면 극히 위험한 것입니다. 그는 아직 그 원천을 검토해보지 않았고 어떤 저항도 나타내지 않았습니다. 우리가 어떤 생각이나 느낌이든 결코 경솔하게 받아들이지 말아야 할 것을 기억합시다. 우리가 영을 따라 행하기를 바란다면, 모든 점에서 경계하며 특히 모든 관념과 느낌의 원천을 살펴보아야만 합니다.

사탄은 가끔 우리의 화를 자극하여 우리 영을 강퍅하게 합니다. 그것은 뻣뻣하고, 양보가 없고, 편협하고, 이기적으로 될 수 있습니다. 그런 영은 하나님과 함께 일할 수도, 그의 뜻을 행할 수도 없습니다. 그래서 신자는 사람들을 향한 사랑을 포기하게 되고, 남들에 대한 모든 섬세하고 동정적이며 상냥하고 인정 어린 느낌을 저버리게 될 것입니다. 그가 주님의 관대함을 잃고 자기 주변에 원을 둘러쳤으니 성령께서 어떻게 그를 강력하게 사용하실 수 있겠습니까?

악령은 이런 저런 독극물로 신자의 영을 감염시킵니다. 이런 독극물을 즉각 물리치지 않으면 그것들이 곧 "육체의 일"(갈 5:19)이 되어버립니다. 처음에는 이것들이 사탄으로부터 온 독극물이지만 기독교인이 이것들에 저항하지 않고 심지어 무의식적으로 받아들인다면 육의 죄들로 변화될 수 있습니다.

평소에 주의 백성들은 악한 자의 모든 불화살을 꺼버리는 믿음의 방패를 일찌감치 붙잡아야 합니다. 이것은 우리가 신속히 산 믿음을 발휘하여 하나님의 보호하심을 찾고 적의 공격에 저항해야 할 것을 의미합니다. 믿음은 우리의 방패이지 착출기가 아닙니다. 즉 믿음은 불화살을 끄는 무기이지, 뒤에 그것들을 뽑

아내는 것이 아닙니다. 하지만 누구든 불화살에 맞으면 그는 즉시 화살의 원인을 제거해야만 합니다. 그는 계속 저항하며 사탄으로부터 오는 것은 무엇이든 즉각 거부하고 정결을 얻기 위해 기도해야 합니다.

(4) 영의 침몰

영이 침몰하거나 가라앉는 것은 크게는 자기 자신에게로 향하는 것 때문입니다. 즉 내향적으로 되는 것 때문입니다. 그것은 자기가 경험한 모든 체험을 독점하고 싶어 하거나, 어둠의 세력의 침입 때문이거나, 기도와 예배에서 자기중심적인 것 때문에 유발될 수 있습니다. 누군가의 영이 밖으로가 아니라, 내면으로 기울어질 때 하나님의 능력은 즉각 끊기고, 영은 곧 혼에 포위될 것입니다.

가끔 영이 혼 속에 잠기는 것은 그 사람에게 신체적 느낌과 여러 가지 놀랍고 즐거운 경험을 공급하는 악한 원수의 기만 때문에 촉진됩니다. 그는 이것들이 악령에 기인한다는 것을 알지 못합니다. 그는 그것이 하나님으로부터 오는 것으로 풀이하는 것입니다. 따라서 그는 부지중에 그의 영이 혼에 잠기는 감각적 세계에 살게 되는 것입니다.

(5) 영의 부담

영의 부담은 영의 짓누름과는 다릅니다. 후자는 신자를 눌러 부수어 그에게 고통을 주려는 의도에서 사탄으로부터 옵니다. 그러나 전자는 신자에게 그의 뜻을 나타내어 그가 하나님과 협력하게 하려는 바람에서 하나님으로부터 옵니다. 영의 짓누름은 압박하려는 것 외의 다른 목적이 없습니다. 그러므로 그것은 이것 말고는 대체로 목적이 없으며 결실을 가져오지 못합니다. 한편 영의 부담은 그가 일하고 기도하고 말씀을 전하도록 그를 부르시려는 목적에서 하나님으로부터 그의 자녀에게 오는 것입니다. 그것은 목적과 이유가 있는 영적 유익을 위한 부담입니다. 우리는 영의 부담과 영의 짓누름을 구별하는 법을 배우지 않으면 안 됩니다.

(6) 영의 쇠퇴

영 안의 하나님의 생명과 능력은 바닷물 같이 빠져나갈 수 있습니다. 혼적인 사람은 대체로 하나님의 임재를 **느낄** 때 그의 영적 생활이 밀물을 타고 있다고 생각합니다. 그러나 저조하거나 무미건조할 때는 썰물을 타고 있다고 느낍니다. 이것은 물론 느낌에 지나지 않습니다. 이런 것은 영적 생활의 실상을 말해주지 않습니다.

영적 생활의 쇠퇴를 느끼는 즉시 하나님의 자녀는 어딘가에 어떤 장애물이 있음에 틀림없음을 자동적으로 깨달아야 합니다. 사탄은 당신이 영적으로 후퇴했다고 고발할 것입니다. 남들은 당신이 능력을 잃었다고 판단할 것이고, 당신 자신은 당신이 어떤 중대한 죄를 범했음이 틀림없다고 생각할 것입니다. 이런 것들이 사실일 수 있습니다. 그러나 이것이 사실의 전부는 아닙니다. 실제로 그런 상황은 전적으로는 아니더라도 **대체로는** 중단 없는 흐름을 위한 하나님의 조건을 성취함에서 우리가 하나님과 협력하는 법을 알지 못하기 때문에 생긴 것입니다. 어리석음이 주된 요인입니다. 이런 까닭에 그런 사람은 즉각 기도하고 곰곰 묵상하고 그런 썰물의 원인을 시험하고 살펴보아야 합니다. 그는 하나님 앞에 기다리며 그의 영께서 그 이유를 계시해주실 때까지 구해야 합니다. 한편 그는 끊임없는 생명의 흐름을 위한 조건을 지키기 위하여 그가 실패한 곳이 어디인지 확인하려 힘써야 합니다.

(7) 영의 무책임

사람의 영은 전구에 비교할 수 있습니다. 성령과 접촉할 때는 그것이 빛이 납니다. 그러나 단절되면 어둠 속에 빠집니다. "사람의 영은 여호와의 등불이라"(잠 20:27). 사람의 영을 빛으로 가득 채우는 것이 하나님의 목적입니다. 그러나 신자의 영은 가끔 어둡습니다. 왜 그렇습니까? 성령과 접촉을 잃었기 때문입니다. 그의 영이 성령과 접속되었는지 알려면 그것이 빛이 나는가를 알아보기만 하면 되는 것입니다.

우리는 하나님의 영이 사람의 영안에 거하시며 사람이 자신의 영을 통하여 하나님과 협력하게 된다고 앞서 말씀드렸습니다. 사람의 영이 그 정상 상태를 빼앗기면 성령으로부터 단절되어 그 모든 빛을 상실하는 것 같을 것입니다. 따라서 우리는 우리의 영을 건강하고 고요한 상태로 유지하여 성령과의 협력을 확보할 수 있게 하는 것이 매우 필요합니다. 사람의 영이 외부의 세력 때문에 어지럽혀지면 그것은 자동적으로 성령과 협력하는 힘을 빼앗기고 어둠 속에 떨어지게 되는 것입니다.

일단 그의 영이 무책임하다는 것을 알게 되면, 신자는 원수의 모든 작용뿐만 아니라 원수의 작용의 원인들에 지체 없이 대항·대비해야 합니다. 그것이 순전히 적의 공격일 때는 영은 저항한 후에 그 자유를 되찾게 될 것입니다. 그러나 공격을 위한 사유가 있으면 즉 그 사람이 적에게 어떤 진지든 내어주게 되면, 그는 그 이유를 캐어내어 그것을 처리해야 합니다. 그 이유는 대체로는 그 개인의 과거 역사와 관계있는 것입니다. 그는 그의 환경과 가정과 친척들과 친구들과 일과 같은 여러 가지 문제를 놓고 기도할 필요가 있습니다. 어떤 문제를 놓고 기도한 후 그의 영이 해방감을 감지할 때는 그는 적의 공격에 대한 원인을 격리시키게 됩니다. 그가 이 문제를 처리하는 즉시 신자의 영은 자유로워지고 그 기능을 회복하게 될 것입니다.

(8) 영의 여러 가지 상태

간추려 보겠습니다. 신자가 영으로 살기를 소원하면 영의 모든 법칙을 알아야 합니다. 그가 경계하지 않고 하나님과의 그의 영의 협력을 잃으면 그는 넘어져 있음이 틀림없습니다. 그의 속사람의 특정 상태를 분별하는 것은 영과 관련하여 가장 중요한 법칙들의 하나가 됩니다. 우리가 이 장에서 논한 것이 모두 이 법칙에 들어있습니다.

하나님의 자녀는 그의 영의 정상 상태가 어떤 것이며 어떤 것이 아닌지 알아야 합니다. 영이 사람의 혼과 몸에 대한 권한을 가져 그 안의 가장 높은 위치를 점하고 가장 큰 힘을 가져야 하므로, 기독교인은 자기 안의 상황이 그런지 안 그런지 그 여부를 알 필요가 있습니다. 그는 또한 영이 그 정상 상태를 잃었다면 그것이 전쟁(영적)을 통해서인지 환경을 통해서 그런지 알아야만 합니다. 영의 상태를 대체로 네 가지 유형으로 분류할 수 있을 것입니다.

첫째로, 영이 압박을 받아 쇠약하여 기울어져 있다.

둘째로, 영이 강요당하고 있고, 과도한 활동을 강요받고 있다.

셋째로, 영이 죄에게 진지를 내주어 영이 더러워졌다(고후 7:1).

넷째로, 영이 제 자리를 잡고 있어 고요하고 단단하다.

제 24 과 영을 돕는 마음의 원칙

너희는 이 세대를 본받지 말고 오직 마음을 새롭게 함으로 변화를 받아 하나님의 선하시고 기뻐하시고 온전하신 뜻이 무엇인지 분별하도록 하라(롬 12:2 NASV).

성령을 따라 행하려고 하는 모든 사람에게 이보다 못지않게 중요한 것이 또 하나 있는데, 그것은 영을 돕거나 보조하는 마음의 원칙입니다. 이 원칙이 항상 적용되어야 합니다. 영적 생활의 수많은 좌절이나 패배가 영의 법칙들은 잘 알고 있더라도, 이것을 모르는데 그 원인이 있는 것입니다. 그렇다면 왜 그렇겠습니까? 이 법칙들은 다만 영의 움직임의 의미만을 설명해주는 동시에, 이 법칙들 나름의 특정의 요구를 만족시켜주는 방법만을 우리에게 주기 때문입니다. 언제든 영이 어떤 것을 감지할 때마다 우리는 큰 소리로 불러대는 이 요구 사항을 만족시켜줄 이 법칙들에 대한 지식을 공급 받는 것입니다. 영의 상태가 정상적이면 우리는 거기에 입각해 행합니다. 그것이 비정상이면 우리는 그것을 정정할 수 있습니다. 그러나 여기에 문제가 생깁니다. 즉, 우리가 그런 영적 움직임을 항상 즐길 수는 없다는 것입니다. 영이 전혀 말을 하지 않을 수도 있습니다. 며칠 동안 영의 철저한 침묵만을 경험한 사람들이 많습니다. 마치 영이 잠자고 있는 것 같아 보이는 것입니다. 이것은 우리 영이 활동하지 않는 그 며칠 동안은 우리가 아무것도 하지 말아야 한다는 뜻입니까? 우리가 그 수많은 날 동안 기도도 하지 않고, 성경도 읽지 않고, 어떤 일도 수행하지 않으면서 잠자코 앉아 있어야 합니까? 우리의 영적 상식은 힘차게 이렇게 대답해 줍니다. 아닙니다 라고 말입니다. 우리는 그 시간을 결단코 낭비해서는 안 됩니다. 그러나 그 기간 동안 우리가 어떤 일을 한다면, 우리가 육신의 힘으로 수고하며 영에 따라 행하지 않는다는 의미가 되지는 않을까요?

 이때는 우리가 영을 떠받쳐주는 마음의 원칙을 적용해야 할 순간입니다. 하지만 어떻게 합니까? 영이 잠들어 있을 때는 우리의 마음이 영의 일을 해야 할 때입니다. 그렇게 하면 얼마 안 되어 우리는 후자(영)가 일에 가세하는 것을 보게 될 것입니다. 마음과 영은 단단히 밀착되어 있습니다. 즉 이 둘은 서로 돕게 되어 있습니다. 영은 무언가를 감지하고, 마음은 그것을 이해하게 되는 때가 많습니다. 그런 다음 행동이 취해집니다. 한편 어떤 경우에는 영이 움직이지 않아 신자의 마음의 활동에 의해 깨어나야 할 때들도 있습니다. 영이 활동하지 않으면 마음이 그것을 움직이게 할 수 있는 것입니다. 일단 움직여지면 신자는 영을 따라야 합니다. 이렇게 마음에 의한 영의 자극 내지 유도를 우리는 여기서 영을 돕는 마음의 원칙 또는 법칙이라고 부릅니다. **처음**에는 하나님이 주신 지식을 알기 위해 우리의 영적 지각을 사용해야 하지만 뒤에 가서는 우리가 마음을 통해 이 지식을 유지하고 사용한다고 하는 영적 생활의 한 원칙이 있는 것입니다. 이를테면, 당신은 어딘가에서 큰 필요를 주목하게 됩니다. 당신이 하나님으로부터 받은 지식에 의하면, 당신은 기도하여 하나님께서 공급해 주시도록 간구해야 할 것을 압니다. 그러나 당신이 그 필요를 보는 시간에 당신의 영은 조금도 기도할 것 같지 않은 느낌입니다. 당신은 어떻게 해야 합니까? 당신은 영이 움직이기를 기다리지 말고 당신의 **마음**으로 기도해야 합니다. 모든 필요는 기도하라는 요청인 것입니다. 시작할 때는 당신의 영의 침묵에도 불구하고 당신이 기도하지만 당신은 기도를 계속함에 따라 당신 안에 무언가가 떠오름을 곧 의식하게 될 것입니다. 그것은 당신의 영이 이 기도 사역에 마침내 가세한 것을 의미하는 것입니다.

때로 우리의 속사람이 사탄에게 너무 억압되거나 타고난 생활로 너무 어지럽혀져서 우리가 이것을 거의 분별하지 못할 때가 있습니다. 영이 너무 침몰되어 의식을 잃어버린 것 같아 보이는 것입니다. 우리가 우리의 혼과 몸의 임재를 계속 느끼기는 하지만 영이 없는 것 같아 보이는 것입니다. 우리가 기도하기 전에 영이 움직이기를 기다린다면, 우리는 틀림없이 그렇게 할 수 없게 되거나, 그것이 그 자유를 되찾지 못하게 될 것입니다. 우리가 반드시 해야 할 것은 우리의 마음이 한때 받은바 기억되는 진리로 기도하고 그 기도에서 어둠의 세력을 격퇴해야 한다는 것입니다. 우리가 영을 감지하지 못하면 우리는 마음으로 기도해야 합니다. 그런 정신적 활동은 마침내 우리의 영이 움직이도록 자극하게 될 것입니다.

"마음으로 기도하며"(고전 14:15)는 영을 활성화할 수 있습니다. 처음에는 우리가 아무런 의미가 없는 알맹이 없는 말로 기도하는 것 같아 보이겠지만, 우리가 우리의 마음으로 기도하고 기도로 저항하면 우리의 영이 곧 떠오를 것입니다. 그래서 영과 혼은 함께 작용하게 될 것입니다. 영이 떠오르는 즉시 기도가 의미 있고 아주 자유로워질 것입니다. 이 두 요소의 협력은 영적 생활의 정상 상태를 묘사하게 됩니다.

중보기도

우리 모두 중보기도의 중요함을 알고 있습니다. 그러나 우리가 중보기도로 시간을 보낼 때 우리의 영은 움직이지 않고 중보기도를 위한 제목을 우리에게 주지 않을 때가 많습니다. 이것은 그럴 경우 우리가 기도할 필요가 없다는 것도, 우리가 다른 문제들을 위해 시간을 유익하게 사용할 수 있다는 뜻도 아닙니다. 그와 반대로 이때는 우리가 마음으로 중보기도하고 영이 이 일에 활성화되어 참여하도록 소망하고 기대해야 한다는 암시인 것입니다. 따라서 당신은 당신의 친구나 친척이나 동료 일꾼들에게 필요한 것이 있는지를 결정짓기 위하여 그들을 기억해내도록 당신의 마음(지정의)을 사용해야 하는 것입니다. 당신이 각 사람을 기억해냄에 따라 당신은 그들을 위해 차례로 중보기도하게 될 것입니다. 만약 그들을 위해 기도할 때 당신의 영이 차갑고 메마르면 당신이 그들을 위해 기도하지 않아도 됨을 알게 됩니다. 그러나 동시에 당신의 지 교회에 특별히 부족한 것이나 그 교회가 직면하고 있는 많은 시험이나 어떤 특정 지역에서 주의 사역의 어떤 장애물이나 혹은 하나님의 자녀들이 오늘 알아야 할 어떤 특별한 진리가 회상되면 그 대목에서 당신이 그 일을 주목하게 됨에 따라 그것들의 각각을 위해 중보기도 해야 합니다. 이 문제들을 놓고 잠시 기도한 후 당신이 아직 마음으로 기도하고 있을 적에, 당신의 영이 여전히 응하지 않으면, 이것들은 당신이 오늘 기도하기를 주님이 바라시는 것이 아님을 당신은 다시 한 번 알게 됩니다. 그러나 당신의 기도에서 당신이 어떤 문제들을 살짝 (간단히) 언급할 적에 마치 성령께서 당신에게 기름부음을 주시고 당신의 영이 반응하는 것이 느껴지면, 이 특정 순간에 당신은 마침내 주의 마음에 있는 것을 위해 중보기도하고 있음을 알게 되는 것입니다. 이런 까닭에 이 원칙은 영이 그 동향을 밝혀내는 일을 돕도록 마음의 활용을 요청하게 되는 것입니다.

하나님의 뜻을 알려면

하나님의 인도하심이 항상 우리에게 직접 오는 것은 아닙니다. 가끔은 간접적으로 옵니다. 직접 인도하심에서는 하나님의 영이 우리 영 안에 움직이시며, 우리로 하여금 그의 뜻을 알 수 있게 해주십니다. 우리의 마음이 영 안의 움직임에 주목하고 있으면 우리는 쉽게 하나님의 뜻을 알 수 있습니다. 그러나 삶의 다양한 사건들에서 하나님은 많은 일들을 우리에게 반드시 직접 일러주시지는 않습니다. 우리가 사람으로서 알 필요가 있는 것들이 많을 것입니다. 이 의식적 필요들에 대하여 우리는 어떤 조치를 취해야 합니까? 우리는 어떤 곳으로 일하러 가도록 초청을 받을 수도 있고, 어떤 일들이 갑자기 생길 수도 있습니다. 이런 일들은 분명히 우리 영에 의해 직접 후원 받는 것이 아닙니다. 다른 사람들로부터 오는 것들이기 때문입니다. 우리의 마음은 이 문제들을 해결해야 할 절박함을 봅니다. 하지만 우리의 영은 반응이 없습니다. 그런 상황에서 우리는 하나님의 인도하심을 어떻게 경험할 수 있겠습니까? 아마 우리가 이런 종류의 일에 마주칠 때, 우리는 하나님께서 우리를 영에서 인도해 주시도록 우리의 마음으로 구하지 않으면 안 됩니다. 그렇게 함으로서 우리는 하나님의 간접적 인도하심을 경험하게 됩니다. 이때는 마음이 영을 돕지 않으면 안 될 순간입니다. 그의 영이 움직이지 않음을 주목해 볼 때 그 사람은 그의 마음을 활용해야 하는 것입니다. 영이 생각을 끊임없이 발산하면 혼은 그것을 도울 필요가 없습니다. 영이 침묵하고 있을 때에만 마음이 그 틈을 채워야만 하는 것입니다.

그런 환경에서 신자는 그의 마음을 발휘하여 이 해결되지 않은 문제를 하나님 앞에서 깊이 생각해야만 합니다. 그런 기도와 생각해야할 문제가 그의 마음으로부터 떠오르더라도, 얼마 안 되어 그의 영이 기도와 생각해야 할 사항에서 협력하게 될 것입니다. 그가 막 감지하기 시작하기 전에 그가 감지하지 못했던 영과 곧 이어 성령이 그의 영에서 그를 인도하고 계심을 알게 될 것입니다. 우리는 그 때에 움직임이 없다고 팔짱 끼고 앉아 있어서는 안 됩니다. 오히려 마음을 사용하여 그것이 우리 영을 떠올려서(자극하여) 이 문제가 하나님으로 말미암는지 아닌지 알 수 있게 우리를 돕도록 그것을 활성화시켜야 합니다.

영을 떠받쳐주는 마음을 우물물 펌프기를 작동하는 것에 비유할 수 있습니다. 어떤 펌프기에는 펌프하는 동안 기계가 물을 빨아올리도록 물 한 컵을 그 속에 반드시 부어 넣어야 합니다. 영에 대한 마음의 관계는 물 한 컵과 물 펌프기의 관계와 비슷합니다. 당신이 펌프를 시작할 때 이 물 한 컵을 사용하지 않으면 당신은 우물에서 물을 끌어올릴 수 없습니다. 이처럼 우리가 마음을 먼저 활용하지 않으면 우리의 영은 일어나지 않을 것입니다. 영을 위해 마음으로 기도를 시작하지 않는 것은 먼저 물 한 컵을 따르어 붓지 않고 펌프질을 두 번 한 후 우물에 물이 없다고 결론짓는 사람처럼 되는 것입니다.

마음의 상태

마음이 영보다 열등하더라도 마음은 영을 보조할 수 있습니다. 약한 영을 떠받쳐주는 일 외에도, 마음은 또한 영의 생각을 읽고 탐색할 수 있습니다. 그러므로 마음을 정상 상태로 유지하는 일이 얼마나 필요하겠습니까. 영의 움직임의 법칙이 있듯이 마음의 활동도 나름의 특정 법칙들에 지배를 받습니다. 자유롭게 일할 수 있는 마음은 가볍고 활기찬 마음입니다. 마음이 활처럼 지나치게 휘어서 너무 확장되면 그 일하는 효율성을 희생시키게 될 것입니다. 적은, 우리가 영과 동행할 수 있기 위해 우리의 마음이 영을 시중들게 할 필요가 우리에게 얼마나 큰지를 잘 압니다. 그래서 그는 우리가 그것을 과도하게 사용하도록 자극하여 우리가 정상적으로 기능하지 못하게 하고, 따라서 연약한 때에 영을 강화시킬 수 없게 만들 수도 있습니다.

우리의 마음은 영에 도움을 주는 한낱 기관이 아니라, 훨씬 그 이상입니다. 그것은 또한 우리가 빛을 얻을 곳이기도 합니다. 성령은 영을 통해 마음에 빛을 나누어 주십니다. 마음이 지나치게 혹사당하면 그것은 그의 빛을 받는 힘을 포기하게 됩니다. 적은 우리의 마음이 어두워지면 우리의 전 존재가 어둠에 들어가게 됨을 압니다. 그는 그 결과 우리가 너무 많이 생각하도록 자극하는 데에 온갖 노력을 기울여 우리가 조용히 일할 수 없게 할 수 있습니다. 신자가 영을 따라 행할 수 있기 위해서는 그의 머리가 생각에 끝없이 몰두하지 않게 해야만 합니다. 머리가 한 가지 주제에 너무 오래 회전하고 여러 가지 문제 때문에 너무 많이 염려하고 고뇌하고 하나님의 뜻을 알기 위해 너무 지나치게 골똘하면, 견딜 수 없게 되어 그 정상 기능을 제한하게 될 것입니다. 마음(지정의)은 한결같고 안정되게 유지할 필요가 있습니다.

제25과 영의 정상 상태

심령이 가난한 자는 복이 있나니(마 3:3 전반).

성경은 신자의 영의 정상 상태에 관하여 침묵하고 있지 않습니다. 성숙한 많은 신자들이 성경에서 권면하는 것을 경험했습니다. 그들은 그들의 승리적 위치를 유지하고 하나님과 협력하기 위해서 그들의 영을 **말씀**에 규정된 적절한 상태로 간직해야만 할 것을 압니다. 신자의 영이 신자의 새로워진 의지에 의해 어떻게 관리되어야 할 것인지 곧이어 살펴보게 될 것입니다. 이것은 대단히 중요한 원칙입니다. 신자는 의지로 그의 영을 적절한 자리에 둘 수 있기 때문입니다.

뉘우치는 영

여호와는 마음이 상한 자를 가까이 하시고 충심으로 통회하는 자를 구원하시는도다(시 34:18 ASV).

지존무상하며 영원히 거하며 거룩하다 이름하는 자가 이같이 말씀하시되 내가 높고 거룩한 곳에 거하며 또한 통회하고 마음이 겸손한 자와 함께 거하나니 이는 겸손한 자의 영을 소성케 하며 통회하는 자의 마음을 소성케 하려함이라(사 57:15).

하나님의 백성이 회개하고 주를 믿을 때에만, 또는 그들이 그 후 죄에 빠졌을 때에만 참회의 영이 필요하다고 잘못 생각할 때가 많습니다. 그러나 하나님은 우리의 영을 항상 뉘우치는 상태로 유지하기를 바라심을 우리는 알아야 합니다. 우리가 매일 죄를 짓지는 않더라도 항상 겸손한 영이 되어야 한다고 하나님께 요청받고 있습니다. 우리의 육신이 아직 존재하고 어느 순간에든 자극받을 수 있기 때문입니다. 그런 뉘우침은 우리의 방심 상태를 잃지 않게 방지해 줍니다. 우리는 죄를 지어서는 안 됩니다. 항상 죄에 대한 슬픔을 느껴야 합니다. 하나님의 임재는 그런 영에서 느껴지게 됩니다.

상한 영

하나님께서 구하시는 제사는 상한 (심)영이라(시 51: 17).

상한 (심)영은 하나님 앞에 떠는 영입니다. 죄를 지은 다음에도 그들의 속사람 안에 어떤 불안감도 느끼지 못하는 기독교인들이 있습니다. 건강한 영은 다윗이 그랬던 대로 죄를 지은 후 하나님 앞에 상한 영이 될 것입니다. 상한 영을 갖고 있는 사람들은 하나님께로 회복하는 것이 어렵지 않습니다.

겸손한 영

겸손한 자와 함께 하여 마음을 낮추는 것이 교만한 자와 함께 하여 탈취물을 나누는 것보다 나으니라(잠 16:19).

사람이 교만하면 낮아지게 되겠고 마음이 겸손하면 영예를 얻으리라(잠 29:23).

또한 통회하고 마음이 겸손한 자와 함께 거하나니 이는 겸손한 자의 영을 소성케 하며 통회하는 자의 마음을 소성케 하려 함이라(사 57:15).

겸손은 자기의 자아를 경멸하지 않습니다. 정확히 말하면 그것은 자기의 자아를 조금도 바라보지 않습니다. 신자의 영이 오만해지는 즉시 그는 넘어지기 쉽습니다. 겸손은 하나님을 향할 뿐만 아니라 또한 사람을 향합니다. 겸손한 영은 가난한 사람들과 어울릴 때에 나타납니다. 이런 영만이 하나님께 창조된 사람을 멸시하지 않습니다. 하나님의 임재와 영광은 영적으로 겸손한 삶에서 나타납니다.

열심 있는 영

부지런하여 게으르지 말고 열심을 품고 주를 섬기라(롬 12:11 ASV).

감정적 자극을 받을 때는 육신이 열정적일 수 있으나 이런 열심은 오래가지 않습니다. 육신이 아주 부지런해 보일 때에도 실제로는 아주 게으를 수 있습니다. 육신은 그것이 동의하는 것들에서만 부지런할 수 있기 때문입니다. 이런 까닭에 육신은 감정에 내몰리는 것입니다. 육신은 그것에 호소하지 않는 문제에서나 또는 감정이 차갑고 가라앉아 있을 때에는 하나님을 섬기지 않습니다. 육신이 구름이 끼었든 햇빛에서든 단계적으로, 천천히, 그러나 끈기 있게 주와 함께 수고한다는 것은 불가능합니다. "영의 열심"은 영구적 특징입니다. 그러므로 이 영을 수유하는 사람은 주님을 끝없이 섬길 자격이 있습니다. 우리는 육신의 모든 열심을 피해야 합니다. 그러나 성령께서 우리의 속사람을 가득히 채우시어 그가 우리의 속사람을 영구히 열심 내게 하셔야 합니다. 그러면 우리의 감정이 차가울 때도 차갑지 않게 될 것이며, 주의 사역이 일견 움직이지 않는 상태로 떨어지지도 않을 것입니다.

기쁜 영

(마음)영이 하나님 내 구주를 기뻐하였음은(눅 1:47).

기독교인은 자기를 향해서는 상한 영을 가져야 합니다(시 51:17). 그러나 하나님을 향해서는 그 안에서 항상 기뻐하는 영이어야 합니다. 그는 그 자체로서나 어떤 기쁜 경험이나 일, 축복, 환경 때문에 기뻐하지 않고, 오직 하나님이 그의 중심이시기 때문에 기뻐합니다. 과연 성도들은 하나님 자신 이 외의 다른 어떤 원인으로는 진정으로 기뻐할 수 없습니다.

우리의 영이 근심과 중압과 슬픔으로 짓눌리면 그것은 무책임해지고, 다음으로는 가라앉고 그러면 제 자리를 잃게 되고 끝내는 성령의 인도하심을 따를 수 없게 됩니다. 무거운 짐으로 눌렸을 때 영은 그 민첩함과 자유와 밝음을 잃습니다. 그것은 즉시 그 우월한 위치로부터 떨어집니다. 슬픔의 때가 길어지면 영적 삶에 대한 손해는 헤아릴 수 없게 됩니다. 주 안에서 기뻐하는 것, 하나님과 그가 우리의 주가 되심을 기뻐하는 것 외에 아무것도 이런 상황을 면하게 할 수 없습니다. 할렐루야의 선율이 신자의 영에 공급 부족이 되어서는 결단코 안 됩니다.

거룩한 영

몸과 영을 다 거룩하게 하려 하되(고전 7:34).

육과 영의 온갖 더러운 것에서 자신을 깨끗하게 하자(고후 7:1).

누구든 영적으로 행하기 위해서는 항상 그의 영을 거룩하게 유지할 필요가 있을 것입니다. 거룩하지 않은 영은 사람들을 잘못으로 인도합니다. 사람들이나 사물에 대해 무절제한 생각, 남들의 악을 평가하고, 사랑이 없고, 수다스럽고 날카로운 비평, 자기 의, 간청 거절(사정 외면), 시기, 자만 등 이 모든 것들이 영을 더럽힐 수 있습니다. 거룩하지 않은 영은 신선하고 새로울 수가 없습니다.

강한 영

(심)령이 강하여지며(눅 1:80).

우리의 영은 성장할 수 있으며, 점점 힘이 강해져야 합니다. 이것은 영적 생활에 반드시 필요합니다. 우리의 영이 혼과 몸을 지배할 만큼 충분히 강하지 못할 때가 얼마나 많습니까. 특히 혼이 자극을 받거나 몸이 약할 때 말입니다. 가끔 남들을 도울 때 우리는 그들의 영이 얼마나 무겁게 짓눌러 있는가를 보지만, 우리의 영은 그들을 풀어놓아줄 힘이 부족합니다. 또는 적과 싸울 적에 우리의 영적 힘이 우리가 이길 때까지 적과 충분히 오래 싸우기를 감당하지 못할 때가 있습니다. 우리는 영이 그 지배력을 잃는 것을 느낄 때가 수없이 많습니다. 우리는 생활과 일을 계속하도록 우리 자신을 강요해야 하는 것입니다. 더 튼튼한 속사람을 우리는 얼마나 갈망하게 됩니까!

영이 강해질 때 직관과 분별력은 증가합니다. 우리는 영에 의하지 않고는 모든 것을 저항하기에 부적당합니다. 영을 따라 행하고 싶은 사람들의 일부는 그들의 속사람이 혼과 몸을 지배할 힘이 부족하기 때문에 그렇게 할 수가 없습니다. 우리는 성령께서 우리를 대신해서 무슨 일이든 해주시도록 기대할 수 없습니다. 그 대신 우리의 중생한 영이 성령과 협력해야만 합니다. 우리는 우리의 영을 발휘하는 법을 배워 우리의 이해력이 미치는 한 그것을 사용해야 합니다. 발휘를 통해서 영은 점점 더 강해질 것이며 마침내는 성령께 장애물이 되는 것을 모두 제거할 힘을 갖게 될 것입니다. 완고한 의지, 혼란스런 생각, 훈련받지 않은 감정(정서) 같은 장애물들을 제거할 힘인 것입니다.

제7부
혼의 분석 – 정서

제26과 신자와 정서(감정)

네 마음을 다하고 목숨을 다하고 뜻을 다하여 주 너의 하나님을 사랑하라(마 22:37).

혼적인 사람들을 세밀히 살펴보면, 그런 사람들의 품행과 행동이 주로 그들의 정서에서 유래하는 것을 보여줍니다. 혼은 세 가지 주된 기능을 갖고 있지만, 가장 혼적인 또는 육적인 기독교인들은 정서적 범주에 속합니다. 그들의 전체적 삶은 거의가 정서적 충동 주변에서 맴도는 것 같습니다. 인간의 제반사에 있어서 정서는 지성과 의지보다 더 큰 영역을 점유하는 것 같습니다. 즉 정서는 혼의 다른 부분들보다 일상생활에서 분명히 더 큰 역할을 하는 것 같습니다. 이런 까닭에 혼적인 사람들의 거의 모든 관습은 정서에 기인하는 것입니다.

우리의 정서는 기쁨과 행복과 즐거움, 흥분, 의기양양함, 고무, 낙심, 슬픔, 고뇌, 우울감, 비참, 신음, 낙남, 혼란, 불안, 열심, 차가움, 애정, 갈망, 탐심, 연민, 친절, 선호, 관심, 기대, 자만, 두려움, 후회, 미움 등을 내뿜습니다. 마음은 우리의 사고와 추리와 의지와 우리의 선택과 결정의 기관입니다. 우리의 생각과 의도와 그와 관련된 일들을 제외하면 기타 모든 작용은 정서에서 나옵니다. 천 한 개의 다양한 느낌들이 정서의 기능을 나타냅니다. 느낌은 이 같은 우리 존재의 거대한 영역을 포함하고 있는데, 대다수 육적 기독교인들은 정서적 유형에 속해 있습니다.

사람의 감각적 생활은 매우 포괄적이며, 이런 까닭에 극히 복잡합니다. 신자들이 이것을 이해할 수 있도록 돕기 위해서는 이상의 모든 다양한 표현들을 (1)애정, (2)욕구, (3)느낌(기분)의 세 집단으로 분류할 수 있습니다. 이 집단들은 정서적 기능의 세 국면을 포함합니다. 성도가 이 셋을 모두 극복하면, 그는 순수한 영적 길에 잘 들어가는 도중에 있다고 하겠습니다.

확실히 사람의 정서는 그가 날 때부터 갖고 있는 가지각색의 느낌들 이외에 다른 것이 아닙니다. 그가 정답다거나, 밉상스럽거나, 즐겁거나, 슬프거나, 흥분했거나, 낙심했거나, 관심이 있거나, 무관심할지는 모르나 이 모든 것은 그가 느끼는 방식에 지나지 않습니다. 우리가 자신들을 살피는 수고를 한다면 우리의 느낌들이 얼마나 잘 변하는지 쉽게 알 수 있습니다. 도대체 정서처럼 잘 변하는 것들은 없습니다. 우리가 한 순간에는 이러하고 다음 순간에는 아주 반대로 느낄 수가 있습니다. 정서는 느낌이 변함에 따라 변합니다. 그리고 느낌이 얼마나 속히 변할 수 있습니까. 그러므로 정서로 살아가는 사람은 원칙 없이 살아갑니다.

정서는 영적 기독교인의 생활에 가장 무서운 적이라 할 수(생각될 수) 있습니다. 우리는 하나님의 자녀가 영으로 행해야 할 것을 압니다. 그가 이렇게 행할 수 있기 위해서는 그는 속사람이 주는 모든 지시에 따를 필요가 있습니다. 그러나 우리는 이 영의 감각들이 섬세한 동시에 예민함을 압니다. 하나님의 자녀가 그의 직관 속의 계시를 받아 분별하려면 조용히 주목하고 기다리지 않으면, 그는 결코 그의 영의 인도를 확보할 수 없습니다. 따라서 정서의 **전적 침묵**만이 영으로 행하는데 필수불가결한 조건입니다. 영의 작고 섬세한 움직임이 정서의 떠들썩한 소리로 어지럽혀지고 눌려버릴 때가 얼마나 많습니까. 우리가 결코 어떤 허물도 영의 소리의 작음에 돌릴 수는 없습니다. 우리는 그 소리를 들을 수 있는 영적 역량을 부여받았기 때문입니다. 그렇습니다. 기독교인이 영의 소리를 놓치게 하는 것은 전적으로 다른 소리들의 뒤섞임 때문인 것입니다. 그러나 그의 정서를 침묵 속에 유지하려는 사람은 직관의 소리를 쉽게 간파할 수 있습니다.

느낌이 쇄도하고 쇠퇴하면 신자가 영을 따라 행할 수 없게 할 뿐만 아니라, 직접 그가 육신을 따라 행하게 할 수 있습니다. 그가 영을 따를 수 없으면 그는 당연히 육신을 따르게 될 것입니다. 그는 그의 영의 인도를 받을 자격이 없으므로 그는 변함없이 그의 정서적 충동으로 향하게 됩니다. 그러므로 영이 인도를 중단할 때 정서가 대신 떠맡을 것을 알아야 합니다. 그 기간 동안 신자는 정서적 충동들을 영의 동작으로 풀이하게 될 것입니다. 정서적 기독교인은 모래와 진흙 웅덩이에 비교할 수 있습니다. 아무도 물을 휘젓지 않으면 웅덩이는 맑고 깨끗하게 보입니다. 그러나 한 순간 휘저어 보십시오. 그러면 진짜 진흙탕 성질이 나타나는 것입니다.

영감과 정서(감정)

영감과 정서를 구별할 수 없는 신자들이 많습니다. 실제로는 이 둘의 성질을 쉽게 정의할 수 있습니다. 정서는 항상 사람의 **바깥**에서 들어오는 반면 영감은 사람의 영에서 성령으로부터 기인합니다. 신자가 자연의 아름다움을 내다볼 때 그는 당연히 일종의 느낌이 그 안에 솟아오름을 느낍니다. 그가 매혹적인 경치를 바라볼 때 그는 기쁨의 감동을 받습니다. 이것이 정서입니다. 혹은 그가 사랑하는 사람을 만날 때 마치 모종의 힘이 그를 끌어당기듯 그를 통해 말로 할 수 없는 느낌이 파도처럼 밀려옵니다. 이것 또한 정서입니다. 아름다운 경치와 애인은 둘 다 그 사람 밖에 있습니다. 이런 까닭에 이 외적 요소들이 일으킨 자극들은 정서에 속하는 것입니다. 한편 영감은 아주 그 반대입니다. 그것은 유독 사람 **안의** 성령에 의해 영향 받습니다. 하나님의 영만이 영감을 주십니다. 그가 인간의 영 안에 거하시므로 영감은 속으로부터 와야만 하는 것입니다. 영감은 매우 춥고 가장 고요한 환경에서도 올 수 있습니다. 그것은 아름다운 경치나 소중한 사람의 자극이 필요하지 않습니다. 정서는 그 정반대입니다. 그것은 외부의 도움이 시드는 순간 사라집니다. 그러므로 정서적인 사람은 주어진 순간의 특정 환경에 전적으로 일치할 때만 보람을 느낍니다. 자극을 받으면 밀고 나가고, 그것이 없으면 반듯이 드러눕습니다. 그러나 영감은 그런 외부적 도움이 필요가 없습니다. 그와는 반대로 정서가 외적 환경에 심하게 영향을 받으면 영감은 헷갈리게 되는 것입니다.

그러나 주의 백성은 차가움이나 또는 감정 따위의 억제가 없다고 해서 이것을 영성의 기준으로 보지 않도록 조심해야 합니다. 그런 가정은 사실과는 거리가 멉니다. 정서의 표가 낙심일 뿐만 아니라 자극임을 우리가 모르고 있습니까? 정서가 사그라질 뿐만 아니라 발동하는 것을 우리가 모르고 있습니까? 정서가 사람을 자극할 때 그는 우쭐해집니다. 그러나 그것이 누그러질 때(정서가 가라앉을 때) 그는 기가 꺾입니다. 강렬한 정서에 몰리면 기독교인은 많은 과오를 범합니다. 그러나 이런 사실에 눈을 뜨면 그는 그의 느낌을 전혀 억압하는 경향이 있습니다. 그래서 이제는 자기를 영적이라 생각합니다. 그러나 그가 깨닫지 못한 것은 이것이 단지 그를 가라앉힌 그의 자아의 동일한 **정서**의 반대 충동이라는 것입니다. 자극의 한 때가 지나가면 이어 정서적 **반**작용이 나타나게 되어있는 것입니다. 그런 차가움과 둔감은 신자로 하여금 하나님의 일에 대한 관심을 잃게 만듭니다. 그것은 또한 그로부터 하나님의 자녀들에 대한 그의 형제애를 빼앗아 갑니다. 신자의 속사람은 겉 사람이 일하고 싶지 않음 때문에 갇혀있게 되고 영의 생명은 흘러나올 힘이 없게 되는 것입니다. 그런데 이런 상황에서 성도는 자기가 영을 따라 행하고 있다고 생각할지 모릅니다. 그가 속으로 이렇게 추리하기 때문입니다. "나는 오늘 전과 같이 매우 냉정한 사람도 아니고 더 이상 활활 타오르고 있지도 않지?"라고 말입니다. 이 기독교인은 이번에는 정서의 다른 극단적인 표출이 있은 뒤일 따름인데도, 어쨌든 그가 계속 정서를 따라 행하고 있음을 깨닫지 못하고 있는 것입니다.

오늘 사람들은 많은 주의를 심리학에 기울입니다. 주를 섬기는 사람들조차 그들이 부지런히 심리학을 연구**해야 한다**고 생각합니다. 이 신자들은 다만 그들의 말과 가르침과 제시와 태도와 해설이 사람들에게 심리적으로 호소력이 있으면 많은 사람들이 그리스도에게로 사로잡혀올 것이라고 믿고 있습니다. 심리학은 당연히 사람의 정서의 작용에 대부분 언급합니다. 때로 그것이 도움이 되는 것같이 보이기도 합니다. 그러나 정서에 의지하는 하나님의 자녀는 주를 위한 생산적 목적에 기여하지 못합니다.

정서의 적절한 사용

십자가가 하나님의 자녀들의 정서에 깊이 작용하게 하면 그들은 후에 정서가 더 이상 장애가 되지 않고 오히려 그들의 영과 협력함을 알게 될 것입니다. 십자가는 타고난 정서적 생활을 처리했고, 그것을 새롭게 했고, 그것이 영을 위한 통로가 되게 했습니다. 앞에서 말한 영에 속한 사람은 영도 아니고 그렇다고 정서가 없는 사람도 아닙니다. 반대로 영에 속한 사람은 그 안의 신성한 생명을 표현하기 위해 그의 느낌을 사용할 것입니다. 정서가 하나님께 접촉되기 전에는 그것은 그 나름의 변덕을 따릅니다. 이런 까닭에 그것은 영의 도구가 되는데 있어 습관적으로 실패하는 것입니다. 그러나 일단 그것이 정결하게 되면 영의 표현 수단으로 쓰일 수 있습니다. 속사람은 정서가 그 생명을 표현하게 할 필요가 있습니다. 속사람은 정서로 하여금 사람의 고통을 향하여 속사람의 사랑과 속사람의 측은함을 선언하게 할 필요가 있습니다. 그리고 속사람은 정서가 사람으로 하여금 직관의 움직임을 감지하게 할 필요가 있습니다. 영적 감지는 대체로는 고요하고 고분고분한 정서의 느낌을 통해 알려집니다. 정서가 영에 유순하게 복종하면 영은 정서를 통하여 하나님이 원하시는 대로 정확히 사랑하거나 혐오하게 될 것입니다.

  어떤 기독교인들은 진리를 느낌으로 살지 않는다는 것을 알고 나서 영적 생활을 느낌이 없는 생활로 오해합니다. 따라서 그들은 느낌을 파괴하려고 하며 자기들 자신을 나무나 돌처럼 무감각하게 만들려고 애씁니다. 십자가의 죽음의 의미에 대한 무지 때문에 그들은 사람의 정서를 죽음에 내어주고 영으로 산다는 의미가 무엇인지를 이해하지 못하는 것입니다. 내가 영적으로 되기 위해서는 마치 영에 속한 사람이란 용어가 그에게는 느낌을 비워야 한다는 뜻이기라도 하다는 듯 기독교인이 생명이 없는 물건처럼 매우 딱딱하고 애정이 없어야 한다고 말하고 있지 않습니다. 그와는 아주 반대입니다. 사람들 중 가장 부드럽고, 자비롭고, 정답고, 동정적인 사람은 영에 속한 사람입니다. 그의 정서를 십자가에 넘겨줌으로서 전적으로 영적으로 된다는 것은 이후부터 그가 그의 느낌을 빼앗긴다는 의미가 아닙니다. 우리는 영적 성도들을 수많이 관찰하고 그들의 사랑이 남들의 그것보다 더 큰 것을 알게 됐습니다. 이것은 영적인 사람은 정서가 없지 않으며 이어 정서가 보통 사람의 그것과 다름을 보여주는 것입니다.

제 27 과 애정

하나님이여 사슴이 시냇물을 찾기에 갈급함 같이 내 영혼이 주를 찾기에 갈급하나이다(시 42:1, NASV).

사람의 애정을 주께 양도하는 것은 기독교인에게 가장 어려운 일로 보일지 모릅니다. 그러나 주는 다른 어떤 것보다 그 사람의 애정(감정과 의지-역주)에 더 관심을 가지십니다. 주는 그가 그의 애정을 그에게 온전히 내놓고 그가 그것을 주관하시게 할 것을 요구하십니다. 주는 우선 우리의 애정을 요구하십니다. 사람들이 헌신에 대해 이야기하는 것을 우리는 자주 듣게 됩니다. 그러나 헌신의 행위는 한 사람의 영적 행보의 첫 걸음에 지나지 않습니다. 헌신은 영성의 목적지가 아니라 다만 그 시작에 지나지 않습니다. 헌신은 기독교인을 한 성화된 위치로 이끌어 갑니다. 요컨대 헌신이 없이는 영적 생활이 있을 수 없습니다. 그렇더라도 한 사람의 헌신에 있어서 그의 애정보다 더 중요한 것은 없습니다. 이것을 양도 했는가의 그 여부가 헌신의 진실성 여부를 결정짓게 되는 것입니다. 헌신의 까다로운 시금석은 애정인 것입니다. 우리의 시간과 돈과 권력과 기타 수많은 항목들을 넘겨드리는 것은 비교적 쉽습니다. 그러나 우리의 애정을 내주기는 매우 어렵습니다. 이것은 우리가 그리스도를 사랑하지 않는다는 뜻이 아닙니다. 아마 우리는 우리의 주님을 매우 사랑할 것입니다. 그렇지만 우리가 우리의 애정의 첫 자리를 다른 것에 주고 그리스도에게 둘째 자리를 드리거나, 혹은 주를 사랑하는 한편 다른 사람을 사랑한다면, 혹은 우리 자신이 애정을 좌지우지 한다면 우리가 드린 것은 헌신으로 생각될 수 없는 것입니다. 우리가 애정을 양도하지 않았기 때문입니다. 영적 신자라면 애정을 먼저 드려야 할 필요를 압니다. 이것이 없이는 실제로는 아무것도 드리지 않은 것입니다.

하나님 아버지는 그의 자녀들로부터 절대적 사랑을 요구하십니다. 하나님은 우리의 마음을 다른 누구나 다른 아무것과도 나누려고 하시지 않습니다. 비록 그가 더 큰 몫을 받으시더라도 하나님은 아직 기뻐하시지 않습니다. 하나님은 우리의 사랑을 모두 요구하십니다. 이것은 당연히 사람의 혼 생활에 치명타를 가하게 됩니다. 주는 우리가 집착하는 것에서 관계를 끊으라고 명하십니다. 그것이 우리의 마음을 갈라놓기 때문입니다. 그는 우리가 전적으로 그만을 사랑하고 사랑 안에서 그를 철저히 따르라고 요구하십니다. "네 마음을 다하고 목숨을 다하고 뜻을 다하여 주 너희 하나님을 사랑하라"(마 22:37). "다하고"는 주를 위해 마지막 부분까지 모두 라는 뜻입니다. 그는 우리 자신이 기울일 수 있는 애정의 마지막 작은 한 부분도 남겨놓지 말라고 명하십니다. 하나님은 모든 것을 요구하십니다. 그는 질투하시는 하나님이십니다(출 20:5). 그러므로 하나님은 어느 누구도 그의 자녀의 사랑을 도둑질하게 내버려두시지 않습니다.

 우리는 온 마음으로 주를 사랑함이 중요함을 강조하지 않을 수 없습니다. 우리의 사랑 이외에는 아무것도 그의 마음을 만족시켜드릴 수 없습니다. 주는 주를 위한 우리의 수고를 찾지 않으시고 우리가 주를 사랑할 것을 찾고 계십니다. 요한계시록 2장에 의하면 에베소 교회는 주를 위하여 일하고 수고합니다. 그러나 주는 그들에게 불쾌하게 여기셨습니다. 그들이 첫사랑을 버렸기 때문입니다. 우리의 봉사가 사랑을 위한 것이라면 주께서 기뻐하실 것은 확실합니다. 그러나 그를 위한 마음을 참으로 갖지 않고 우리가 그를 위한 노력에 착수한다면 그것이 그에게 무슨 가치가 있겠습니까? 주를 위해 수고하면서도 주를 사랑하지 않는 것이 어떻게 가능할 것인지를 우리는 알아야 합니다. 하나님께서 우리가 활동하는 이유에 빛을 비추어주시도록 간구합시다. 주를 위한 사랑이 우리 속에 강하지가 않습니까? "주여, 주여"라고 부르며 그를 위해 부지런히 일하면서도 주를 위한 사랑이 없다면 그게 무슨 소용이 있습니까? 소중한 우리 주님을 향하여 우리가 온전한 마음을 가질 수 있도록 기도합시다!

 실로, 하나님만이 기독교인의 마음을 만족시킬 수 있습니다. 사람은 그럴 수 없습니다. 실패하는 사람이 많은 것은 하나님 안에서만 찾을 수 있는 것을 사람으로부터 찾으려하기 때문입니다. 인간의 모든 애정은 헛된 것입니다. 하나님의 사랑만이 사람의 소원을 충분히 만족시킬 수 있습니다. 기독교인이 하나님 밖에서 사랑을 구한다면 그의 영적 생활은 즉시 무너집니다. 우리는 하나님의 사랑으로만 살아갈 수 있습니다.

 그렇다면 어떻게 해야 합니까? 이것은 우리가 사람을 사랑할 필요가 없음을 가리킵니까? 성경은 우리가 형제와 원수들까지 사랑하라고 거듭 요구합니다. 따라서 우리가 사람을 사랑하지 않는 것은 하나님의 뜻이 아님을 우리는 압니다. 그러나 하나님은 우리의 애정이 모든 사람을 향하게 **하시려고** 합니다. 하나님은 우리가 우리 자신을 위해서 남들을 사랑하지 말고 그를 위해 그 안에서 사랑하기를 바라십니다. 우리의 타고난 좋아함과 혐오는 여기에 아무런 관계가 없습니다. 타고난 애정은 그 힘을 잃어야만 합니다. 하나님은 우리가 사랑을 위해서 그의 지배를 받아들이기를 바라십니다. 우리가 누군가를 사랑하도록 그가 원하실 때 우리는 즉시 그렇게 할 수 있습니다. 우리가 누군가와의 관계를 끊기를 그가 원하시면 우리가 이것도 할 수 있습니다.

 이것이 십자가의 길입니다. 십자가가 깊이 상처를 내도록 우리가 허락하여 우리의 혼 생명을 죽음에 내어줄 때에만 우리의 애정에서 자아를 제거할 수 있습니다. 우리가 진정으로 죽음을 당하면 우리는 아무에게도 **애착을 두지** 않고 오직 하나님의 명령만을 따르게 될 것입니다. 우리의 혼 생명이 죽음을 경험하면 혼 생명은 그 힘을 잃고 애착 문제에서는 죽은 자처럼 될 것입니다. 그럴 때 하나님은 우리가 사람들을 위해 우리의 사랑을 그 안에서 어떻게 부활시킬 것인가를 지시하실 것입니다. 하나님은 그 안에서 우리가 전에 사랑했던 사람들과 새로운 관계를 창조하기를 바라십니다. 모든 생득적 관계는 끝장납니다. 죽음과 부활을 통해 새로운 관계가 수립되는 것입니다.

주를 혼적으로 사랑하는 것

바로 여기에서 우리는 경종을 울려야 합니다. 우리들 자신이 주를 사랑할 수 있다고 결단코 생각하지 마십시오. 우리로부터 오는 것은 하나님께서 물리치십시오. 그를 사랑하는 것조차 받아들여지지 않습니다. 한편 주를 향한 신자의 깊은 애모가 부족하면 그를 크게 아프게 합니다. 또 한편으로 그를 **혼의 힘**으로 사랑하는 것 역시 하나님께서 맞아들이시지 않습니다. 주를 사랑할 때조차 우리의 애모는 전적으로 영의 관리를 받아야만 합니다. 주를 세속적 사랑으로 사랑하는 사람이 너무 많으며, 하나님의 순수한 사랑으로 사랑하는 사람이 너무 적습니다.

그렇다면 하나님에 대한 영적인 사랑과 혼적인 사랑의 차이는 무엇입니까? 이 둘은 외적으론 쉽게 구별되지 않습니다. 혼은 바로 우리의 자아이므로 그것에 관한 것은 모두 자아에서 떼어놓을 수 없습니다. 혼적 애정은 자아가 작용하는 곳입니다. 개인적 기쁨을 위해 하나님을 사랑하는 것은 육적 사랑입니다. 사랑이 영적이면 그것은 하나님 사랑과 뒤섞인 자아를 속에 갖고 있지 않습니다. 그것은 하나님을 위해서 하나님을 사랑함을 의미합니다. 전적으로든 부분적으로든 자기의 기쁨을 위해서나 하나님 자신을 위한 것이 아닌 다른 이유를 위한 애모는 혼에서 나오는 것입니다.

어쨌든 우리는 그 결과를 통해서 사랑의 원천을 구별할 수 있습니다. 그의 사랑이 혼적이면 그것은 그가 세상에서 영구히 구출 받을 수 있게 해주지 않습니다. 신자는 세상의 매력에서 벗어나기 위해 계속 애쓰며 싸워야만 합니다. 하지만 영적 사랑은 그렇지가 않습니다. 여기서는 세상의 일들이 당연히 그 앞에서 사라지게 됩니다. 이런 유의 사랑에 참여하는 사람은 세상을 멸시하며, 그 모든 것들이 질색이고, 지긋지긋 합니다. 이후부터 그는 세상을 볼 수 없는 것 같아 보입니다. 하나님의 영광이 그의 육신의 눈을 멀게 했기 때문입니다. 더우기 이런 사랑을 경험하는 사람은 마치 그가 사람들 앞에 할 말을 잊은 듯 겸손해 집니다.

하나님의 사랑의 성격은 불변입니다. 우리의 사랑은 너무 쉽게 변합니다. 우리 자신의 애모로 하나님을 사랑하는 습관이 있으면 우리가 불행해질 때마다 하나님을 향해 차가워질 것입니다. 우리가 장기간 시련을 겪게 되면 우리 자신의 사랑을 잃게 됩니다. 하나님에 대한 우리의 애모는 우리가 기대한 만족을 얻지 못하면 감퇴됩니다. 우리 자신의 사랑과 우리 자신을 위하여 그를 사랑하기 때문입니다. 그것이 하나님의 사랑이면 어떤 환경에서든 그를 사랑하는 상태에 머물게 될 것입니다. "사랑은 죽음 같이 강하고 질투는 스올 같이 잔인하며… 많은 물도 그 사랑을 끄지 못하겠고 홍수라도 삼키지 못하나니"(아 8:6-7). 하나님을 진정으로 사랑하는 신자는 그가 무엇을 만나든 어떻게 느끼든 관계없이 그를 끝까지 사랑할 것입니다. 혼적 애정은 정서의 움직임이 그칠 때 그칩니다. 그러나 영적 애모는 강하며 항상 꾸준합니다. 결코 포기하지 않기 때문입니다.

제28과 욕망

하늘에서는 주 외에 누가 내게 있으리요 땅에서는 주 밖에 나의 사모할 자 없나이다(시 73:25).

    욕망은 우리의 정서 생활에 가장 큰 부분을 차지합니다. 욕망은 하나님의 뜻에 거슬러 반역하는 우리의 의지에 힘을 가세해 줍니다. 우리의 수많은 욕망은 우리 속에 큰 혼란한 느낌을 만들어내어 우리가 영을 조용히 따를 수 없게 합니다. 욕망은 느낌을 일으키고 많은 소란한 경험을 부추깁니다. 사람이 죄의 세력에서 해방되기도 전에 그의 욕망은 죄와 가세하여 그로 하여금 죄를 사랑하게 만듭니다. 죄의 외적 나타남에서 그가 자유하게 된 뒤에도 욕망은 그로 하여금 **자기**를 위해 하나님 외에 많은 것들을 구하도록 내몹니다. 그리고 그가 아직 정서적 상태에 있을 때에는 그는 주로 그의 욕망의 지배를 받습니다. 십자가가 그 깊은 작용을 수행하고 그의 욕망이 십자가에 비추어 심판받기까지 그는 전적으로 영으로 하나님을 위해서 살 수 없게 됩니다.
    기독교인이 육적인 상태에 머물 때, 그는 그의 욕망의 강력한 지배를 받습니다. 모든 생득적 또는 혼적 욕망과 야망이 **자아** 생활과 연결되어 있는 것입니다. 이것들은 자아를 위해서, 자아에 의해서 자아를 추구합니다. 육적일 동안에 사람의 의지는 주님께 온전히 양도 되지 않으며, 따라서 그는 그 자신의 많은 생각을 갖고 있습니다. 그의 욕망은 그의 생각과 작용하여 그가 소유함에서 기뻐하게 하고, 그 자신의 생각들이 실현되도록 기대하게 합니다. 자아의 모든 기쁨, 자기 영광, 자기 높이기, 자기 사랑, 자기 연민, 자기 중요함이 사람의 욕망에서 나와 자기를 모든 것의 중심으로 만듭니다. 사람 자신이 욕구하는 것 중 자기의 어떤 것과 연관되지 않은 것을 생각해낼 수 있겠습니까? 우리가 주님께 비추어 자신들을 검토한다면 우리의 모든 갈망들이 아무리 고상하더라도 자아의 한계를 피할 수 없음을 보게 될 것입니다. 모든 것이 자아를 위한 것입니다! 그들이 자아를 기쁘게 하지 않을 때는 그들은 자아를 영화롭게 합니다. 기독교인이 그런 상태에 던져져 있다면 어떻게 그가 영으로 살아갈 수 있겠습니까?

교만은 욕망에서 나옵니다. 사람은 자기가 사람들 앞에 존경받는다는 느낌을 받기 위해 자기를 위해 한 자리를 얻으려 열망합니다. 자기의 위치, 가문, 건강, 기질, 능력, 미모와 권력에 대한 모든 은밀한 자부심은 사람의 타고난 욕망으로부터 흘러나옵니다. 자기가 (남과) 어떻게 다르게 살며, 옷 입고, 먹는가에 유념하고, 이런 차이들에서 자기만족을 느끼는 것 역시 정서의 작용입니다. 자기가 하나님으로부터 받는 은사를 남들의 것보다 더 뛰어난 것으로 여기는 것조차 타고난 욕망의 부추김을 받는 것입니다.

정서적 신자가 자기를 얼마나 광범위하게 과시해보입니까! 그

제 28 과 욕망 229

는 보고, 보이고 싶어 합니다. 그는 하나님의 억제를 참지 못합니다. 그는 앞자리로 밀고나가기 위해 온갖 수단을 시도할 것입니다. 그는 하나님의 뜻에 따라 숨겨질 수가 없으며, 그가 숨겨 있을 때는 자기를 부인할 수가 없습니다. 그는 남들이 그를 주목해주기를 바랍니다. 그가 적당히 존경 받지 못할 때는 자아 사랑의 욕망이 큰 상처를 받습니다. 그러나 그가 사람들에게 찬양을 받으면 매우 기뻐합니다. 그는 칭찬의 소리를 듣고 싶어 하고 그것을 당연하고 참되다고 생각합니다. 그는 또 설교에서나 글에서나 그의 일에서 자기를 높이려고 합니다. 그의 은밀한 자아적 동기가 그를 내몰기 때문입니다. 한마디로 이 사람은 허영의 욕망에 대해 아직 죽지 않았습니다. 그는 여전히 그가 욕구하는 것과 그를 우쭐거리게 할 것을 찾고 있는 것입니다.

사람이 신령하면 할수록 그는 더욱 실질적으로 됩니다. 하나님과 연합되어 안식하기 때문입니다. 그러나 타고난 생명에 내몰리면 그는 매우 우쭐하게 됩니다. 그는 무모한 영이 되어 자기를 만족시키고 남들에게 감명을 주고 싶어 무모한 일들을 감행하고 싶어 못 견딥니다. 그가 하는 많은 일들에서 실제로는 그는 미성숙한데도 그가 얼마나 성숙하고 지혜로운 척 합니까. 그가 뒤에 가서는 그의 허세를 뉘우칠지 몰라도 그 순간에는 자기가 훌륭하다고 느끼는 것입니다. 이런 욕망을 추구하는 사람들은 옆길로 빠지는 것을 피할 수 없습니다.

조급한 욕망은 정서적 기독교인의 또 다른 징조가 됩니다. 타고난 느낌에 따라 움직이는 사람은 하나님을 기다리는 법도 모르고 성령의 인도하심도 모릅니다. 정서는 대체로 성급합니다. 정서로 자극받는 기독교인은 성급하게 행동합니다. 그가 주를 기다리고, 하나님의 뜻을 알고, 그 뜻에 따라 한걸음씩 걷기는 극히 어렵습니다. 과연 주의 백성들은 그들의 정서가 십자가로 넘겨지지 않으면 그들의 영을 따를 수 없습니다. 백 가지 충동적 행동 중 단 하나도 하나님의 뜻 안에 있지 않음을 기억합시다.

자기변호는 정서적 기독교인들 가운데 공통된 증상입니다. 주의 백성들이 오해를 받을 때가 많습니다. 가끔 주는 그들이 그들의 상황을 설명하도록 명하실 때가 있습니다. 그러나 그렇게 그의 지시를 받지 않으면 그의 설명은 그의 혼 생명의 흥분에 자나지 않습니다. 종종 주님은 그의 백성이 모든 문제를 그의 손에 맡기고 자신들을 변호하지 않기를 바라십니다. 얼마나 우리는 자신들을 위해 말하기를 좋아합니까. 우리가 오해를 받는 것을 얼마나 무서워합니까! 그것은 그의 영광을 감손시키고 그의 자존심을 오그라들게 합니다. 사람 속의 자아는 부당한 과오가 퍼부어질 때 가만히 있을 수 없습니다. 그는 하나님이 주신 것을 받아들일 수가 없으며, 하나님이 그를 변호해 주실 것을 기다릴 수가 없습니다. 하나님의 변호는 너무 늦게 올 것입니다. 그는 주께서 그를 즉시 변호해주시어 모두가 그의 옳음을 확실히 볼 수 있도록 요구합니다. 오해받는 순간에 신자가 자신을 하나님의 능하신 손아래 기꺼이 자기를 낮추면 그는 하나님께서 이런 계기를 사용하시어 그의 자아를 더 깊이 부인하게, 즉 다시 한 번 그의 혼적 욕망을 부인하게 채비를 갖추어 주시는 것을 알게 될 것입니다. 이것은 기독교인의 실제의 십자가가 됩니다. 그가 십자가를 받아들일 때마다 그는 한 번 더 십자기에 못 박힘을 경험합니다. 그가 타고난 자기를 변호하기 위해 염려하며 밀고나감을 따른다면 다음번에는 자아의 힘을 억누르기가 더욱 만만찮음을 알게 될 것입니다.

누구든 참된 영적 진로를 유지하고 싶으면 그 자신의 욕망을 죽음에 내어놓을 적에 하나님과 협력하지 않으면 안 됩니다. 모든 관심, 성벽, 좋아하는 것들을 부인해야만 합니다. 우리는 사람의 반박, 멸시, 무시, 오해, 거친 비판을 기쁘게 받아들여야 하며, 우리의 혼 생명을 처리하기 위해서는 타고난 욕망에 이런 적대적인 것들을 허용해야 합니다. 우리는 하나님께서 나누어주시는 고난과 고통과 낮은 자리를 받아들이는 법을 배워야 합니다. 우리의 자아 생활이 아무리 고통스럽게 느껴지고 우리의 타고난 느낌이 해침을 받더라도, 우리는 인내 있게 참고 견뎌야 합니다. 우리가 실제적 문제들에서 십자가를 지면 우리는 곧이어 우리의 자아 생명이 우리가 지고 있는 십자가 위에 못 박혀 있음을 보게 될 것입니다. 십자가를 진다는 것은 그 위에 못 박혀야 한다는 뜻입니다. 우리의 타고난 성벽에 거슬리는 것을 조용히 받아들일 때마다 우리는 우리의 혼 생명을 십자가에 단단히 못 박는 또 하나 다른 못을 받아들이게 됩니다. 모든 허영심은 죽어야 합니다. 보이고, 존경받고, 숭배 받고, 기고만장하고, 널리 공포되려는 갈망은 십자가에 못 박힐 필요가 있습니다. 자기를 선전하려는 마음도 똑같이 십자가에 못 박혀야만 합니다. 영성을 찬양받기 위한 모든 허세와 위장도 베어 넘어뜨려야 합니다. 자만과 의기양양함도 그렇게 해야 합니다. 우리의 욕망은 그 표현이야 어떠하든 부인해야 합니다. 우리 자신이 시작한 것은 무엇이든 하나님 보시기에 오염되어 있습니다.

하나님께서 분배해 주시는 실제의 십자가는 우리의 욕망들을 거스릅니다. 십자가는 그것들을 십자가에 못 박는 것을 목표로 삼습니다. 우리의 기질 중 정서보다 십자가의 태형에 더 상처받기 쉬운 것은 없습니다. 그것은 우리와 관련된 모든 것 속으로 깊이 뚫고 들어갑니다. 그렇다면 우리의 욕망이 죽어갈 때 우리의 정서가 어떻게 행복할 수 있겠습니까? 하나님의 구속은 옛 창조물을 철저히 제쳐 놓습니다. 하나님의 뜻과 혼의 기쁨은 양립될 수 없습니다. 주를 따르려는 사람은 그 자신의 욕망을 반대하지 않으면 안됩니다.

신자가 일단 "자아"를 위한 마음을 잃으면 그는 전적으로 하나님의 것이 될 수 있습니다. 그는 하나님이 원하시는 형상으로 그대로 빚어질 준비가 되어 있습니다. 그의 욕망은 더 이상 하나님과 겨루지 않습니다. 아니, 그는 하나님 외에는 아무 것으로도 즐거워할 수 없게 됩니다. 그의 생활은 이제 아주 단순하게 되었습니다. 그는 주의 뜻에 기꺼이 순종하는 것 외에 아무런 기대나 요구나 포부도 없습니다. 그의 의지에 순종하는 생활은 이 세상에서 가장 단순한 것입니다. 그렇게 사는 사람은 하나님을 조용히 따르는 것 외에 아무것도 찾지 않기 때문입니다.

주 예수께서 그의 제자들에게 이렇게 말씀하십니다. "나는 마음이 온유하고 겸손하니 나의 멍에를 메고 내게 배우라 그리하면 너희 마음(혼들)이 쉼을 얻으리라"(마 11:29). 여기서 혼은 특히 우리 존재의 정서적 부분을 암시하고 있습니다. 주는 그의 백성들이 많은 시련을 통과해야만 할 것과 하늘 아버지께서 그들이 외롭고 오해를 받도록 계획하시고 준비하시려는 것을 아십니다. 아무도 아버지 외에는 그를 아는 자가 없음같이 아무도 그의 제자들을 이해하지 못할 것입니다(27절). 예수께서는 제자들을 세상으로부터 떼어놓으시기 위하여 하늘 아버지께서 신자들에게 많은 불쾌한 사건들이 일어나도록 허용하셔야만 할 것을 아십니다. 주는 또 그들의 혼의 느낌들이 그들이 불을 통과할 때와 같을 것을 바로 아십니다. 이런 이유로 주는 그들이 그들의 정서를 위한 안식을 얻도록 하기 위해 그로부터 미리 배워야 할 것을 그들에게 말씀하시고 있습니다. 예수님은 부드러우십니다. 즉, 그는 사람들로부터 어떤 취급도 받으실 수 있습니다. 그는 죄인들의 반대를 기쁘게 받으십니다. 예수님은 또한 겸손하십니다. 그는 충심으로 자기를 낮추십니다. 그는 자신의 포부를 갖고 계시지 않습니다. 야심 있는 사람들은 그들의 소원을 이룰 수 없을 때 상처받고, 노하고, 안절 부절 합니다. 그러나 그리스도는 이 세상에서 언제든 부드럽고, 겸손하게 사십니다. 따라서 그의 정서가 부글부글 끓고 용솟음치는 일이 없습니다. 주는 자기가 그렇게 하신 대로 우리가 부드럽고 겸손해야할 것을 그로부터 배우도록 가르치십니다. 주는 우리가 자신들에 대한 억제로서 그의 멍에를 메야 한다고 말씀하십니다. 주 또한 한 멍에, 하나님의 멍에조차 메십니다. 주는 아버지의 뜻만으로 만족하십니다. 아버지께서 그를 아시고 이해하시는 한 왜 그가 남들의 반대에 대해 염려해야 합니까? 주는 하나님께서 그에게 주신 제약을 기꺼이 받으십니다. 주는 그의 멍에를 메고, 그의 제약을 받아들이고, 그의 뜻을 행하고, 육신을 위한 자유를 찾지 말아야만 한다고 설명하십니다. 그렇게 하면 아무것도 우리의 정서를 어지럽히거나 자극할 수 없습니다. 이것이 십자가입니다. 누구든 기꺼이 그리스도의 십자가를 받아 주께 완전히 복종하면, 그는 그의 정서의 안식을 얻게 될 것입니다.

    이것이 바로 만족한 삶입니다. 기독교인은 하나님 외에는 아무

것도 소중히 여기지 않습니다. 이후부터 그는 그의 뜻으로 만족합니다. 하나님 자신이 그의 욕망을 채워주셨습니다. 그는 하나님께서 준비하셨거나, 주셨거나, 요구하셨거나, 맡기신 것을 모두 선한 것으로 여깁니다. 그가 하나님의 뜻만을 따를 수 있으면 그의 마음이 만족합니다. 그는 자기의 기쁨을 더 이상 구하지 않습니다. 강압 때문이 아니라 하나님께서 그를 만족시켜주셨기 때문입니다. 그는 이제 채워졌으므로 더 이상 요구할 것이 없습니다. 이 같은 삶을 한 마디로 간추릴 수 있습니다. 만족입니다. 영적 생활의 특징은 만족입니다. 자아중심, 자기충족, 자아 충만이란 의미에서가 아니라, 그 사람의 모든 필요가 하나님 안에서 가득히 채워졌다는 의미에서 입니다. 그에게 하나님의 뜻은 바로 최고입니다. 그는 만족합니다. 그가 다른 무엇을 구할 필요가 있겠습니까? 오직 정서적 기독교인들만이 하나님의 준비를 비난하고 그들 마음속에 수없이 많은 기대와 희망을 품음으로서 더 많이 가지려 갈망합니다. 그러나 성령께서 십자가로 그 속에 깊이 작용하게 한 사람은 더 이상 아무것도 자기에 따라 열망하지 않습니다. 그의 욕망이 하나님 안에서 벌써 채워져 있는 것입니다.

제29과 느낌의 생활

"이는 우리가 믿음으로 행하고 보는 것으로 행하지 아니함이로라"
(고후 5:7, NASV).

기독교인들이 주께 애정으로 결합될 때에 그들은 대체로 느낌의 생활을 경험합니다. 그들에게 그런 경험은 매우 소중합니다. 그들은 죄에서 해방된 뒤에 그리고 참된 영적 생활에 들어가기 전에 대체로는 이런 단계에 들어가 기독교인의 걸음을 걷습니다. 이런 기독교인들은 영적 지식이 부족하기 때문에, 이런 유의 정서적 경험이 가장 영적이고 가장 천국적인 것이라고 생각합니다. 이것이 우선 죄에서 해방된 뒤에 만나는 것이며, 그들에게 큰 기쁨을 주기 때문입니다. 그것이 주는 기쁨이 너무 만족스러워 그것을 잘라 버리기가 어렵기 때문입니다.

이 기간 중 신자는 주의 가까움을 느끼게 되는데, 너무 가까워 손으로 거의 주를 접촉할 수 있을 정도입니다. 그는 주의 사랑의 섬세한 감미로움에 민감하고, 주를 향한 그의 강렬한 사랑에 사로잡힙니다. 그의 가슴에 불이 타오르는 것 같습니다. 그 불은 그로 하여금 벌써 하늘에 있는 듯한 느낌을 주는 말할 수 없는 기쁨을 그에게 남깁니다. 그의 가슴에 무언가가 울렁거리고 표현할 수 없는 기쁨이 생겨 마치 그가 아주 귀중한 보물을 소유한 듯합니다. 이런 느낌이 그가 걷고 일함에 따라 그와 함께 하는 것입니다. 이런 경험을 할 때마다 그는 자기가 사는 곳이 어디인지 놀랍게 여겨집니다. 그가 땅 위의 장막을 벗어나 천사들과 함께 하늘로 솟아오르는 것 같아 보이는 것입니다.

이럴 때 성경 읽기는 진정 기쁨이 됩니다. 그는 읽으면 읽을수록 더 기쁘게 느껴집니다. 기도 역시 매우 하기가 쉽습니다. 그의 가슴을 하나님께 쏟아놓는 것은 얼마나 놀라운 일입니까. 영교를 하면 할수록 하늘의 빛은 더욱 밝게 빛납니다. 그는 주님 앞에 많은 결정을 지을 수 있으며 이것은 그가 주를 얼마나 사랑하는지를 보여줍니다. 하나님과 조용히 혼자되고 싶은 열망이 대단합니다. 그가 자기의 눈을 영원히 닫고 주와 영교하면 그의 기쁨이 충만할 것입니다. 그 안에 있는 기쁨은 어떤 언어 능력으로도 말할 수 없으며, 어떤 글로도 표현할 수 없습니다. 전에는 마치 무리와 개인들이 그의 필요를 만족시켜줄 수 있었다는 듯 집단을 좋아했습니다. 그러나 오늘 그는 고독을 소중히 여깁니다. 그가 무리들로부터 얻을 수 있었던 것이 그의 주와 혼자 될 때에 그가 받는 기쁨에는 결코 비교될 수 없습니다. 사람들 가운데서는 그가 그의 기쁨을 잃을까 두려워 친구들보다는 고독을 더 좋아하게 된 것입니다.

더우기 봉사는 상당히 자발성을 띱니다. 지금까지 그는 할 말을 갖고 있는 것 같지 않았으나 이제 마음속에 불타는 사랑의 불꽃과 함께 그는 주님을 남들에게 말하는데 큰 기쁨을 경험합니다. 그는 말을 하면 할수록 말하는데 더욱 열심입니다. 주를 위해 고난당하는 것이 그에게는 감미롭게 느껴집니다. 그는 주를 너무 가깝고 너무 소중히 느끼게 되어 순교할 생각을 기쁘게 품습니다. 모든 짐들이 가벼워지고 모든 고난이 쉽게 되는 것입니다.

이 신자의 해석에 의하면 그는 놀라운 느낌을 소유할 때는 그가 영적 절정에 있다고 하고, 그가 그 느낌을 빼앗겼을 때는 가장 낮은 위치에 있다고 합니다. 그는 자기의 행보의 특색을 오르막과 내리막으로 가득 차 있다고 말할 때가 많습니다. 이것은 그가 주를 사랑하고 그의 임재를 감지하며, 기쁜 느낌이 들 때는 그가 영적 정상에, 최고의 상태에 있다는 뜻입니다. 그러나 그의 내적 느낌이 무미건조하고 고통스러울 때는, 그가 영적으로 최악에 있음에 틀림이 없다는 뜻입니다. 환언하면 그의 마음에 뜨거운 사랑의 불꽃이 타오르기만 하면 그는 영적이지만, 그의 마음이 얼음처럼 차가워지면 혼적인 것입니다. 이것이 기독교인들의 공통된 생각입니다. 정확한가요? 전혀 그렇지 않습니다. 이것이 얼마나 잘못된 것인지 깨닫지 못하면 우리는 끝까지 패배를 당할 것입니다.

"느낌"은 예외 없이 혼의 일부분임을 기독교인은 알아야 합니다. 그가 느낌으로, 기분으로 살아갈 때는 그것이 어떤 종류이든 그는 혼적입니다. 그가 기쁘게 느껴지고, 주를 사랑하고, 그의 임재를 느끼는 동안에는 느낌으로, 기분으로 행하고 있는 것입니다. 마찬가지로 그 정반대를 느끼는 동안에도 그는 **여전히** 느낌으로 행하고 있습니다. 그가 혼적이어서 그의 삶과 수고가 신선하고 밝고 기쁜 느낌의 지시를 받는 것과 같이, 그의 행보와 일이 메마르고 어둡고 고통스러울 때도 똑같이 혼적인 것입니다. 실제로 영적인 삶은 결코 느낌에 지배되지 않으며, 느낌으로 살아가지 않습니다. 영적인 삶은 오히려 느낌을 규제하고 조절합니다. 오늘날 기독교인들은 느낌의 생활을 영적 체험으로 잘못 받아들이고 있습니다. 이것은 진정한 영성에 들어가 본 일이 없는 사람들이 많고 따라서 행복한 느낌을 영적 체험으로 풀이하기 때문입니다. 그들은 그런 느낌이 아직 혼적임을 알지 못하는 것입니다. 직관에서 생기는 것만이 영적 체험이며, 나머지는 다만 혼적 활동에 지나지 않는 것입니다.

하나님의 목적

그렇다면 어째서 하나님은 이런 느낌들을 주셨다가 뒤에 거두어가십니까? 그가 성취하시려는 목적이 많이 있기 때문입니다.

첫째로, 하나님은 신자들을 그에게 더 가까이 이끄시기 위해 기쁨을 주십니다. 하나님은 사람들을 자기에게 끌어들이시기 위해 그의 선물들을 주십니다. 하나님은 그들에게 얼마나 은혜로우시며 사랑스러우신지를 일단 보여주신 뒤에 그의 모든 자녀는 어떤 환경에서든 그의 사랑을 믿기를 바라십니다. 불행히도 기독교인들은 그의 사랑을 느낄 때에만 하나님을 사랑하고, 그의 사랑을 느끼지 못하는 순간에는 그를 잊어버립니다.

둘째로, 하나님은 우리가 자신들을 이해하는 일을 돕기 위해 이렇게 우리의 삶을 다루고 계십니다. 배우기에 가장 어려운 과목은 자신을 아는, 즉 그가 얼마나 마음이 부패하고 공허하고, 선한 것이 없는지를 알게 하시려는 것임을 깨닫게 됩니다. 이 과

목은 **평생을 통해** 흡수 동화해야 합니다. 이것을 깊이 배우면 배울수록 주님의 눈으로 보면 그의 삶과 성품의 불결함을 그가 더욱 깊이 인식하게 된다는 것입니다. 그러나 이것은 우리가 배우고 싶어 하지 않는 교훈이며, 우리의 타고난 생명은 그것을 배울 수 없다는 것입니다. 이런 까닭에 주는 이 자아지식을 가르치시고 이 지식으로 인도하시기 위해 많은 방법을 사용하십니다. 수많은 방법 중 가장 중요한 것은 이렇게 기쁜 느낌을 주시다가 뒤에 그것을 가져가시는 것입니다. 이런 처리를 통해 사람은 그의 부패성을 알기 시작하는 것입니다. 그는 이 무미건조한 상태에서 그가 전날의 기쁨의 날들에서 자신을 높이고 남을 멸시하는 일에 하나님의 은사를 얼마나 잘못 사용했으며, 영으로 보다는 정서의 소란을 통해 얼마나 많이 행동했는가를 보게 될 것입니다. 그런 자각은 겸손을 일깨워줍니다. 이 체험이 그가 자신을 아는데 도움이 되도록 하나님께서 조종하신 바 있었음을 그가 이해했더라면 그 체험이 마치 절정인양 느낌을 그렇게 골똘히 찾지는 않았을 것입니다. 하나님은 우리가 번민 가운데 있을 때처럼 황홀경에 있을 때에도 하나님의 이름을 자주 욕되게 하며 행할 수 있음을 깨닫기를 바라십니다. 우리는 따분한 기간에 못지않게 명랑한 기간에서도 전진하지를 못합니다. 우리의 삶은 어느 조건에서든 똑같이 부패해 있는 것입니다.

셋째로, 하나님은 그의 자녀들이 그들의 환경을 극복하도록 도와주려고 하십니다. 기독교인은 환경 때문에 그의 삶이 변해서는 안 됩니다. 환경의 영향 때문에 변하는 사람은 주 안에서 깊은 체험을 갖지 못했습니다. 환경의 영향을 받는 것이 정서임을 우리는 이미 배운바 있습니다. 우리의 삶이 변화를 겪는 것은 우리의 정서가 환경에 영향을 받을 때입니다. 그러므로 환경을 극복하려면 정서를 정복하는 것이 얼마나 시급하겠습니까. 환경을 정복하기 위해서는 기독교인은 그의 온갖 다양한 감각들을 압도해야만 합니다. 항상 흔들리는 느낌을 극복하지 못하면 어떻게 그의 환경을 극복할 수 있겠습니까? 환경의 어떤 변화에도 민감하고 거기에 따라 변하는 것은 기분입니다. 우리의 느낌을 깔아뭉개지 않으면 우리의 삶은 변화하는 기분과 함께 흔들릴 것입니다. 따라서 환경을 극복할 수 있기 전에 우리는 느낌을 극복할 필요가 있는 것입니다.

기독교인이 이런 느낌들을 제압하고 이것을 통해 그의 환경을 이기는 법을 배우도록 하기 위해 주님은 어째서 그가 여러 다른 느낌들을 통과하게 하시는지 그 이유를 이것이 설명해 준다고 하겠습니다. 그가 그의 강하고 대립되는 느낌들을 억압할 수 있으면 그는 변화하는 환경을 확실히 잘 대처할 수 있게 될 것입니다. 따라서 그는 파도에 더 이상 떠돌지 않고 한결같고 안정된 행보를 쟁취할 수 있을 것입니다. 하나님은 그의 자녀가 강렬한 느낌이나 또는 그런 느낌이 없이도 같은 상태에 머물러 있기를 바라십니다. 하나님은 그의 자녀가 행복하든 슬프든 그와 함께 영교하고 그를 충성되게 섬기기를 바라시는 것입니다. 하나님의 자녀는 그의 느낌에 따라 그의 삶을 형성해가서는 안됩니다. 그가 주를 충성되게 섬기고 남들을 위해 중재하게 되면 그는 기쁘든 슬프든 그렇게 해야 합니다. 그가 기쁘게 느낄 때에만 섬기고 메마를 때에는 섬김을 중단해서는 안 됩니다. 우리가 많고 나쁜 감각들을 억제하지 못하면 우리의 다양한 환경들을 결코 정복할 수 없습니다. 그의 환경을 극복하는데 실패하는 사람은 그의 느낌을 종속시키는데 실패한 사람입니다.

넷째로, 하나님은 또 다른 목적을 갖고 계십니다. 하나님은 우리의 의지를 훈련하려고 하십니다. 진정한 영적 생활은 감각의 생활이 아니라 의지의 생활입니다. 영적인 사람의 의지는 벌써 성령에 의하여 새로워졌습니다. 그의 의지는 전 존재에 명령을 발하기 전에 영의 계시를 기다리고 있는 것입니다. 불행하게도 꽤 많은 성도들의 의지가 너무 약할 때가 많아 그것이 받은 명령을 수행할 수 없거나, 정서의 영향을 받아 하나님의 뜻을 거부하는 것입니다. 따라서 의지를 훈련하고 강화시키는 것이 필수의 단계가 되는 것입니다.

다섯째로, 이 같은 인도하심을 통해 하나님은 기독교인을 더 높은 수준의 삶의 양식으로 인도하기를 간절히 바라십니다. 기독교인의 행보를 세밀히 검토해보면, 우리는 그의 자녀를 더 높은 영적 고지로 인도하시려 할 때마다 하나님께서 그에게 먼저 그런 느낌의 삶의 맛을 주셨던 것을 깨닫게 될 것입니다. 그가 느낌의 삶을 경험할 때마다 그가 영적 여행에서 또 하나의 위치에 도달했다고 우리는 말할 수 있을 것입니다. 하나님께서 그가 갖기를 바라시는 것을 그가 미리 맛보게 허락하시는 것입니다. 즉 먼저, 주는 기독교인이 그것을 감지하게 하시고, 다음으로 그 느낌을 거두어 가심으로서 그의 의지를 통해 그의 영으로서 그가 느낀 것을 간직할 수 있게 하십니다. 그의 영이 그의 의지의 도움으로 그대로 밀고 나아갈 수 있으면, 기독교인은 그의 정서를 무시함으로서 그의 행보에서 진정한 전진을 이루었음을 볼 수 있습니다. 이것은 우리의 공통된 경험을 통해 확인되는 것입니다. 우리가 오르내리는(기복이 있는) 유형의 삶을 추구하는 동안에는 어떤 진전도 이루지 못했다고 생각하는 것이 상례입니다. 지난 몇 달 또는 몇 년 동안 우리는 단순히 앞으로 갔다가 다시 뒤로 되돌아갔거나, 아니면 그냥 뒤로 갔다가 앞으로 갔다고 결론지어 버리는 것입니다. 그러나 우리의 지금의 영적 상태를, 이런 변화하는 현상이 **시작**될 때 얻었던 상태와 비교해보면 우리는 사실상 **상당한 진전을 이루었음을** 발견하게 될 것입니다. 우리는 알지 못하는 사이에 전진하는 것입니다.

이 같은 삶의 위험

그런 체험을 하는 동안 그 의미를 알고 하나님의 뜻에 일치해서 밀고 나가면 위험은 절대로 없습니다. 그러나 우리가 하나님의 뜻을 알지 못하고 느낌에 의한 삶에 저항하지 않으면 영적 생명은 크게 위험하게 됩니다. 즉 우리가 경쾌한 느낌에 마주칠 때 우리는 주저 없이 나아갑니다. 그러나 그런 기분이 아닐 때는 우리는 조금도 움직이려하지 않습니다. 느낌을 삶의 원칙으로 삼는 사람들은 자신들을 많은 위험에 노출시키게 됩니다.

기쁨 넘치는 정서로 행하는 사람은 대체로 의지가 약합니다. 그런 의지는 영의 지시를 따를 수 없습니다. 영적 지각의 발달이 영의 직관을 그의 느낌으로 대신함으로서 방해를 받는 것입니다. 그런 사람은 정서로 행합니다. 그의 직관은 한편으로는 정서에 억압되고 또 한편으로는 사용되지 않은 채 버려져 있으므로 거의 성장하지 못하고 있습니다. 정서가 조용해야만 직관이 능통석으로 됩니다. 그럴 때에만 직관은 그것의 생각을 사람에게 전달할 수 있습니다. 그것이 자주 발휘되면 강하게 됩니다. 그러나 느낌에 기우는 사람의 의지는 그 주권적 힘을 빼앗기게 됩니다. 그의 직관이 질식되어 뚜렷한 소리를 전달할 수 없게 되는 것입니다. 따라서 메마른 상태에 들어감으로 신자는 의지의 작용을 자극하기 위해 더 많은 **도움을 느낌으로부터** 요구하게 됩니다. 의지가 느낌에 따라 변하는 것입니다. 느낌이 강하면 의지가 활동적입니다. 그러나 느낌을 빼앗기면 의지는 행동을 멈춥니다. 의지는 자체적으로는 아무것도 할 힘이 없는 것입니다. 한편 신자의 영적 생활은 점점 아래로 침몰하여 마침내 정서가 없을 때에는 영적 생명이 전혀 나타나지 않게까지 됩니다. 정서의 작용이 그런 사람에게는 아편이 되는 것입니다! 이런 사실을 모르고 정서를 영적 생활의 절정으로 알고 찾는 사람들이 있으니 얼마나 비극입니까.

의지를 통해 영으로 살기보다 감각으로 사는 사람들에게는 또 한 가지 위험이 생길 수 있습니다. 그들은 사탄에게 속을 수 있습니다. 이것은 우리 자신이 잘 알아야 할 문제입니다. 사탄은 느낌을 하나님으로부터 오는 것으로 위장하는데 노련합니다. 영을 따라 온전히 행하려 갈망하는 기독교인들을 사탄이 가지각색의 기분으로 혼동 시키려고 한다면 느낌을 따르고 싶어 하는 사람들에게는 그가 얼마나 더욱 속임수를 쓰겠습니까? 정서를 추구함에서 그들은 즉각 사탄의 손에 떨어지게 됩니다. 사탄은 그들이 하나님으로부터 온다고 생각하는 온갖 종류의 느낌으로 그들에게 공급해주기를 기뻐하기 때문입니다.

제 30 과 믿음의 생활

"의인은 믿음으로 말미암아 살리라"(롬 1:17).

성경은 기독교인의 정상적인 길을 다음과 같은 구절에서 보여 줍니다. "의인은 믿음으로 말미암아 살리라." "이제 내가 육체 가운데 사는 것은… 하나님의 아들을 믿는 믿음 안에서 사는 것이라." "우리가 믿음으로 행하고 보는 것으로 행하지 아니함이로라"(롬 1:17, 갈 2:20, 고후 5:7). 우리는 믿음으로 살게 되어 있습니다. 그러나 이 원칙이 머리로는 금새 파악되지만 삶에서는 그렇게 쉽게 경험되지 않습니다.

믿음의 생활은 느낌의 생활과는 전적으로 다를 뿐만 아니라 그것과 정반대입니다. 기분으로 사는 사람이 자극을 받았을 때는 전적으로 하나님의 뜻을 따를 수 있거나, 위의 것들을 구할 수 있습니다. 기쁨에 넘친 그의 느낌이 그치면 모든 활동도 끝납니다. 믿음으로 행하는 사람은 그렇지 않습니다. 믿음은 믿음을 발휘하는 사람인 자기 자신에게 닻을 내리지 않고 그가 믿는 분에게 닻을 내립니다. 믿음은 자기에게 생기는 것을 바라보지 않고 그가 믿는 분을 바라봅니다. 그가 완전히 변할 수는 있어도 그가 의뢰하는 분은 변하시지 않습니다. 그러므로 그는 포기하지 않고 계속할 수 있습니다. 믿음은 하나님과의 관계를 굳게 합니다. 믿음은 느낌을 주목하지 않습니다. 하나님과 관계하기 때문입니다. 믿음은 믿은바 되신 분을 따르지만, 느낌은 그가 어떻게 느끼는가에 좌우됩니다. 따라서 믿음은 하나님을 바라보지만 느낌은 자기를 바라봅니다. 하나님은 변하시지 않습니다. 하나님은 흐린 날에나 개인 날에도 같은 하나님이십니다. 이런 까닭에 믿음으로 사는 사람은 하나님처럼 변하지 않습니다. 그는 어둠을 통해서든, 빛을 통해서든 같은 종류의 삶을 나타냅니다. 그러나 느낌으로 사는 사람은 기복 있는 삶을 추구하게 되어 있습니다. 그의 느낌이 항상 변하기 때문입니다.

　기독교인의 경험은 처음부터 끝까지 믿음의 여행입니다. 우리는 믿음의 여행을 통해 새 생명을 소유하게 되고, 믿음을 통해 새 생명에 따라 행하게 됩니다. 믿음은 기독교인의 삶의 원칙입니다. 모든 성도들이 이것을 물론 인정합니다. 그러나 이상하게도 이것을 그들의 체험에서 간과하는 사람들이 많습니다. 그들은 정서나 행복한 기분으로 살며, 움직이는 것을 보는 것으로 사는 것이지 믿음으로 그렇게 하는 것이 아님을 잊습니다. 믿음의 생활이란 무엇입니까? 그것은 느낌의 삶과 반대로 사는 것입니다. 느낌을 전혀 무시하기 때문입니다. 기독교인들이 이런 원칙으로 살 작정이면 그들이 차갑고, 메마르고, 공허하거나, 고통스럽게 느낄 때마다 마치 그들의 영적 몸가짐을 변화시키거나 생명을 빼앗긴 듯 비통하게 울거나 해서는 안 됩니다. 우리는 믿음으로 사는 것이지 기쁨으로 살아가지 않습니다.

우리는 믿음의 생활이 무엇인지 다시 한 번 물어보아야 합니다. 믿음의 생활은 **어떤 환경에서든** 하나님을 믿음으로 사는 생활입니다. "그가 나를 죽이시리니…그러나 그의 앞에서 내 행위를 아뢰리라", "그가 나를 죽이실지라도…나는 그를 의지하리라"(욥 13:15, 다아비). 이것이 믿음입니다. 내가 일단 하나님을 믿고, 사랑하고, 의지했기 때문에 그가 나를 어디에 두시든, 나의 마음과 몸이 고통을 겪을지라도 나는 그를 믿고 사랑하고 의지할 것입니다. 오늘날 하나님의 백성들이 신체적 고난의 시기에도 평화롭게 느끼기를 바라고 있습니다. 하나님을 믿기 위하여 이런 마음의 위로를 감히 포기하려는 사람이 누구입니까? 하나님이 그를 미워하고 그를 죽이고 싶어 한다고 **느낄지라도** 하나님의 뜻을 기쁘게 받고 자기를 계속 그에게 맡길 수 있는 사람이 누구입니까? 이것이 최고의 삶입니다. 물론 하나님은 우리를 그렇게 대우하시지 않습니다. 그렇지만 가장 앞선 기독교인들의 걸음에서 이 사람들은 하나님께 일견 이렇게 무언가 버림받은 듯한 것을 경험하는 것 같습니다. 우리도 이렇게 느껴질 때 하나님에 대한 믿음에서 요지부동하게 머물러 있을 수 있겠습니까? 사람들이 그의 목을 매달려고 했을 때 천로역정의 저자 존 번연이 선언한 말을 보십시오. "하나님이 개입하시지 않으면 나는 천국이 오든, 지옥이 오든 맹목적 신앙으로 영원 속에 뛰어들겠다!" 믿음의 영웅이 한 사람 있었습니다! 절망의 순간에 우리 또한 이렇게 말할 수 있겠습니까? "오 하나님, 당신께서 저를 버리시더라도 저는 믿습니다"라고 말입니다. 정서가 어둠을 느낄 때 성서는 의심하기 시작합니다. 반면에 믿음은 죽음에 직면해서도 하나님께 매어달립니다.

의지의 생활

믿음의 생활을 의지의 생활이라고 부를 수 있습니다. 믿음은 그가 어떻게 느끼는가에 영향을 받지 않고 의지를 통하여 하나님의 마음을 순종하기로 선택하기 때문입니다. 이 기독교인은 하나님을 순종하고 싶은 **느낌**이 없더라도 하나님을 순종하기로 **결심합니다**. 기독교인들 중 두 상반되는 종류의 사람들을 발견하게 됩니다. 한 사람은 정서를 의지하고, 또 한 사람은 **새로워진** 의지에 의존합니다. 느낌을 의지하는 기독교인은 그가 그의 느낌으로부터 자극을 받을 때에만, 즉 흥분성의 느낌을 얻을 때에만 하나님을 순종할 수 있습니다. 하지만 의지에 의존하는 사람은 어떤 환경이나 느낌에서든 하나님을 섬기기로 결정합니다. 그의 의지가 그의 진정한 의견을 나타내는 것입니다. 반면에 그의 느낌은 외적 자극에 의해서만 활성화 됩니다. 하나님의 관점에서 보면, 유쾌한 기분에서 그의 뜻을 행하는 것에는 가치가 별로 없습니다. 그렇게 하는 것은 단지 하나님의 기쁨에 설득당하는 것이지 온 마음으로 그의 뜻을 행하려는 염원에서가 아닌 것입니다. 그가 기쁨을 조금도 느끼지 않거나, 어떤 놀라운 느낌으로 자극받지 않고도 하나님의 뜻을 행하기로 결심한다면 이런 기독교인의 순종은 참으로 가치가 있습니다. 그것이 그의 정직한 마음에서 나오고, 하나님께 존경을 표하고, 자아를 무시하기 때문입니다. 영적 기독교인과 혼적 기독교인과의 구별은 정확히 여기에 있습니다. 혼적 신자는 근본적으로 자기 자신을 생각함으로서 그의 소원이 이루어졌다고 느낄 때에만 하나님을 순종합니다. 영적 신자는 하나님과 온전히 협력하려는 의지를 갖고 있습니다.

이런 까닭에 그는 외부의 도움이나 자극을 받지 않아도 흔들림 없이 하나님의 작정을 받아들입니다.

신자가 이렇게 처리를 받은 다음에는 믿음의 행보를 시작할 수 있습니다. 이것이 참된 영적 생활입니다. 그리고 이런 위치에 도달하는 사람은 안식의 생활에 들어갑니다. 십자가의 불이 그의 모든 탐욕스런 추구를 태워버렸습니다. 그는 마침내 그의 교훈을 배웠습니다. 그가 하나님의 뜻만이 소중하다는 것을 인식하는 것입니다. 그 외의 것은 당연히 바람직한 것이더라도 모두 하나님의 최고의 생활과 양립될 수 없습니다. 이제 그는 모든 것을 포기하는 것을 기뻐합니다. 주께서 거두는 것이 필요하다고 생각하시는 것은 무엇이든 그의 손이 그것을 거두어 가시도록 그가 기쁘게 시인합니다. 그의 이전의 기대로부터 생겼던 탄식과 슬픔과 고통과 추구와 몸부림은 오늘 전적으로 가버렸습니다. 가장 고상한 생활은 하나님을 위해 사는 것이란 것과, 그의 뜻을 순종하는 생활이라는 것을 깨닫습니다. 그가 모든 것을 잃었지만 그러나 하나님의 목적을 성취하는 것으로 만족합니다. 그에게 기뻐할만한 것이 아무것도 남아있지 않지만 그는 하나님의 관리에 대하여 겸손합니다. 주가 기뻐하시는 한 그는 그에게 무슨 일이 생기든 조금도 개의치 않습니다. 그는 이제 완전한 안식을 얻습니다. 외적인 것은 아무것도 그를 더 이상 자극할 수 없는 것입니다.

이런 편안한 위치에 도달하면 신자는 지금까지 그가 주를 위해 잃었던 모든 것이 오늘 회복된 것을 발견할 것입니다. 그는 하나님을 얻었습니다. 그러므로 하나님에 속한 모든 것이 또한 그의 것이 됩니다. 주께서 전에 거두어 가셨던 것을 그가 이제는 그 안에서 당연히 즐길 수 있습니다. 하나님께서 처음에 왜 많은 슬픔을 통해 그를 인도 하셨는가는 그의 혼 생명이 모든 것의 배후에 있어서 **자기**를 위해 너무 많이 찾고, 구하고, 하나님의 뜻을 벗어나 있었던 것들마저도 소원했기 때문이었습니다. 그런 독자적 행동은 하나님께 저지되어야 했습니다. 그가 자기를 잃었으므로, 즉 그의 타고난 생명을 잃었으므로 기독교인은 그 합법적 한계 안에서 하나님의 기쁨을 즐거워할 위치에 있게 된 것입니다. 오늘까지 그는 하나님의 기쁨에 올바로 관련될 자격이 없었습니다. 그러나 이후에는 자기에게 주시는 것은 무엇이든 그가 감사하게 받을 수 있습니다. 자기를 위해 무언가를 확보할 열심이 이미 실패로 끝났기 때문입니다. 그는 자기에게 주시지 않은 것을 위해 지나치게 간청하지 않습니다.

제8부
혼의 분석 – 마음(정신)

제31과 마음은 전쟁터

모든 이론을 파하며 하나님 아는 것을 대적하여 높아진 것을 다 파하고 모든 생각을 사로잡아 그리스도에게 복종케 하니(고후 10:5).

사람의 마음(mind-지적인 작용을 가리키는 경우로서 여기서는 머리란 뜻으로 사용됨-역주)은 생각하는 기관입니다. 그것을 통해 사람은 알고, 생각하고, 상상하고, 기억하고, 이해하게 됩니다. 사람의 지성과 추리와 지혜와 영리함은 모두 마음과 관련됩니다. 대체로 말해서 마음은 두뇌입니다. 마음이 심리학적 용어인데 비해 두뇌는 생리학적 용어입니다. 심리학의 마음은 생리학의 두뇌입니다. 사람의 마음은 그의 삶에 큰 자리를 차지합니다. 그의 생각이 쉽게 그의 행동에 영향을 주기 때문입니다.

중생 이전

성경에 의하면, 사람의 마음은 사탄과 악령들이 진리에 대항하며 따라서 신자에 대항하여 싸우는 전투장이 된다는 점에서 특이합니다. 우리는 다음과 같이 실례를 들 수 있을 것입니다. 사람의 의지와 영은 악령들이 탈취하고 싶어 하는 요새와 같습니다. 요새를 탈취하기 위해 싸움이 벌어지는 열린 전쟁터는 사람의 마음입니다. 바울이 이것을 어떻게 서술하는지 주목해봅시다. "우리가 육신으로 행하나 육신에 따라 싸우지 아니하노니 우리의 싸우는 무기는 육신에 속한 것이 아니요 오직 어떤 견고한 진도 무너뜨리는 하나님의 능력이라 모든 **이론**을 무너뜨리며 하나님 아는 것을 대적하여 높아진 것을 다 무너뜨리고 모든 **생각**을 사로잡아 그리스도에게 복종하게 하니"(고후 10:3-5). 바울은 맨 먼저 싸움에 대해 말씀하고, 그런 다음 싸움이 있는 장소에 대해 말씀하고, 끝으로 싸움의 목적에 대해 말씀합니다. 이 싸움은 주로 사람의 마음과 관계됩니다. 사도는 사람의 이론과 추리를 원수의 요새에 비유합니다. 바울은 마음이 원수에게 점령 되어 있는 것으로 묘사합니다. 그러므로 싸움을 함으로서 그 속으로 부수고 들어가지 않으면 안 됩니다. 바울은 많은 반역적인 생각들이 이 요새들에 저장되어 있으므로 그것들을 사로잡아 그리스도를 순종하게 해야 한다고 결론짓습니다. 이것은, 사람의 마음은 악령들이 하나님과 충돌하는 전투의 현장임을 우리에게 똑똑히 보여줍니다.

성경은, 중생 전에도 "이 세상의 신이 믿지 아니하는 자들의 마음을 혼미하게 하여 그리스도의 영광의 복음의 광채가 비치지 못하게 함이니 그리스도는 하나님의 형상이니라"(고후 4:4)고 설명해 줍니다. 이 구절은 방금 인용한 다른 절에서 사탄이 사람의 마음을 눈 멀게 하여 단단히 붙잡고 놓지 않는다고 선언한 것과 일치합니다. 어떤 사람들은 자기네가 복음을 반박하는 많은 논법을 내놓는 능력이 극히 뛰어나다고 생각할지 모릅니다. 또 어떤 이들은 불신앙은 이해가 무뎌서 그렇다는 것을 기정사실로 받아들일지 모릅니다. 그러나 이상의 두 경우에서 사실은 사람의 마음눈이 사탄에게 덮여 있어서 그렇다는 것입니다. 사탄에게 꽉 붙잡혀 있을 때 사람의 마음이 "완고하여"집니다. 육신의 생각은 하나님과 원수가 되기 때문에 사람의 "육체의 욕심을 따라 지내며", "마음의 원하는 것을 하여 본질상 진노의 자녀"였습니다(고후 3:14, 롬 8:7, 엡 2:3, 골 1:21).

중생 전에는 사람의 지성이 그를 가로막아 하나님을 알지 못하게 합니다. 하나님의 막강한 능력이 사람의 이론을 파괴해야 하는 것이 반드시 필요한 것입니다. 이것이 거듭나는 순간에 생겨야만 할 사역입니다. 이 일이 그 때 회개의 형식으로 발생합니다. 회개에 대한 원래의 정의는 "마음의 변화" 이외에 다른 것이 아닙니다. 사람의 마음(정신)은 하나님과 원수가 됩니다. 그러므로 하나님께서 그에게 생명을 주시려면 사람의 마음을 변화시키지 않으면 안 됩니다. 중생하지 않은 상태의 사람은 어두워진 마음을 갖고 있습니다. 중생할 때 그것은 철저한 변화를 겪습니다. 마음은 사탄과 너무 긴밀히 연합되어 있으므로 그가 새 마음을 받으려면 먼저 하나님으로부터 마음의 변화를 받는 것이 절대 필요합니다(행 11:18).

중생 이후

그러나 회개 이후에조차 신자의 마음이 사탄의 손길로부터 전적으로 해방되지는 않습니다. 원수가 전날에 마음을 통해 역사한 것같이 오늘에도 그가 같은 방식으로 역사할 것입니다. 바울은 고린도 **신자들**에게 편지하는 가운데 그가 "뱀이 그 간계로 하와를 미혹한 것 같이 너희 생각이 그리스도를 향하는 진실함과 깨끗함에서 떠나 부패할까 두려워하노라"(고후 11:3)라고 마음의 비밀을 털어놓았습니다. 사도는 이 세상의 신이 믿지 아니하는 자들의 마음을 눈멀게 한 것 같이 신자들의 마음을 속이려 할 것을 잘 알고 있습니다. 그들이 구원받았더라도 그들의 사상 생활은 아직 새로워지지 않았습니다. 그 결과 마음은 가장 전략적인 진지로 남아있습니다. **정신은 전인의 어느 다른 기관보다 어둠의 세력들의 맹공격을 더 많이 받습니다.** 우리는 사탄의 영들이 우리 정신에 특별한 주의를 집중시켜 "뱀이 그 간계로 하와를 미혹한 것 같이 "그들을 무자비하게 공격하고 있음을 알아야 합니다. 사탄은 하와의 마음을 먼저 공격하지 않고 그녀의 머리를 공격했습니다. 이처럼 오늘에도 악령들은 먼저 우리의 마음이 아니라 우리의 머리를 공격하는데 그리스도를 향하는 진실함과 깨끗함에서 떠나 우리를 부패시키려고 그러는 것입니다. 악령들은 이것이 우리의 전존재에서 어떻게 **가장 취약한** 지점이 되는지를 완전히 압니다. 머리는 우리가 믿기 전에는 그들의 요새 구실을 했고, 지금에도 아직 전적으로 정복된 것이 아니기 때문입니다. 마음을 공격하는 것이 그들의 목적 달성을 위해 가장 쉬운 방법이 되는 것입니다. 하와의 마음은 무죄했는데도 사탄의 암시된 생각을 받아들였습니다. 하와는 이처럼 그의 속임수에 현혹되어 그녀의 추리를 박탈당하고 원수의 함정 속에 나뒹굴어졌습니다. 따라서 신자는 정직하고 신실한 마음을 갖고 있다고 자랑하지 않도록 조심해야 합니다. 그의 마음에서 악령들을 물리치는 법을 배우지 못하면, 그는 계속 유혹을 받고 속아 넘어가 그의 의지의 주권을 박탈당하게 될 것입니다.

하나님의 자녀가 새 생명과 새 마음을 갖고는 있지만 그러나 새로운 머리를 갖고 있지 못한 것은 가능합니다. 그들의 마음은 새롭지만 정신은 아직 전혀 옛것 그대로인 성도들이 너무나 많습니다. 그들의 가슴은 사랑으로 가득하지만 그들의 머리는 전혀 깨달음이나 이해가 부족합니다. 마음의 의도가 아주 순수할 때가 얼마나 많습니까. 그런데도 머리의 생각은 혼란스럽습니다. 모든 잡동사니로 뒤범벅되어 마음은 모든 것 중 가장 뛰어난(본질적인) 요소인 영적 통찰이 부족한 것입니다. 하나님의 모든 자녀를 진정으로 사랑하는 성도들이 수없이 많습니다. 그러나 불행하게도 그들의 뇌는 각종 이론과 여론과 목적들의 잡탕으로 가득 채워져 있습니다. 하나님의 가장 훌륭하고 가장 충성된 자녀들 중 매우 속이 좁고 편견으로 가득 찬 사람들이 꽤 많습니다. 그들은 무엇이 진리이며 무슨 진리를 받아들일 것인지를 벌써 결정짓고 있습니다. 그들은 다른 모든 진리를 배척합니다. 그 진리들이 그들의 선입견과 조화되지 않기 때문입니다. 그들의 머리도 그들의 마음처럼 포용력이 없습니다. 더구나 머리로 무슨 생각이든 전혀 생각해낼 수 없는 하나님의 자녀들도 있습니다. 아무리 많은 진리를 들어도 그들은 기억해낼 수도, 실천할 수도, 남들에게 그것을 전달할 수도 없습니다. 이 사람들은 확실히 많은 것을 들었는데도 그것을 조금도 표현할 능력이 없습니다. 그들은 여러 해 동안 진리를 받았습니다. 그런데도 다른 사람들의 필요를 조금도 채워줄 수가 없습니다. 아마 그들은 심지어 성령으로 얼마나 충만한가를 자랑할 수 있을지도 모릅니다! 새로워지지 않은 정신이 이런 징조들을 불러오는 것입니다.

악령들의 공격의 원인

어째서 기독교인의 지적 생활이 악령들에게 그렇게 에워싸여 괴롭힘을 받습니까? 이것을 한 문장으로 대답할 수 있습니다. 신자들이 악령들(혹은 마귀)에게 공격할 기회를 제공하는 것입니다. 기독교인의 머리가 마귀에게 공격을 받는 것이 가능함을 모두가 확실히 알아야 합니다. 이것이 많은 성도들의 경험으로 확인된 바 있습니다. 그에게 주로 공격을 받는 영역은 사고 기능입니다. 그것이 악령들과 특별한 유사성을 갖고 있기 때문입니다. 그것이 부분적으로든, 전체적으로든 사람의 주권 아래에서 빠져나와 악령들의 지시를 받게 된 것입니다. 따라서 이 세력들은 피해자의 생각을 완전히 무시하고 **그것**들의 희망에 따라 그 사람의 생각의 스위치를 마음대로 켜거나 끌 수 있습니다. 머리가 신자에게 아직 붙어있어도 그의 머리에 대한 주권은 다른 자가 대신 떠맡고 있는 것입니다. 그가 아무리 대규모로 항의하더라도 조금도 시정될 수가 없습니다. 어디서든 악령들에게 기회를 제공하는 사람은 그 자신의 의지를 더 이상 따라갈 수 없고 남의 의지에 순종하지 않을 수 없게 됩니다. 그가 그것들에게 그의 정신의 진지를 내어주면 그는 즉시 그 진지에 대한 주권을 몰수당하게 되는 것입니다. 이것 역시 그의 정신 기능이 악령들에게 지금 점유당한 사실을 증거 하는 것입니다. 그것이 그것들에게 공격당하지 않았다면 그의 의지가 모든 것을 계속 지배하게 됐을 것입니다. 그는 어려움 없이 마음대로 생각할 수도 있고, 생각을 중단할 수도 있을 것입니다.

악령의 악한 활동과 관련해서 가장 결정적인 요소는 **진지**를 그것들에게 내주었다는 것입니다. 적절한 발판이 없으면 그것들이 활동할 수 없습니다. 그것들의 활동량은 그것들에 내어준 공간의 크기에 좌우됩니다. 기독교인이 악령들에게 영토를 내주고 따라서 거기서 그들이 활동하게 하는 곳은 바로 사고 기관입니다. 대체로 말하면, 원수에게 양보할 수 있는 정신의 진지는 여섯 가지 종류입니다. 이제는 이것들을 각기 좀 더 자세히 살펴보겠습니다.

(1) 새로워지지 않은 마음(정신). 육신은 원수가 활동할 근거지를 계속 제공하게 됩니다. 영이 일단 중생한 후에 사람의 정신이 새로워지지 않으면 그는 많은 영토를 내어주어 악령의 음모에 노출되게 합니다. 회개하는 순간에 그들의 정신을 변화되게 하는 성도들이 많은 반면, 일단 사탄에게 눈이 멀었던 그들의 마음의 눈은 아직 전적으로 빛이 비추어지지 않아서 여전히 가려진 영역들이 많을 것입니다. 이 어두워진 모퉁이들은 악령들에 의한 장기간의 활동의 중심지입니다. 크게 저지당하더라도 악령들은 제거되지 않으며, 따라서 보이지 않는 악의 무리들의 작전 기지를 계속 제공하게 되는 것입니다.

(2) 부적절한 정신. 죄는 모두 적에게 영토를 제공하게 됩니다. 하나님의 자녀가 마음에 죄를 품으면 사탄의 영들이 사용하도록 그의 정신을 빌려주게 됩니다. 모든 죄는 음흉한 세력에서 기인하므로 그가 무슨 죄이든 그의 정신에 남아있도록 허용하면, 그는 이 세력들에 저항하기가 어렵게 됩니다. 악한 생각이 그의 마

음에 남아 있는 한 악령들은 정확히 그만큼 작용하게 됩니다. 모든 더럽고, 교만하고, 불친절하며, 불의한 생각들은 이 악령들에게 활동할 근거지를 제공하게 됩니다. 하나님의 자녀가 일단 그런 생각이 머물러 있게 허용하면 그는 그것이 다음번에 나타날 때에는 저항하기가 더욱 어려움을 알게 됩니다. 어둠의 세력들이 벌써 그의 정신 속에 한 영역을 확보했기 때문입니다.

(3) 하나님의 진리를 오해하기. 주의 백성은 그들이 악령들로부터 거짓말을 받아들일 때마다 그들의 원수에게 새 진지를 내어주게 된다는 것을 잘 모릅니다. 악령들이 그들의 몸이나 환경이나 일들에 저질러 놓은 것을 신자들이 자연스런 것으로, 또는 그들 자신에 의해 생긴 것으로 잘못 짚거나, 잘못 풀이하면, 그들은 그것들에게 소중한 영토를 내어주게 되고, 그들의 사악한 (악마적) 행위를 확대시키게 됩니다. 속에 품은 거짓말은 사탄적 요소들이 추가 활동을 하기 위한 진지를 만들게 해줍니다. 그들은 이런 현상들을 그들 자신의 것으로 오해함으로서 무의식적으로 이런 것들이 그들 삶에 머물러 있게 허용하게 됩니다. 비록 이런 허용이 기만을 통해 달성되더라도 그것은 악령들이 활동할 충분한 발판을 내어주게 되는 것입니다.

(4) 암시를 받아들임. 이런 암시를 받아들이면 사탄의 무리들이 기독교인의 정신 속에 심는 암시들, 특히 그의 환경과 미래에 대한 생각들이 배가됩니다. 이 무리들은 그에게 예언하고, 그가 앞으로 어떻게 될 것이며, 그에게 어떤 일이 생길 것인지 예고하는 일을 즐깁니다. 그가 그런 예언의 원천을 의식하지 못하고 이

것들이 그의 정신 속에 계속 머물러 있게 허용하면 이 악령들이 적당한 시간에 그의 환경에 작용하여 여러 가지 사건들이 예언된 대로 일어나게 할 것입니다. 아마 신자는 모든 것이 적의 힘으로 배정된 것을 모르고 그것이 그렇게 된다고 이미 기대하고 있을 것입니다. 후자(악령들)는 다만 그들의 생각을 예언의 틀 속에 집어넣고 그것을 그의 머릿속에 심고, 그가 그것을 받아들이나 아니면 물리치나 살펴볼 것입니다. 신자의 의지가 반대하지 않으면, 아니 심지어 예언을 시인하면 악령들은 그들이 제안한 것을 실행에 옮길 발판을 얻게 되는 것입니다. 점쟁이들의 말의 성취는 전적으로 이런 원칙에 기초하고 있습니다.

(5) 텅 빈 정신. 하나님이 정신을 창조하신 것은 그것을 쓰라고, 사용하라고 하신 것입니다. "말씀을 듣고 깨닫는 자"(마 13:23). 하나님은 사람이 그의 말씀을 지성(intellect)으로 깨닫기를 바라십니다. 여기서부터 감정과 의지와 영에 도달되는 것입니다. 그러므로 활동적인 머리는 악의의(화를 끼치는) 영들의 일에 장애가 됩니다. 악령들의 가장 큰 목적의 하나는 사람의 정신을 공백 상태로 이끌어가는 것입니다. 공백은 속이 텅 빈 것, 정확히 진공상태의 확립을 의미합니다. 적의 세력은 기독교인의 지적 기능을 텅 빈 존재로 변화시키기 위해 속임수나 강제력을 사용합니다. 그의 머리가 비어있는 한 그가 생각할 수 없음을 그것들이 아는 것입니다. 그는 온갖 추리와 지각을 박탈당하여 마침내 그 가르침의 성격이나 결과와는 관계없이 악령들의 모든 가르침을 문제 삼지 않고 받아들이게 될 것입니다.

(6) 수동적 정신. 대체로 말하면 텅 빈 정신은 수동적 정신과 그렇게 많이 다르지 않습니다. 엄밀히 말하면 텅 빈 머리는 그것 (머리)을 사용하지 않음을 의미하는 반면, 수동적인 머리는 어떤 외부의 힘이 그것을 활성화시키도록 기다린다는 뜻이 됩니다. 후자는 전자보다 한 단계 너머에 있습니다. 수동성은 스스로 움직이기를 중단하고 그 대신 외부의 요소들이 자기를 움직이게 한다는 것입니다. 수동적 두뇌는 스스로 생각하지 않고 낯선 세력에 그것을 대신해 생각하게 한다는 것입니다. 수동성은 사람을 기계로 축소시키는 것입니다.

성령과 악령들의 경영상의 필요조건의 근본 차이점들을 각기 다음과 같이 간추릴 수 있습니다.

(1) 정신 기능의 전적 중단을 요구하거나, 또는 정신이 그 작용을 중단한 후에만 획득 되는 모든 초자연적 계시, 활동, 기타 이상한 발생 사건들은 하나님에 의한 것이 아닙니다.

(2) 성령으로부터 발생하는 모든 환상들은 신자의 정신이 충분히 활동할 때에만 주시는 것입니다. 그것은 이 환상들을 이해하기 위한 정신의 여러 기능의 능동적 활용을 반드시 동반합니다. 악령들의 시도는 정확히 그 반대 방향을 따릅니다.

(3) 하나님으로부터 오는 것은 모두 하나님의 성품과 성격과 일치합니다.

제32과 수동적인 마음(정신)의 현상

뱀이 그 간계로 하와를 미혹한 것 같이 너희 마음이 그리스도를 향하는 진실함과 깨끗함에서 떠나 부패할까 두려워하노라(고후 11:3 NASV).

그처럼 많은 기독교인들이 악령들의 활동과 성령의 활동의 근본적 차이를 모르기 때문에 적이 들어와 그들의 정신을 점령하도록 무의식적으로 허용하는 것은 매우 슬퍼해야 할 일입니다. 악령들의 공격을 받고 있는 정신 현상에 대하여 간단히 언급하려고 합니다.

그림

적은 또한 신자의 마음(정신)의 스크린에 그림들을 투사할 수도 있습니다. 어떤 것들은 맑고, 좋으며 그에게 환영을 받습니다. 또 어떤 것들은 불결하고, 사악하여, 그의 양심이 무척 혐오합니다. 좋든, 나쁘든, 좋아하든, 싫어하든 간에 서글픈 사실은 그에게 이 그림들이 그의 머리에 들어가지 못하게 금할 힘이 없다는 것입니다. 그의 의지에 반하여 그의 눈앞에 과거의 경험들, 미래의 사건들에 대한 예언들과 기타 많은 것들이 좀처럼 없어지지 않는다는 것입니다. 이것은 그의 상상력이 급격히 쇠퇴하여 수동성에 빠졌기 때문입니다. 그는 상상력을 제어할 수 없으며, 악령이 그 힘을 조작하도록 허용한 것입니다. 하나님의 자녀는 그 자신의 정신에서 나오지 않는 것은 무엇이든 초자연적인 원수의 힘에서 나온다는 것을 알아야 합니다.

꿈은 자연적인 것일 수도 있고 초자연적인 것일 수도 있습니다. 어떤 꿈은 하나님께서 주신 것이고 또 어떤 것들은 마귀가 주는 것입니다. 사람의 생리적, 심리적 조건들에 따라 산출된 것들을 제외하면 나머지는 초자연적 기원에 의한 것입니다. 어떤 마음이 악령들에게 열려 있으면 그의 밤 꿈은 대부분 그가 낮에 만난 "그림들"의 또 다른 형식에 지나지 않습니다. 보이지 않는 악한 세력들이 낮에는 그림을, 밤에는 꿈을 만들어냅니다. 그의 꿈이 마귀로부터 온 것인지 아닌지 결정지으려면 신자는 자기에게 이렇게 자문해 보아야 합니다. 내 정신은 **대체적으로** 수동적인가? 라고 말입니다. 그렇다면 이 꿈들을 신뢰할 수 없습니다. 더구나, 하나님이 넣어주신 꿈과 환상은 사람으로 하여금 정상적이며, 평화스럽고, 안정되고, 추리와 의식으로 가득할 수 있게 합니다. 그러나 악령들이 던져주는 것은 기괴하고, 무분별하고, 환상적이고, 어리석고, 사람으로 하여금 오만하게 하고, 현혹스럽고, 혼란스럽고, 비합리적으로 만듭니다.

건망증

　마귀의 공격 때문에 적지 않은 성도들이 기억력을 빼앗겨 건망증으로 고생합니다. 그들은 방금 말했거나 행한 것도 곧 잊어버립니다. 그들은 그날 방금 치워두었던 물건도 어디 두었는지 모릅니다. 그들은 얼마 전에 한 약속들을 잊습니다. 그들은 마치 뇌가 없는 듯이 행동합니다. 그들의 정신 속에 아무 것도 남아 있는 것 같지 않아 보입니다. 이 성도들은 그들의 정신이 실제로 악령들의 방해를 받고 있는 사실을 모르고 다른 사람들의 기억력보다 그들의 기억력이 더 나쁘다고 결론지을지 모릅니다. 그 결과 그들은 노트에 의존하지 않으면 안 됩니다. 그들은 기억의 수단으로서 노트와 비망록의 노예가 됩니다. 그렇다고 한 사람이 모든 것을 기억할 수 있어야 한다고 암시하는 것은 아닙니다. 몇 년이 지났거나 또는 깊은 인상을 받지 않을 때는 즉시 잊혀지는 일들이 많음을 우리는 인정합니다. 그렇더라도 발생한지 그리 오래되지 않았고 그의 주목을 받은 많은 사건들을 어떤 시한(또는 기한) 안에서는 그리고 어떤 적절한 상황에서는 회상**되어야** 하지 않겠습니까? 어째서 그런 일들이 어떤 그림자도 남김없이, 회상할 능력도 없이 잊혀지고 상실되곤 합니까? 변명은 당연한 것일 수 없습니다. 그것은 악한 세력의 침입 때문인 것이 틀림없습니다. 어떤 문제들은 잊혀지는 것이 아주 당연합니다. 또 어떤 문제들은 사라지는 것이 당연하지 않은 것들도 있습니다. 이상한 모든 기억력 상실은 사단의 무리들의 간교한 공식입니다. 이런 종류의 공격을 겪는 기독교인들이 많습니다. 얼마나 많은 노력이 이 때문에 망쳐집니까. 그리고 얼마나 많은 농담이 이 건망증 때문에 생깁니까. 신용과 유용성의 손실이 있는 것입니다.

집중력 부족

사탄의 졸개들은 기독교인의 정신 집중력에 지장을 줄 때가 많습니다. 개인들에 따라 집중력의 차이가 많이 있는 것을 우리는 인정합니다. 그러나 기독교인들의 경험에 대한 관찰을 통해 그들의 대다수가 악령들의 흐트러뜨리는 작용을 통해 이 집중력이 얼마큼 상실한 것을 경험한 사실을 우리는 주목합니다. 생각하려 애쓰는데도 집중력이 전혀 없어 보이는 사람들도 있습니다. 좀 나은 사람들도 있지만, 어떤 특정 문제에 몇 순간을 집중한 다음 그들의 생각이 사방으로 흩어져 버리는 사람들도 있습니다. 특히 기도하고, 성경 읽고, 메시지에 귀를 기울일 때, 기독교인들은 그들의 생각이 방황하는 것을 보게 됩니다. 그들이 집중하려고 해도 그렇게 하는데 실패합니다. 그들의 의지로서 질주하는 생각들을 붙잡는 데에 잠시 동안은 성공할지 몰라도 그 결과는 오래 계속되지 않습니다. 가끔은 온갖 통제력을 잃을 때도 있습니다. 여기에 작용하고 있는 것은 분명 원수입니다. 마귀가 힘을 쓰는 이유는 신자가 그의 정신에 악령들을 위한 실마리를 제공했다는 사실에 있습니다. 그의 정신력을 허비하여 새벽부터 저녁까지 아무 일도 성취하지 못하는 것은 얼마나 가엾은 일입니까. 체력의 낭비가 해로운 것같이 정신력의 낭비 역시 해로운 것입니다. 오늘 많은 결과를 산출하지 못하며, 많은 시간을 소모하는 기독교인들이 매우 많습니다. 그들의 생각이 악령에게 공격을 받아 생각을 집중할 수 없는 것입니다.

무기력

신자의 정신이 맹공격을 받으면 생각하는 힘을 상실합니다. 그것이 거의 전적으로 악령들의 손에 떨어져 그 자신이 사고력을 더 이상 사용할 수 없게 되는 것입니다. 그는 자기가 원하는 일조차 할 수 없게 됩니다. 그 자신의 생각을 시작할 수 없기 때문입니다. 실제로 그가 통제하지 못하는 무수히 많은 생각들이 그의 정신을 통과합니다. 그는 이것을 정지시킬 힘도, 자신의 생각을 시작할 힘도 없습니다. 이 낯선 생각들이 그를 너무 압도하여 자신의 생각을 품을 수 없게 되는 것입니다. 때로 그의 정신 속에 그의 생각을 집어넣을 만한 공간을 찾을 수는 있으나 생각을 계속하기가 매우 힘들어집니다. 너무 많은 목소리와 너무 많은 주제들이 거기에 벌써 자리 잡고 있으므로 이것들이 그의 생각을 간단히 밀어내는 것입니다. 누구든 생각하고 싶으면 기억력과 상상력과 추리력을 가져야 합니다. 그러나 그 기독교인은 이런 힘들을 곧 잃어버립니다. 이런 까닭에 생각할 수가 없는 것입니다. 그는 창작할 수도, 추론할 수도, 회상도 할 수 없게 되고, 비교나 판단이나 이해도 할 수 없습니다. 그러므로 생각을 할 수 없는 것입니다. 그가 그렇게 하기로 시도하면 모든 생산적 사고를 질식시키는 일종의 현혹된 느낌을 경험하는 것입니다.

우유부단

신자의 정신이 원수의 세력에 지배당할 때, 그의 생각은 전적으로 의뢰할 수 없습니다. 그 대부분이 악령들에게서 오기 때문입니다. 그 자신의 생각은 거의 없습니다. 이 영들은 그 속에 한 가지 생각을 발생시킬지 모르나, 곧 이어 반대 종류의 생각을 떠올립니다. 그렇게 변하는 생각을 따름에 따라 그 기독교인은 당연히 우유부단한 사람이 됩니다. 그와 함께 있거나 그와 함께 일하는 사람들은 그의 성격이 불안정하다고 생각합니다. 그가 영원히 변하는 상태에 있기 때문입니다. 하지만 근본적으로 그의 생각과 의견을 변화시키는 것은 악령들입니다. 한 순간에는 "할 수 있습니다"라고 말하고, 다음 순간에는 "할 수 없다"고 말하는 기독교인들을 얼마나 자주 보게 됩니까. 그들은 아침에는 "원합니다"라고 선언하고, 오후에 가서는 "싫습니다"로 변해 버립니다. 그 이유는 처음에는 악령들이 "내가 할 수 있다"는 생각을 머리에 심고, 그가 진정으로 할 수 있다고 믿게끔 유도합니다. 그렇지만 그것들은 다음에는 다른, "할 수 없다"는 반대 생각을 그에게 주입시켜서 그가 할 수 없다고 생각하게 만드는 것입니다. 그러므로 그가 처음 선언했던 것을 뒤집는 것은 그 자신이 아닌 것입니다.

완고함

한 사람의 정신적 기능이 수동성으로 빠져들어 어둠의 세력들에게 점령되면, 그는 자기가 한때 결정지었던 어떤 이치나 증거에 대해서도 귀를 기울일 것을 절대 거절합니다. 그는 그를 더 잘 이해시키려는 어느 누구의 시도도 자기에 대한 자유의 침해로 보게 됩니다. 그는 그들이 매우 어리석다고 생각합니다. 그들은 **그가** 아는 것을 결코 알 수 없다고 생각하는 것입니다! 자기의 생각들이 전혀 잘못됐을 수 있는데도, 그는 자기가 **설명할 수 없**는 이유를 갖고 있다고 생각하는 것입니다. 그의 정신은 전혀 요지부동이므로, 이성을 가지고 검토하고, 구별하고, 판단하는 법을 알지 못합니다. 그는 악령들이 그의 머릿속에 유포시키는 것은 무엇이든 가장 뛰어난 것으로 존중하여 무비판적으로 삼켜버립니다. 그런 사람이 초자연적 음성을 들으면 그는 그것을 자동적으로 하나님의 뜻으로 받아들입니다. 그에게 그 음성은 벌써 그의 법이 된 것입니다. 그러므로 그것은 이성의 검토를 초월하는 것입니다. 사상이나, 음성이나, 가르침이 무엇이든 간에 그는 그것을 틀림없고, 전적으로 안전한 것으로 생각합니다. 그는 시험해보고, 검토하고, 고찰할 것을 거부합니다. 그는 그것에 요지부동하게 달라붙어 좀처럼 다른 것에는 주목하려 하지를 않습니다. 그 자신의 추리의 분량이나 양심이나 남들의 설명이나 증거는 그를 한 치도 움직일 수 없습니다. 그가 그것을 일단 하나님의 인도하심으로 믿으면, 그의 정신은 어떤 변화에 대해서도 굳게 닫혀 집니다. 따라서 그는 그의 추리력을 사용하지 않으므로 악령들에게 쉽게 속임을 당합니다. 조금이라도 이해하는 사람들은 그 위험을 알지만 그는 그것을 모두 알사탕인양 삼켜버립니다. 이런 사람을 회복시키기는 확실히 쉽지 않습니다.

제33과 구출의 길

옛사람과 그 행위를 벗어버리고 새사람을 입었으니 이는 자기를 창조하신 이의 형상을 따라 지식에까지 새롭게 하심을 입은 자니라 (골 3:9-10 NASV).

일단 진상을 알고 그의 정신이 어둠의 세력에서 결코 풀려지지 않았거나 다만 부분적으로만 풀려진 것을 인정하게 되면, 그는 당연히 자기 속에 있는 악령들의 요새를 무너뜨리기 위해 악령들에게 대항하는 싸움을 벌이려 일어날 것입니다. 그러는 즉시 그는 전쟁의 무기가 영적이어야만 할 것을 알게 됩니다. 육적인 무기는 그에게 아무런 소용이 없습니다. 그의 기억이나 생각을 개선시키기 위해 결심을 하거나, 어떤 조치를 취하더라도 그는 자기를 자유하게 할 수 없는 것입니다. 그의 정신은 육적 계략으로 축출하거나 파괴할 수 없는 초자연적 세력에 포로 되어 있는 것입니다. 이 신자는 그가 스스로 진리를 배우고, 잃은 영토-이 악한 세력들이 그것을 지키려 분발하게 될-를 되찾기 위해 준비할 때까지는 이 어둠의 세력들이 그의 머리를 그렇게 완전히 찬

탈할 수 있었다는 것을 꿈도 꾸지 못합니다. 따라서 하나님의 자녀는 그의 머리가 얼마나 어둡고, 아둔하고, 수동적이고, 참으로 통제 불능인가를 보게 됩니다. 마귀는 그가 잃은 영토를 회복할 어떤 행동도 취하지 못하도록 위협하며 그의 정신에 고통을 주기 위해 온갖 수단을 다 사용할 것입니다. 이것은 그(신자)의 정신생활이 확실히 원수의 요새이며, 그(신자)가 그것을 완전히 장악하지 못했었음을 전보다 더욱 그에게 확신시켜 줍니다. 그는 자기가 배우고 싶어 하는 진리를 깨닫지 못하도록 원수가 얼마나 힘쓰고 있는가를 알게 됩니다. 그가 중요하지 않은 문제들을 기억할 수 없고, 중요한 문제들을 전혀 이해하거나 회상할 수 없기 때문입니다. 그는 그가 승낙한 진리를 반대하는 세력이 그의 머리 안에 있음을 감지하게 되는 것입니다.

이제 정신을 해방시키기 위한 전쟁이 시작됩니다. 기독교인이 악령들의 요새로 남아 있는 것으로 만족합니까? 만족하지 않으면 누가 이 문제를 해결해야만 합니까? 하나님이신가요? 아닙니다. 그 사람 자신입니까? 그가 자신을 전적으로 하나님께 바칠 것인지, 아니면 그의 생각의 도구가 사탄의 거류지로 남아 있기로 허락할 것인지 그가 선택해야만 합니다. 어둠의 세력들이 그의 정신을 이용하도록 허락할 것인가? 그것들이 그들의 왜곡된 생각을 구원받은 사람의 정신을 통해 쏟아낼 허락을 받게 할 것인가? 그것들이 그의 머리를 지옥불로 채우도록 허용할 것인가? 그것들이 그의 정신을 통해 그들의 가르침을 마음대로 유포시킬 수 있는가? 그것들이 그의 지성을 조작하여 하나님의 신리를 거스르게 하는 것이 이후로 가능할 것인가? 그것들이 그의 정신을 통해 그를 해치고 고통을 줄 수 있는가? 기독교인 자신이 이 문제를 결정지어야만 합니다. 그가 악령들의 영원한 꼭둑각시가 되고 싶은가? 그가 선택해야만 합니다. 그렇지 않으면 구출의 가망이 있을 수 없습니다. 그가 하나님을 위해 어떤 결단을 했다고 해서 그가 벌써 이것을 극복하였음을 의미하는 것은 아닌 것입니다. 그것은 다만 그가 적의 공격을 실제로 반대하고 있는가, 아닌가 만을 가리켜줄 따름입니다.

새로워진 정신

개심 시기에 하나님은 그의 자녀들의 정신을 변화시키려고 하실 뿐만이 아닙니다. 하나님은 수정같이 투명한, 전적으로 새로워진 정신 역시 원하십니다. 우리는 이것이 하나님의 말씀에서 명령되어진 것을 보게 됩니다. 사탄이 작용할 수 있는 이유는 기독교인이 육적 정신에서 전적으로 해방 받지 않았다는데 있습니다. 기독교인이 남들을 관용할 수 없는 속 좁은 정신 상태나, 더욱 깊은 진리를 이해할 수 없는 어두운 정신이나, 중요한 어떤 책임도 질 수 없는 어리석은 정신으로 시작할 수 있습니다. 그리고 나서 그는 깊은 죄 속으로 빠져듭니다. 이것은 "육신의 생각은 하나님과 원수가 되나니"(롬 8:7)이기 때문입니다. 로마서 6장의 가르침을 일단 알게 되면 기독교인들은 그들 자신을 그들의 육적 정신에서 벌써 해방 받은 것으로 보는 기독교인들이 많습니다. 그들이 분별하지 못하는 것은 십자가가 사람의 모든 영역에서 세밀히 작용해야만 한다는 사실입니다. "너희 자신을…죽은 자로 여길지어다" 다음에는 반드시 "그러므로 너희는 죄가 너희 죽을 몸을 지배하지 못하게 하라"(롬 6:11-12)가 따라와야만 하는 것입니다. 정신의 변화에 뒤이어 "**모든 생각을 사로잡아 그리스도에게 복종하게 하니**"(고후 10:5)가 와야만 하는 것입니다. 정신이 완전히 새로워져야 합니다. 그 육욕성의 어떤 잔재도 하나님께 원수가 되기 때문입니다.

우리가 우리의 지성을 새롭게 하기 위해서는 십자가로 가까이 가야만 합니다. 이것이 에베소 4장에서 분명히 요청되고 있습니다. 사도 바울은 17, 18절에서 사람의 육적 정신 상태의 어두움을 서술하고 있습니다. 그러나 22절과 23절에서는 정신이 어떻게 새로워질 수 있는가를 알려 주고 있습니다. "너희는 유혹의 욕심을 따라 썩어져 가는 구습을 따르는 옛 사람을 벗어버리고 오직 너희의 심령이 새롭게 되라." 우리는 우리의 옛사람이 벌써 주와 함께 십자가에 못 박힌 것을 압니다(롬 6:6). 여기서 우리는 우리의 정신이 새롭게 되도록 "벗어버리라"는 권면을 받고 있습니다. 이것은 십자가가 새로워짐의 도구임을 보여줍니다. 신자의 옛 두뇌 역시 우리가 전적으로 벗어버리기를 하나님이 원하시는 옛 사람의 부분임을 깨달아야 합니다. 하나님이 십자가를 통해 주시는 구원은 새 생명을 포함할 뿐만 아니라, 우리의 혼의 모든 기능의 새로워짐도 포함합니다. 우리 존재 안에 깊이 뿌리박고 있는 구원은 점점 "밖으로 드러나야"만 합니다. 오늘 기독교인들에게 크게 부족한 것은 그들의 정신이 구원받아야 할 필요를 알지 못한다는 것입니다(엡 6:17). 그들은 구원을 어렴풋하고 다소 막연한 용어로 생각합니다. 그들은 그들의 모든 역량과 재능이 새로워져서 하나님이 쓰시기에 적당해야 함으로, 하나님께서 그들을 최대한으로 구원하시려는 것을 알지 못하고 있습니다. 정신은 사람의 타고난 재능의 하나입니다. 하나님은 그의 자녀들에게 그들의 옛 사람이 십자가에 못 박혀 죽은 것을 믿으라고 하십니다. 그런 다음 그들은 옛 사람에 대한 하나님의 심판을 일편단심으로 받아들이고, 의지를 발휘해서 그들의 옛 생각을 포함해서 옛 행실을 거부하고 벗어버려야 합니다. 그들은 십자가 밑에 와서 그들의 이전의 정신 상태와 사고방식을 기꺼이 버리고 그들에게 새로운 정신을 주시도록 하나님을 의지해야만 합니다. 형제자매님들, 옛사람을 철저히 벗어버릴 필요가 있습니다. 그렇습니다. 정신의 갱신은 하나님의 일입니다. 그러나 당신의 옛 사고 기관을 벗어버리는 것, 곧 거부하고, 버리는 것은 당신이 해야만 할 일입니다. 당신이 당신의 몫을 수행하면, 하나님께서 그의 몫을 이루실 것입니다. 그리고 일단 당신이 구체적으로 벗어버리면, 당신은 그 방법을 모르더라도 하나님께서 당신의 정신을 이와 같이 새롭게 해 주실 것을 철저히 믿어야 합니다.

자유와 새롭게 해주심(갱신)

신자가 한 치 한 치 진리를 되찾음에 따라 그 결과가 점점 나타나게 될 것입니다. 회복을 시도함에 따라 처음에는 더 악화되는 것 같아보여도 그가 계속하면 적이 끊임없이 힘을 잃고 있음을 보게 될 것입니다. 여러 가지 징조들이 영토를 점점 탈환하게 됨에 따라 감소될 것입니다. 그는 그의 정신이 기억력과 상상과 추리 능력과 함께 점점 자유로워져서 그가 그것을 다시 사용할 수 있음을 발견하게 될 것입니다. 그러나 그는 이 지점에서 한 가지 위험을 조심해야 합니다. 그가 자기만족에 빠져 끝까지, 잃었던 진지가 회복되는 지점까지 싸우지 않고 중단할 수 있습니다. 따라서 그는 악령들이 미래의 어떤 새로운 활동을 범하기 위한 발판을 남기게 될 것입니다. 신자는 철저히 해방될 때까지 그의 주권을 회복하는 일을 계속해야만 합니다. 그가 십자가의 기초 위에 서서 그의 정신을 발휘하여 적의 탈취를 거부하면 그는 곧 완전히 구출 받게 될 것입니다. 그가 그 자신의 정신생활의 주인이 될 것입니다.

수동성에서 자유로 가는 과정을 간략히 요약해 보겠습니다.

(1) 이 기독교인의 정신은 원래는 정상이었습니다.

(2) 이 기독교인이 수동성으로 침몰한 것은 그가 하나님께서 그의 정신을 사용하시는 것을 그가 원하지 않았기 때문입니다.

(3) 이 기독교인은 자기가 지금 새 정신을 갖고 있다고 생각하도록 기만당하고 있습니다.

(4) 사실상 그는 악령들의 공격을 통하여 정상 이하로 떨어져 있습니다.

(5) 그의 정신은 약하고 무력합니다.

(6) 그는 잃은 진지를 다시 찾으려 싸움을 벌입니다.

(7) 그의 정신은 전보다 더 부패하고 혼란스러워 보입니다.

(8) 실제로는 그가 자유를 점점 회복하고 있습니다.

(9) 그는 그의 주권을 주장하고 수동성에서 회복되기로 결심합니다.

(10) 수동성이 넘어뜨려지고 그가 회복됩니다.

(11) 그는 그의 의지를 지탱하여 그 후 그의 정상상태를 유지하는데 성공할 뿐만 아니라,

(12) 그의 정신이 너무 회복되어 그가 전에 할 수 없었던 일

을 할 수 있게 되었습니다.

　새로워진 정신은 그냥 자유로워진 정신보다 더 깊은 것임을 알아야 합니다. 수동성과 적의 거짓말을 믿음으로서 빼앗겼던 요새를 재탈환한다는 것은 잃었던 것을 회복하는 것만을 의미하는데 지나지 않습니다. 그러나 새로워진다는 것은 포기됐던 것의 회복일 뿐만 아니라 그가 원래 가졌던 것보다 더 높은 것을 소유하게 되는 것입니다. 새로워진 정신을 갖는다는 것은 하나님이 그의 정신을 위해 정해주신 최고의 가능성에 도달한다는 것입니다. 하나님은 기독교인의 정신이 전적으로 자기 통제에 의하여 어둠의 세력에서 풀려나야 할 뿐만 아니라, **새로워짐**으로서 그것이 성령과 완전히 협력할 수 있기를 바라십니다. 하나님은 정신이 그 모든 상상과 추리와 함께 빛과 지혜와 깨달음으로 가득하고, 정결해져서 하나님의 뜻을 온전히 순종하게 되기를 바라십니다(골 1:9). 그러므로 다만 한 가지 작은 획득만으로 만족하지 맙시다.

제34과 정신의 법칙

육신의 생각은 사망이요 영의 생각은 생명과 평안이니라(롬 8:6 NASV).

영적 기독교의 분별과 이해와 수행 과정을 분석해보면 다음과 같은 단계를 확인할 수 있습니다. (1)성령은 한 사람의 영에 하나님의 뜻을 계시하시어 그것이 무엇인지 그가 알 수 있게 해주십니다. (2)그는 그의 마음(정신)을 통하여 이 계시의 의미를 이해합니다. (3)그는 그의 의지로 그의 몸을 활성화시키기 위해 그의 영적 힘을 끌어들이므로 그의 몸이 하나님의 뜻을 수행할 수 있게 합니다. 한 사람의 삶에서 그의 마음(정신)보다 영에 더 가까운 것은 없습니다. 영이 영적 영역에서 실상을 감지하기 위한 요소라면, 마음(정신)은 지적 물질적 영역에서 여러 가지 요소를 배우기 위한 기계 장치입니다. 기독교인은 영을 통하여 하나님의 일들을 하는 한편, 지성을 통해 자기에 관한 것을 모두 압니다. 둘 다 앎의 기관입니다. 이런 까닭에 그들의 관계는 다른 것들보다 확실히 더 가깝습니다. 영을 따라 행함에서 우리는 마음(정신)이 영에 가장 훌륭한 조력자인 것을 발견하게 됩니다. 그러므로 이 둘이 함께 작용하는 방식을 이해하는 것은 필수적입니다.

성경은 영과 마음의 공동 작용에 관하여 매우 분명히 말씀합니다. "우리 주 예수 그리스도의 하나님, 영광의 아버지께서 지혜와 계시의 영을 너희에게 주사 하나님을 **알게** 하시고 너희 마음 눈을 밝히사 그의…너희로 **알게** 하시기를…"(엡 1:17-19). "지혜와 계시의 영"의 의미는 앞에서 설명했습니다. 그것은 하나님이 우리 영에 계시를 주사 자기를 알게 하시고, 그은 뜻을 알리신다는 의미입니다. 그러나 여기서는 우리의 영에서 직관으로 받은 계시가 우리 마음과 함께 작용하는 방식을 주목하고 싶습니다.

"너희 마음 눈"은 비유적으로 우리의 추리와 이해 즉 우리의 정신을 가리킵니다. 이 구절에서 두 번 사용된 "알게", "앎"이란 말은 두 가지 뚜렷이 다른 관념을 전달합니다. 첫 번 것은 직관적으로 아는 것이고, 둘째 것은 지적으로 아는 것 또는 이해하는 것을 의미합니다. 이 계시의 영은 우리 존재의 깊은 곳에 자리잡고 있습니다. 하나님은 자기를 우리에게 계시하셔서 우리가 우리의 직관으로 그를 참으로 인지할 수 있게 하십니다. 그러나 지금까지는 이것은 직관적 앎에 지나지 않습니다. 즉 속 사람은 아는데 겉 사람은 모르고 있습니다. 속사람에게 알려진 것을 겉 사람에게 전달하는 것은 불가피한 조치입니다. 이런 조치가 없으면 속사람과 겉 사람의 단합된 행동을 막게 됩니다. 그러면 이런 교통이 어떻게 이루어질 수 있습니까? 성경은 직관의 계시의 의미를 이해하기 위해서는 우리의 영이 우리의 정신 기능을 밝혀주어야 한다고 알려줍니다. 우리의 겉 사람은 사물을 이해하기 위하여 정신에 의존해야 함으로 영이 직관으로 아는 것을 정신에 전달해줌으로서 후자(정신)는 전 존재에 그 메시지를 전달할 수 있게 되고, 하나님의 자녀로 하여금 영에 따라 행할 수 있게 하는 것입니다.

우리는 먼저 우리의 직관에서 하나님의 뜻을 알게 되고, 그런 다음 우리의 지성이 그 뜻을 우리에게 풀이해 주게 됩니다. 성령은 우리 영에서 움직이시며 우리 안에 영적 지각을 주십니다. 그 후 우리는 두뇌를 사용하여 이 지각의 의미를 생각하고 이해하게 됩니다. 하나님의 뜻을 충분히 파악하려면 영과 정신의 협력이 필요합니다. 영은 속사람으로 하여금 알 수 있게 하고, 정신은 우리의 겉 사람으로 하여금 이해하게 해줍니다. 이런 협력은 일초 만에 이루어지지만, 펜과 잉크로 서술하려면 더 긴 시간이 필요합니다. 이것은 두 손과 같이 작용합니다. 따라서 영은 눈 깜박할 순간에 그것이 본 것을 벌써 정신에 알려주게 됩니다. 모든 계시는 성령으로부터 오며, 정신이 아니라 사람의 영으로 받게 됨으로, 사람이 직관으로 알 수 있게 되며, 그런 다음 그의 정신력으로 살피고 이해하게 됩니다.

우리의 정신이 하나님의 뜻을 받기 위한 주된 요소로 사용되지 않도록 우리는 일관되게 거부해야 합니다. 그렇다고 그의 뜻을 이해하기 위한 정신의 이차적 기구로서의 역할을 금해서는 안 됩니다. 육적 기독교인이 머리의 생각을 그의 행동 기준으로 오해하는 것은, 그가 영을 따라 행하는 법을 아직 배우지 못했기 때문입니다. 영적 기독교인은 영을 따릅니다. 그러나 그는 영이 의미하는 바를 파악하기 위해 그의 정신에게 기회를 줍니다. 참된 인도에서는 이 두 요소가 하나가 됩니다. 대체로 영의 인도는 사람들의 추리를 반대하게 됩니다. 그러나 이성적 추리력이 새로워진 사람에게는 그런 추리가 그의 영과 함께 작용하며, 따라서 그의 인도는 **그의** 추리에게 완전히 논리적으로 보이게 됩니다. 그러나 속사람이 아직 이렇게 높은 위치에 오지 못한 사람의 합리성은 영의 인도를 저항할 때가 많을 것입니다.

정신과 영과 영적 정신

하나님의 자녀가 영적으로 되면 될수록 영에 따라 행하는 것의 중요함과 육에 따라 행하는 위험을 더 잘 의식하게 됩니다. 그러나 그는 실제로 어떻게 영을 따라 행하게 됩니까? 로마서 8장에 주신 대답은 영을 염두에 두고, 영적인 정신을 소유하는 것이라고 합니다. "육신을 따르는 자는 육신의 일을 영을 따르는 자는 영의 일을 생각하나니 육신의 생각은 사망이요 영의 생각은 생명과 평안이니라."(5-6절, ASV) 영을 따라 행하는 것은 생각을 영의 일들에 기울이는 것을 의미합니다. 그것은 또 영이 생각을 다스리게 하는 것을 의미합니다. 영에 따라 행동하는 사람들은 속사람의 일들에 전념하고 그들의 정신도 그러므로 영적인 사람들입니다. 영으로 행하는 것은 영의 통제를 받는 정신이 영의 일들에 전념한다는 의미입니다. 이것은 우리의 지성이 새로워졌고, 영의 통제를 받으며, 따라서 영의 모든 움직임과 침묵을 인지할 자격을 얻었음을 의미합니다.

영의 실상들을 **염두에 두는 것**이 영을 따라 행하는 사람에게 왜 그처럼 중요하겠습니까? 이것이 영의 인도를 확보하는 가장 현저한 조건 내지 상태가 되기 때문입니다. 주께서 그들의 환경을 해결해 주시도록 기다리는 하나님의 자녀들이 얼마나 많습니까? 그런데도 동시에 영에 주목할 필요를 간과하고 있는 것입니다. 그들은 그들의 내면 깊은 곳의 격려에 주목하지를 않습니다. 이미 우리 안에 거하시는 하나님께서 우리의 영 안에서 우리를 인도하실 때가 많습니다. 그런데도 우리의 지적 기능의 아둔함 때문에 그것을 바로 알아보지를 못합니다. 주가 우리 직관에 계시를 참으로 주셨습니다. 그러나 우리의 지성은 영의 움직임에 대해서 보다는 천 가지 다른 문제들에 머뭇거리고 있습니다. 우리는 우리의 영적 지각을 둔한히 하고 있습니다. 가끔 우리의 영은 정상이지만, 우리의 정신은 잘못을 범합니다. 그래서 우리는 영을 따르는 것에 무능력해지는 것입니다. 직관이 표현하는 것은 무엇이든 섬세하고, 조용하고, 부드럽습니다. 우리가 습관적으로 그 실상들에 전념하지 않으면 영의 생각을 어떻게 알 수 있고, 거기 따라 행할 수 있겠습니까? 우리 생각은 파수꾼처럼 민첩하여 항상 속사람의 움직임을 살펴야합니다. 그래야 우리의 겉 사람이 전적으로 굴복하게 됩니다.

열린 정신

하나님의 직접 계시를 체험하는 것 외에도, 우리는 하나님의 다른 자녀들의 말씀 전파(설교)를 통해 자주 진리를 받아들입니다. 그런 진리는 그것이 영에 도달하기 전에 먼저 지성으로 받아들여집니다. 우리가 남들의 말이나 글들을 정신으로 접촉함으로서 정신의 통로를 거치지 않고 우리의 생명에 도달하는 종류의 진리는 거의 없습니다. 열린 정신은 따라서 영적 생활에 가장 중요합니다. 우리의 뇌가 진리나 설교자에 대한 편견으로 가득 차 있으면, 진리가 그것에 들어가지도 못할 것이며, 우리 삶에까지 미치지 못할 것입니다. 어떤 신자들이 도움을 받지 못하는 것도 이 때문입니다. 그들은 읽고 싶거나 듣고 싶어 하는 것을 벌써 결정지어 버린 것입니다.

통제된 정신

기독교인의 삶의 모든 부분은 고삐를 물릴 필요가 있습니다. 여기에는 정신이 그 새로워져야 할 일(갱신)조차 포함됩니다. 우리는 정신에 고삐를 던지면 안 됩니다. 악령들이 역이용할까 해서입니다. 생각과 **사상은 행동의 씨앗임**을 기억합시다. 여기의 부주의나 경솔함은 변함없이 저기의 죄로 이끌어갑니다. 심겨진 생각은 마침내 성장할 것입니다. 그 성장이 아무리 더디더라도 말입니다. 우리는 우리의 뻔뻔스럽고, 무의식적인 모든 죄들을 우리가 전에 심겨지도록 허용한바 저 씨앗이 됐던 생각들(사상)에서 그 원인을 찾아낼 수 있을 것입니다. 죄의 생각이 머리에 머무르게 허용하면, 얼마 후에, 아마 수 년 후에 죄의 행동을 거두게 될 것입니다. 이를테면, 어떤 형제에 대적하여 악한 생각을 품었다고 생각해 보십시오. 그것이 뿌리 뽑히고 즉시 지워지지 않으면, 그것은 마침내 고약한 열매를 맺게 될 것입니다. 기독교인은 그의 생각들을 처리하기 위해 있는 힘을 다 발휘해야 합니다. 이 지적 생활이 통제되지 않으면, 그는 아마 어떤 것도 통제할 수 없을 것입니다. 이런 까닭에 베드로는 "너희(우리) 마음(생각)의 허리를 동이라"(벧전 1:13)고 권면합니다. 베드로는 우리의 모든 생각을 규제하고 그것들이 제멋대로 굴지 못하게 하라는 뜻으로 말씀했습니다.

하나님의 목적은 "**모든** 생각을 사로잡아 그리스도에게 복종하게"하는 것입니다. 이런 까닭에 우리의 생각들의 하나하나를 하나님의 입장에서 음미해야 합니다. 그 하나라도 우리의 관찰이나 판단을 피하지 못하게 해야 합니다. 그 생각이 무엇이든, 그것을 검토하고 통제하지 않으면 안 됩니다.

하나님의 말씀으로 가득 찬 정신

"내 법을 그들의 생각에 두고"라고 하나님이 선언하십니다(히 8:10). 우리는 하나님의 말씀을 더욱 읽고 기억해야 합니다. 그래야 급히 필요한 순간에 그것을 찾을 수 있습니다. 우리가 부지런히 성경을 읽으면, 하나님께서 우리의 모든 생각을 그의 법으로 채워주실 것입니다. 우리의 길을 위해 빛이 필요할 때 우리는 성경 말씀을 즉시 생각해낼 수 있을 것입니다. 성경을 읽을 때 자기들의 생각을 활용하려고 하지 않는 사람들이 많습니다. 그들은 기도한 후 성경을 되는대로 아무데나 펼쳐, 그들 앞에 있는 것을 하나님이 주시는 것으로 받아들이기를 좋아합니다. 이것은 정말 믿지 못할 일입니다. 하지만 우리의 정신이 그의 말씀으로 풍성하면, 성령께서 우리의 영을 통하여 어떤 적절한 구절을 즉시 기억나게 하심으로 우리의 정신을 비추어 주실 수 있습니다. 아무도 우리가 훔치지 말아야 한다고 우리에게 말해줄 사람이 필요 없습니다. 하나님의 말씀이 그렇게 말씀하신 것을 우리가 알고 있으니까요. 그런 말씀이 벌써 우리 생각 속에 있습니다. 이것은 다른 문제들에서도 마찬가지입니다. 그러므로 우리가 이렇게 성경과 연합되어 있으면, 모든 점에서 하나님의 생각을 깨달을 수 있을 것입니다.

제9부
혼의 분석 - 의지

제 35 과 신자의 의지

내 원대로 마시옵고 아버지의 원대로 되기를 원하나이다(눅 22:42, NASV).

사람의 의지는 무언가를 결정하는 기관입니다. 원하거나 원하지 않는 것, 선택이나 선택하지 않는 것은 의지의 전형적 작용입니다. 의지는 사람이 삶의 바다 위로 항해할 때에 그의 "키"(조타장치) 역할을 합니다.

사람의 의지를 그의 실제의 자아로 받아들을 수 있을 것입니다. 실제로는 의지가 그를 대표하기 때문입니다. 그 사람의 행동은 의지의 행동입니다. 우리가 "내가…하겠다"라고 선언할 때, 이렇게 의도하는 것은 우리의 의지입니다. 우리가 "**내가** 원한다. **내가** 결정한다."라고 말할 때, 원하고 결정하는 것은 우리의 의지입니다. 우리의 의지는 전인을 대신해 행동합니다. 우리의 정서는 우리의 느낌을 그냥 표현하는데 지나지 않습니다. 우리의 생각은 우리의 생각을 말해주는데 지나지 않습니다. 그러나 우리의 의지는 우리가 **원하는** 것을 전달합니다. 이런 까닭에, 의지는 우리의 전 인격 중 가장 영향력 있는 요소입니다. 그것은 정서와 생각보다 더 깊습니다. 그러므로 영적 성장을 모색할 때, 신자는 그 안의 의지적 요소를 무시해서는 안 됩니다.

참되고 완전한 구원은 사람의 의지를 구하는 것과 같습니다. 사람의 의지의 구원을 충분히, 철저히 포함하지 않으면 헛된 것입니다. 유쾌한 모든 느낌과 명석한 모든 생각은 외적 영역에 속할 따름입니다. 사람이 하나님을 믿음에서 기쁨과 위로와 평안을 경험할 수 있고, 하나님의 위엄을 깨닫고 기이한 지식을 많이 쌓을 수는 있습니다. 그러나 그의 뜻이 하나님의 뜻과 연합되지 않으면, 그가 하나님과 어떻게 진정한 연합을 갖고 있다고 하겠습니까? 의지의 연합만이 오로지 참된 연합을 이룹니다. 따라서 생명을 받고나서, 신자는 그의 직관에 주목해야 할 뿐만 아니라 이와 같이 의지에도 주목해야 하는 것입니다.

타락과 구원

불행하게도 인류는 타락했습니다. 이런 곤두박질로 인해 사람의 자유롭던 의지는 막대한(광범한) 손상을 입었습니다. 우주에는 양립 불가능한 두 가지 큰 의지가 있다고 말할 수 있습니다. 한편에는 하나님의 거룩하고 완전한 의지가 있고, 또 한편에는 사탄의 더럽고 더럽히는 반대 의지가 있습니다. 그 사이에 사람의 주권적이며, 독립적인 자유의지가 있습니다. 사람이 마귀에게 귀를 기울여 하나님께 반역할 때, 사람은 하나님의 의지에 대하여 끝없는 "no"를 나타내고 사람의 의지에 대해서는 영구적인 "yes"를 나타내는 것 같습니다. 사람이 그의 의지를 사용하여 마귀의 뜻을 선택함으로서 그의 의지는 마귀의 포로가 되었습니다. 그러므로 그의 모든 행위는 사탄의 의지에 지배받고 있습니다. 그가 그의 복종을 일찌감치 뒤엎을 때까지 사람의 의지가 적의 세력의 압제받고 있음은 의문의 여지가 없습니다.

사람은 이 타락한 위치와 상태에서 육적입니다. 이 육신 - 육신에 의하여 그의 의지는 그의 다른 기관들과 함께 다스림 받고 있습니다. - 은 철저하게 부패했습니다. 하나님께 기뻐하심이 되는 것이 어떻게 이런 어두운 의지로부터 나올 수 있겠습니까? 하나님에 대한 추구조차 육신의 영역에서 나오므로 아무런 영적 가치도 없는 것입니다. 사람이 하나님을 예배하는 방식을 많이 만들어낼 수는 있습니다. 그러나 모든 것이 그 자신의 착상이요, 생각이며, 모든 것이 하나님께는 전혀 받아들여질 수 없는 "자의적 숭배"인 것입니다(골 2:23 ASV).

복종적 의지

구원이란 무엇입니까? 하나님께서 사람을 그 자신으로부터 하나님 자신에게로 구원해 내시는 것 이상은 아닙니다. 구원은 두 면을 갖습니다. 잘라내 버리는 것과 연합시키는 것입니다. 잘라내어지는 것은 자아이며, 연합은 하나님과 연합하는 것입니다. 자아로부터 구출하여 하나님과 연합을 목표하지 않는 것은 진정한 구원이 아닙니다. 사람을 자기로부터 구출하여 하나님께 합쳐지게 하지 않는 것은 헛된 것입니다. 참된 영적 시작은 동물적 생명(타고난 생명)에서 풀리어 신성한 생명 속으로 들어가는 것입니다. 창조된 것에 속하는 것이 모두 포기되어야만, 창조된 것이 오직 창조주 안에서 모든 것을 즐거워할 수 있을 것입니다. 참된 구원이 나타나기 위해서는 창조된 것은 모두 사라져야만 합니다. 참된 위대함은 우리가 얼마나 많이 소유하느냐에 있지 않고, 얼마나 많이 잃었는가에 있습니다. 진정한 생명은 자아의 포기에서만 보여 질 수 있습니다. 자연과 창조된 것의 생명과 활동이 부정되지 않으면, 하나님의 생명이 자체를 표현할 길이 없습니다. 우리의 "자아"는 하나님의 생명의 적이 될 때가 많습니다. 우리의 영적 성장은, 우리가 자신들을 잃으려는 의지나 경험이 없으면, 발육이 저지될 것입니다.

자아란 무엇입니까? 이것은 대답하기가 매우 어려운 질문이며, 우리의 대답이 완전히 정확할 수가 없습니다. 그러나 "자아"가 "자기-의지"라고 말한다면 표적에서 그리 멀지는 않을 것입니다. 사람의 본질은 그의 의지에 있습니다. 의지가 사람이 근본적으로 사람 되는 것과 욕구하는 것과 의도하는 것을 표현하기 때문입니다. 하나님의 은혜가 그 작용을, 사람이 갖고 있는 모든 것에서 완수하지 않으면, 그가 죄인이든, 성자이든, 그것은 총체적으로 하나님의 생명과 배치됩니다. 사람은 타고난 생명에 속해 있기 때문이며, 이것은 하나님의 생명과 극히 대조(반대)되기 때문입니다.

그러니까 구원은 사람을 그의 창조되고, 타고난, 동물적, 육적, 자아 발산적 의지에서 구해내는 것과 같습니다. 다음을 특별히 주목해 봅시다. 우리에게 새 생명을 주시는 하나님을 제외하면, 우리의 의지를 하나님께로 방향 전환하는 것은 구원에 있어서 가장 큰(위대한) 사역입니다. 하나님께서 새 생명을 나누어주시는 것은 우리가 우리의 의지를 하나님께 양도하도록 하기 위함이라고 말할 수 있습니다. 복음은 우리의 의지가 하나님과의 연합을 촉진시키기 위한 것입니다. 이것에 미치지 못하는 것은 모두 전도사역의 실패에 해당하는 것입니다. 하나님은 그의 구원의 화살을 우리의 정서나 우리의 생각을 겨냥하시기 보다는 우리의 의지를 맞히시려고 하시는 것입니다. 후자가 일단 구원을 받으면 나머지는 거기에 포함된다고 하겠습니다.

두 가지 조치

의지가 하나님께 연합되기 위해서는 두 가지 조치가 필요합니다. 첫째는 하나님께서 우리의 의지의 활동을 억제하시는 것이고, 둘째는 우리의 의지(뜻)의 생활을 정복하시는 것입니다. 우리의 의지가 수많은 특정 문제들에서만 주께 복종할 때가 많지만, 그럼에도 이것은 우리가 하나님께 충분히 순종하고 있다고 생각하게 한다는 것입니다. 그러나 우리 안의 저 아래에는 기회가 오기만 하면 표면위로 떠오르게 될 은밀한 성벽이 있는 것입니다. 하나님의 뜻은 우리의 의지의 움직임을 다만 축소시키는데 그치지 않고, 그 내적 성벽을 박살내어 바로 그 본질조차 변화되게 하는 것 같아 보입니다. 엄밀히 말하면, 순종적 의지와 조화적 의지는 매우 다릅니다. 순종은 활동과 관계있는 반면, 조화는 삶과 본성과 성벽과 관계되는 것입니다. 종의 순종적 의지는 그의 주인의 모든 명령을 수행하는데서 보여집니다. 그러나 아버지의 마음을 알고 그의 의지(뜻)가 아버지의 의지와 하나인 아들은 그의 의무를 다할 뿐만 아니라 그것을 **기쁨으로** 한다는데 있습니다. 순종적 의지는 그 자신의 활동을 끝냅니다. 그렇습니다. 그러나 조화적 의지는 여기에 더하여 하나님과 한 마음이 됩니다. 하나님과 조화되는 사람들만이 실제로 아버지의 마음을 제대로 이해합니다. 만약 한 사람이 자기의 뜻과 하나님의 뜻과의 이 같은 완벽한 조화에 도달하지 못했다면 그는 앞으로 언젠가는 영적 생활의 정상을 경험해야 할 것입니다. 주님께 순종하는 것은 참으로 좋습니다. 그러나 은혜가 타고난 생활을 완전히 정복할 때에는, 기독교인은 하나님께 온전히 조율될 것입니다. 실제적 문제로서, 의지의 연합은 누구이든 그의 영적 행보의 정점인 것입니다.

제36과 수동성과 그 위험

하나님이 우리에게 주신 것은 두려워하는 마음이 아니요 오직 능력과 사랑과 절제하는 마음이니(딤후 1:7 NASV).

"이방인"과 육적 기독교인들 가운데 원수의 침입을 주로 촉진시키는 것은 고범죄, 곧 제멋대로 짓는 죄입니다. 그러나 주께 굴복한 신자들이 기만당하는 근본 원인은 이 한 마디 곧 수동성으로 압축될 수 있습니다. 즉, **영과 혼과 몸을 관리함에서 의지의 능동적 발휘를 중단함, 또는 경우에 따라 임기응변으로 중단함입니다**. 의지의 기관이 그것과 관련된 문제들을 선택하고 결정하는 일을 중단하는 것입니다. "수동성이란 말은 단순히 활동과 반대되는 상태를 서술합니다. 따라서 신자의 경험에서 그것은 간단히 말하면 첫째로, 자기 관리의 상실을 의미합니다. 그 사람 자신이 자기 개인 분야의 어느 하나 또는 모든 것을 관리한다는 의미에서 말입니다. 그리고 둘째로, 그것은 자유의지의 상실을 의미합니다. 그 사람 자신이 하나님의 뜻과 조화되게 개인 관리의 안내의 지침으로서 자기 의지를 스스로 발휘한다는 의미에서 말입니다."(Jessie Penn-Lewis 부인이 Evan Roberts와 공동으로 저술한「성도들에 대한 전쟁」7판에서 인용함 〈Bournemouth, England:"Overcomer" Book Room, n.d.〉, 69, 70쪽). 성도의 수동성은 그의 다양한 재능들을 사용하지 않기 때문에 생깁니다. 입이 있으나 그는 말할 것을 거부합니다. 성령께서 그의 입을 통해 말씀해 주기를 그가 바라기 때문입니다. 손이 있으나 손을 쓰려하지 않습니다. 하나님께서 그것을 써주기를 바라기 때문입니다. 그는 그의 몸의 어느 부분도 사용하지 않고 하나님께서 그것을 움직여주시도록 기다립니다. 그는 자기를 하나님께 온전히 드렸다고 생각합니다. 그래서 그의 몸의 어느 요소도 더 이상 **사용**하지 않을 것입니다. 따라서 그는 무기력에 빠져들게 되고, 이것은 기만과 침입을 위한 길을 열어놓게 될 것입니다.

  기독교인은 하나님의 뜻과의 그들의 연합에 대한 가르침을 받아들이고 나서 이 연합에 대하여 잘못된 개념을 발전시킬 때가 많습니다. 그들은 이것을 하나님을 수동적으로 순종한다는 뜻으로 잘못 해석하는 것입니다. 그들은 자기네의 의지는 소멸시켜야만 하며, 꼭둑각시가 되어야만 한다고 생각합니다. 그들은 그들 자신의 의지를 더 이상 사용해서는 안 되며, 그들의 의지는 그들의 몸의 어떤 다른 부분도 관리해서는 안 된다고 주장합니다. 그들은 더 이상 그들의 의지로 선택도, 결정도, 활동도 하지 않습니다. 처음에는 이것이 큰 승리로 보입니다. 놀랍게도 "의지가 강한" 사람이 갑자기 수동적으로 양보하기 때문입니다.(Penn Lew- is, 성도들에 대한 전쟁 73쪽) 그는 물처럼 약합니다. 그는 어떤 일에 대해서든 의견을 갖지 않으며, 명령들을 절대 복종합니다. 그는 생각도, 의지도, 심지어 선과 악을 분별하기 위해 양심조차도 사용하지를 않습니다. 그는 완벽한 순종의 사람이기 때문입니다. 그는 움직여질 때에만 움직입니다. 적이 들어올 완벽한 조건(그리고 초대장)인 것입니다.

그러니까 여기에 하나님의 역사와 사탄의 역사와의 사이에 대조가 있습니다. 하나님은 사람이 하나님께 완전히 굴복할 것을 바라실지라도 사람이 소유하고 있는 모든 재능을 성령과 협력해서 사용하기를 원하십니다. 한편, 사탄은 그의 악령들이 그를 대신해서 활동하도록 사람의 의지와 행동의 전적 중단을 요구합니다. 그 대조는 참으로 정신이 번쩍 들게 할 정도입니다. 하나님은 사람이 그의 뜻을 행하기 위해 능동적으로, 의식적으로, 기꺼이 선택하도록 요청하시므로 사람은 그의 영과 혼과 몸이 자유롭게 되는 것입니다. 사탄은 사람이 그의 수동적 노예가 되고 포로가 되도록 강요합니다. 하나님은 사람이 자기 자신의 주인이 되는데 자유롭도록 자율적(autonomous)으로 되도록 지정하십니다. 사탄은 사람을 그의 앞잡이, 자기에게 전적으로 조종되는 꼭둑각시가 되도록 강요합니다. 하나님은 사람이 그의 활동을 중단하도록 요구하시지 않습니다. 그런 다음에야 하나님은 일을 하실 수 있습니다. 사탄은 사람이 철저히 수동적이고 움직이지 말도록 명합니다. 하나님은 사람이 그와 함께 의식적으로 일하도록 요청하십니다. 사탄은 사람이 자기를 수동적으로 순종하도록 요구합니다. 사람이 그의 모든 사악한 활동을 중단하도록 하나님께서 요구하시는 것은 사실입니다. 이렇게 하지 않고는 사람은 성령과 협력할 수 없습니다. 그러나 사탄은 사람의 혼의 기능을 포함해서 그의 **모든** 활동을 중단하도록 강요합니다. 그렇게 함으로서 그의 앞잡이들이 사람을 대신해서 행동할 수 있기 위해서입니다.

사람은 이렇게 어떤 책임 의식도 없이 단순히 기계장치의 한 조각으로 축소되는 것입니다.

위험

기독교인이 무지 가운데서 어둠의 세력들에게 속을 수 있고, 부지중 사탄의 함정 속으로 빠질 수 있고, 사탄의 사역을 위한 조건을 맞추어줄 수도 있습니다. 이 과정의 순서를 살펴보겠습니다. 매우 중요하기 때문입니다. 첫째로 무지이고, 둘째로 속음, 셋째로 수동성, 넷째로 침입 당함 입니다. 무지가 이 과정의 주된 원인입니다. 사탄이 속일 수 있는 것은 성도가 성령의 요구와 사탄의 작용 원칙을 잘 모르기 때문입니다. 기독교인들 자신이 하나님과 협력하는 법과 그의 사역의 절차를 알면, 사탄의 기만 술책을 결코 받아들이지 않았을 것입니다. 그러나 그에게 일단 속으면, 그들은 하나님께서 그들을 통해 사시고 사역하시려면 그들이 수동적 상태에 머물러 있어야 한다고 추측해버립니다. 그래서 그들은 악령들로부터 오는 많은 초자연적 나타남을 하나님으로부터 오는 것으로 받아들입니다. 기만 상태는 깊어지고, 마침내 놀라운 넓이의 침입을 초래하게 됩니다.

그것은 악순환입니다. 매번 진지를 더 내주게 되고, 악령들이 들어오도록 조장되고, 들어오면, 그것들이 가지가지의 활동을 통해 자신들을 드러냅니다. 그것들이 마귀에게서 기인하는 것을 모르고 이 활동들을 잘못 풀이하면 신자는 악령들에게 더 많은 장소를 내어주게 됩니다. 그가 벌써 그들의 거짓말을 믿었기 때문입니다. 이 주기는 결론을 내리지 못하고 돌고 돌아 날마다 침투의 정도를 증가시키게 됩니다. 일단 그가 수동성에 빠져 악령들에게 발판을 내주면, 여러 가지 위험이 쉽게 증가할 수 있습니다.

제 37 과 신자의 착오

내 백성이 지식이 없어 망하는도다(호 3:6, NASV).

악령들에게 현혹되는 신자들은 가장 더럽고, 타락하고, 악함에 틀림없다고 잘못 생각해서는 안 됩니다. 그와는 반대로 그들은 보통 신자들보다 영적으로 더 앞선, 온전히 헌신한 기독교인들일 경우가 많습니다. 그들은 하나님을 순종하려 애쓰고, 어떤 희생도 기꺼이 치르려고 합니다. 그들이 본의 아니게 수동성에 빠져드는 까닭은, 전적으로 헌신했더라도 그들이 하나님과 협력하는 법을 알지 못하기 때문입니다. 영적인 문제들에 덜 신중한 사람들은 수동성의 위험에 직면하지 않습니다. 철저히 헌신했다고 고백할지라도 자기 자신의 생각에 따라 살기로 고집하는 사람이 어떻게 무활동에 떨어져 마침내 적의 손에 빠져들 수 있겠습니까? 그가 다른 점들에서는 악령들에게 진지를 내어주었을지 모르나 하나님의 뜻에 굴복하는 문제에서 수동적 진지를 적에게 내어주는 일은 확실히 없습니다. 그들 자신의 이해관계를 소홀히 하는 오직 헌신된 신자들만이 수동성에 빠지기 쉽습니다. 그들의 의지가 이런 상태에 쉽게 빠져드는 까닭은, 그들이 모든 명령에 순종하려 매우 열심이기 때문입니다.

하나님께서 왜 그들을 보호하시지 않는가라고 의아히 여기는 사람들이 많을 것입니다. 하나님께서 어떻게 그런 충성된 그의 구도자들이 악령에게 속도록 허락하실 수 있는가? 하나님이 어떤 환경에서든 그의 자녀들을 안전히 지켜주셔야 한다고 강렬히 주장하는 사람들이 많지만, 하나님의 보호를 누릴 수 있기 위해서는 사람이 보호를 위한 하나님의 조건을 지켜야만 한다는 것을 그들은 깨닫지를 못하는 것입니다. 한 사람이 악령들의 일을 위한 조건들을 따른다면 하나님은 후자의 일을 금하실 수 없습니다. 하나님은 법을 지키시는 분이기 때문입니다. 기독교인이 의도적이든, 아니든 자기를 악령들에게 내어주었기 때문에 하나님은 악령들이 그를 통제할 권리를 막지 않으실 것입니다. 동기가 순수하기만 하면 그들이 속지 않게 지켜줄 것이라고 생각하는 사람들이 얼마나 많습니까! 세상에서 가장 잘 속는 사람들은 좋은 의도를 갖고 있는 사람들이란 것을 그들은 깨닫지를 못하는 것입니다. 정직이 속지 않는 조건은 될 수 없습니다. **앎**이 속지 않는 조건입니다. 신자가 깨어 기도하지 못하고 성경의 가르침을 무시하면 그가 속지 않기 위해 순수한 동기를 의지하더라도 그는 속을 것입니다. 그가 악령들의 사역을 위한 필요조건을 제공한다면 어떻게 그가 하나님이 지켜주시도록 기대할 수 있겠습니까?

지기네기 영적 체험을 자주하고 있으니까 속지 않는다고 생각하는 성도들이 수없이 많습니다. 바로 이런 자신감은 그들이 벌써 속는 상태에 있음을 무심코 드러내줍니다. 그들이 속을 가능성을 인정할 만큼 겸손하지 않으면, 그들은 끊임없이 속을 것입니다. 속는 것은 생활의 문제도, 의도의 문제도 아니고, 앎의 문제입니다. 기독교 체험의 초기 단계에서 너무 많은 이상주의적 가르침을 받아들인 사람에게 성령께서 진리(진실)를 지적해 주시기는 어렵습니다. 벌써 편파적 성경 해석을 발전시킨 사람에게는 다른 사람들이 그에게 필요한 빛을 주기가 똑같이 어렵습니다. 그런 거짓된 안심감이 위험한 까닭은, 악령들이 역사하거나 계속 역사할 기회를 주게 되기 때문입니다.

그리스도와 함께 죽음과 관련된 잘못된 견해

신자의 수동성의 상태는 "그리스도와 함께 죽음"의 진리에 대한 잘못된 해석을 통해 올 수 있습니다. 바울은 "내가 그리스도와 함께 십자가에 못 박혔나니 이제는 내가 사는 것이 아니요 내 안에 그리스도께서 사시는 것이라 이제 내가 육체 가운데 사는 것은 나를 사랑하사 자기 자신을 버리신 하나님의 아들을 믿는 믿음 안에서 사는 것이라"(갈 2:20)고 말씀합니다. 이것을 표면에 나서지 않는 태도를 의미한다고 잘못 풀이하는 사람들이 있습니다. 그들은 "인격의 상실, 의지와 자기 관리가 없음,「나 자신」을 기계와 같은 상태로 수동적으로 놓아두는 것, 기계적, 자동적 순종"(Penn-Lewis저, 성도들에 대한 전쟁, 86쪽)을 그들은 영적 생활의 절정이라고 생각합니다. 그들은 이후로는 느낌을 품어서는 안 되며, 그들은 그 대신 개인의 온갖 소원, 관심, 기호 의식을 부인해야 한다고 합니다. 그들은 자기 멸절을 목표로 하여 자신들을 시체로 축소시켜야만 한다고 합니다. 그들의 인격은 전적으로 소멸(eclipse)되어야만 합니다. 그들은 이 하나님의 명령이 그들의 표면에 나서지 않음, 자기 포기, 욕심 없음, 자기 멸절을 요구한다는 뜻으로 잘못 해석하여 그들은 더 이상 자신들이나 그들의 필요를 알지 못하게 되며, 오직 그들 안의 하나님의 움직임과 작용만을 의식하기 위함이라고 합니다. "자기에 대하여 죽는 것"에 관한 그들의 오해는 그들에게 자기의식이 없음을 의미하게 됩니다. 따라서 그들은 하나님의 임재 외에는 아무 것도 느끼지 못할 때까지 그들의 자아의식을 끝없이 멸절시킵니다. 그들은 이렇게 잘못된 생각에서 죽음을 실천해야만 한다고 생각합니다. 그러므로 그들이 "자기"를 의식하거나 일신상의 소원이나 부족, 필요, 관심, 선호하는 것들을 의식할 때마다 그들은 한결같이 이것들을 죽음에 넘겨주게 되는 것입니다.

하나님의 사역

쉽게 잘못 다루어지는 또한 부분은 빌립보서 2장 13절입니다. "너희 안에서 행하시는 이는 하나님이시니 자기의 기쁘신 뜻을 위하여 너희에게 소원을 두고 행하게 하시나니." 이 구절이 하나님께서 그 일을 기뻐하시고 그 일을 수행하신다고 가르친다는 뜻으로 받아들이는 것 같은 사람들이 있습니다. 즉 하나님 자신이 기뻐하신 것과 행하신 일을 그의 자녀에게 넣어 주신다는 것입니다. 하나님이 그 대신 기뻐하시고 일하시므로, 그 자신은 그렇게 할 필요가 없다는 것입니다. 이 신자는 일종의 뛰어난 생물이 되었는 바 하나님께서 그를 대신해서 해주셨으므로 기뻐할 필요도, 일할 필요도 없다는 것입니다. 그는 자신이 의도하고 행할 책임이 없는 기계 장난감과 같은 것입니다. 이 구절의 정확한 내용은, 하나님이 우리 안에 역사하셔서 우리가 의도하고 일할 채비를 갖추는 지점에까지만 이끌어주신다는 것을 이 성도들은 보지 못하고 있습니다. 하나님은 이 지점까지만 떠맡으시고, 그 이상은 아닌 것입니다. 하나님은 결코 사람을 대신해 의도하시고 행하시지 않습니다. 하나님은 다만 사람이 그의 훌륭한 뜻을 의도하고 행하려는 위치까지만 이끌어 주시려고 하시는 것입니다.

성령의 사역

신자들은 사도행전 5장 32절이 그들이 성령을 순종해야 한다고 암시한다고 생각합니다. "하나님이 자기에게 순종하는 사람들에게 주신 성령도 그러하니라." 그러나 그들은 성경에서 주신 명령에 따라 모든 영들이 진리의 영인지 미혹의 영인지 알기 위해 시험해 보지를 않습니다. 그들은 그 대신 그들에게 오는 영이 무슨 영이든 성령으로 받아들입니다. 그들은 이런 순종이 하나님께 큰 기쁨이 될 것이라고 생각합니다. 그들은 성경에서 성령을 순종하라고 가르치지 않고, 성령을 통해서 하나님 아버지를 순종하라고 하심을 알지 못하는 것입니다. 사도행전 5장 29절에서 사도들은 공회의 질문을 받고 "**하나님께 순종하는 것이 마땅하다**"고 대답했습니다. 누구든 성령 하나님을 순종의 대상으로 삼고 성부 하나님을 잊으면, 성령을 통해 하늘에 계신 아버지를 순종하는 대신 그 사람 안이나 그 사람 주변의 영을 순종하게 되기 쉽슴쉽게 됩니다. 이렇게 하면 수동성으로 가는 길에 있게 되고, 이어 악령들에게 위장할 기회를 주게 될 것입니다. 하나님 말씀의 한계를 넘어서면 끝없는 위험을 끌어들이게 됩니다.

영적 생활

"네 뒤에서 말소리가 네 귀에 들려 이르기를 이것이 바른 길이니 너희는 이리로 가라"(사 30:21). 성도들은 이 구절이 사탄의 위장이 없는 천년왕국시대의 하나님의 백성인 유대인들의 경험에 (특정적으로) 언급하고 있음을 알지 못합니다. 이런 사실을 알지 못하고 그들은 어떤 음성의 초자연적 안내를 최고의 형식의 안내로 생각합니다. 그들은 자기네가 나머지들보다 더욱 영적이라고 보고 존경하며, 따라서 이런 유형의 초자연적 안내를 받아들이는 것입니다. 그들은 자기네 양심에 귀를 기울이지 않으며, 그들의 직관도 따르지 않습니다. 그들은 다만 수동적 자세로 초자연적 음성을 기다립니다. 이 신자들은 자기네가 생각하거나, 숙고하거나, 선택하거나 결정할 필요가 없다고 주장합니다. 그들은 단순히 순종할 필요만이 있다는 것입니다. 그들은 그 음성이 그들의 직관과 양심을 대신하게 합니다. 그래서 그 결과, "첫째로 그가 그의 양심을 사용하지 않고, 둘째로 하나님은 그에게 자동적 순종을 말씀하시지 않으며, 셋째로 악령들이 기회를 잡고, 초자연적 음성들이 양심의 행동을 대신하게 되는 것입니다."(Penn-Lewis, 성도들에 대한 전쟁, 121쪽) 그 결과로 적이 신자의 진지를 더 많이 차지하게 됩니다. 그래서 "이때로부터 (계속) 그 사람은 그가 느끼고 보는 것이나 남들이 말하는 것의 영향을 받지 않고, 모든 질문에 대해 자기를 닫아버리고, 이치를 논하려고 하지 않을 것입니다. 양심의 행동을 초자연적 안내로 이렇게 대체시키면 초자연적 경험을 지닌 사람들 속의 도덕적 기준의 와해를 가져오게 되는 이유를 해명해 주게 됩니다. 그들이 자기네 양심을 악령들의 지시로 대체했기 때문입니다. 그들은 자기네의 도덕적 수준이 내려간 것을 전혀 의식하지 못하지만, 그들의 양심은 그 음성을 조심하기를 일부러 중단함으로서, 그리고 그것들이 옳은가, 그른가, 아니면 선한가, 악한가와 관련해서 양심이 결정해야 할 문제들에서 악령들의 가르침 소리에 귀를 기울임으로서 화인 맞게 한 것입니다."(Penn-Lewis, 성도들에 대한 전쟁, 121-122쪽)

하나님의 명하심

우리는 사람의 의지 외에도 세상에 두 가지 전적으로 다른 적대적 의지가 있음을 압니다. 하나님은 우리가 그를 순종하고 사탄을 대적하라고 요청하십니다. 성경에서 두 번 이 두 면이 함께 진술된 것을 보게 됩니다. 첫째로, 야고보는 "그런즉 너희는 하나님께 복종할지어다"라고 권면한 다음 즉시 이어 "마귀를 대적하라"고 말씀하고(4:7), 둘째로, 베드로는 "그러므로 하나님의 능하신 손아래에서 겸손 하라"고 하며, 계속해서 그의 독자들에게 이렇게 타이릅니다. "너희는 믿음을 굳건하게 하여 그(마귀)를 대적하라"(벧전 5:6,9). 이것이 진리의 균형입니다. 신자는 모든 문제에서 하나님께 자기를 복종시키는 법을 확실히 배우고, 하나님이 그에게 명령하시는 것은 그에게 가장 좋은 것임을 인정해야만 합니다. 고난을 당할지라도 그는 겸손히 하나님의 뜻에 충심으로 복종합니다. 그러나 이것은 **절반**만의 진리입니다. 사도들은 한 쪽으로 치우치는 위험을 알았습니다. 이런 까닭에 그들은 기독교인에게 그가 일단 하나님께 복종하면 마귀를 대적하라고 곧바로 경고하고 있음을 보게 됩니다. 마귀는 하나님의 뜻을 위장할 때가 많습니다. 특히 우리에게 우연히 일어나는 것 같은 일들에서 그렇습니다. 우리가 하나님의 뜻과 다른 어떤 뜻의 나타남을 알아차리지 못하면, 사탄의 뜻을 하나님의 뜻으로 쉽게 오해하여 마귀의 함정에 빠질 수 있습니다. 이런 까닭에 하나님께서는 우리가 그에게 복종할 때 마귀를 대적하기를 바라시는 것입니다. 대적하는 것은 **의지**에 의하여 행해집니다. 대적은 우리의 의지가 반대하고, 시인하지 않으며, 거스르는 것을 의미합니다. 하나님은 우리가 의지를 발휘하기를 바라시므로, 우리에게 "마귀를 대적하라"고 간곡히 타이르십니다. 하나님이 우리를 대신해서 대적하시지는 않을 것입니다. 우리들 자신이 그렇게 해야만 합니다. 우리는 의지를 갖고 있습니다. 그것을 하나님 말씀을 주목하는데 사용해야 합니다. 성경이 그렇게 가르칩니다. 하나님의 뜻이 그의 명령하심에 계시되어 있다고 생각하고, 기독교인은 그에게 오는 것은 무엇이든 하나님의 뜻으로 받아들일지 모릅니다. 이런 일이 있을 때 그는 당연히도 선택하거나, 결정하거나, 대적하기 위해 그의 의지를 사용하지 않을 것입니다. 그는 모든 것을 그냥 조용히 받아들입니다. 이것이 좋고 옳은 것 같아 보일지는 모릅니다. 그러나 이것은 심각한 잘못(생각)을 안고 있습니다.

제38과 자유로 가는 길

진리를 알지니 진리가 너희를 자유롭게 하리라(요 8:32 NASV).

자유에 이르는 바로 첫 걸음은, 모든 것에 관한 진리, 하나님과의 협력에 관한 진리, 악령들의 작용, 헌신 및 초자연적 나타남에 관한 진리를 아는데 있습니다. 하나님의 자녀가 구출을 기대하면, 그가 갖게 될 경험의 원천과 그 성격에 관한 진리를 알아야만 합니다. 그의 넘어짐이 (1)속임 당함, (2)수동성, (3)침해, (4)추가적 속임 당함과 수동성이므로, 해방의 길도 우선 속은 상태를 벗어나는데 있을 것입니다. 일단 초기의 속임수가 풀리면, 수동성과 침해와 추가적 속임수도 박살날 것입니다. 속은 상태는 악령들이 쇄도해 들어올 문빗장을 열어주게 됩니다. 수동성은 그것들이 머무를 장소를 제공하게 됩니다. 그리고 이 두 가지 결과로 침해에 이르게 됩니다. 이것들을 내어쫓는 데는 수동성을 끝장내는 것이 필요하고, 이것은 다음으로 속은 상태를 노출시키는 일이 필요한데, 이것은 진리를 아는 것 외에는 다른 아무 것으로도 돌이킬 수 없습니다. 그러므로 진리를 아는 것이 자유로 향하는 첫 단계입니다. 오직 진리만이 사람들을 자유하게 할 수 있습니다.

우리는 독자들에게 초자연적 체험의 위험을 반복해서 경고했습니다. 그렇다고 그런 모든 나타남을 절대 대적하고, 버리고, 반대하라는 암시는 아닙니다. 이렇게 하면 성경의 가르침과 모순될 것이기 때문입니다. 성경은 하나님의 수많은 초자연적 행하심을 기록하고 있기 때문입니다. 우리의 목적은, 초자연적 현상 뒤에는 한 가지 원천만 있지 않음을 기독교인들에게 상기시키는데 있었을 뿐입니다. 하나님은 기이한 일들을 행하실 수 있습니다. 그러나 악령들도 그렇게 모방할 수 있습니다! 하나님에 의한 것과 그렇지 않은 것을 구별하는 것이 얼마나 중요합니까. 사람이 그의 정서적 생활에 대하여 죽지 아니하고, 선정적 사건들을 열심히 추구한다면 그는 쉽게 속을 것입니다. 우리는 사람들에게 초자연적 나타남을 모두 대적하라고 강권하지 않습니다. 다만 사탄에 기인하는 초자연적 사건들을 대적하라고 권면하고 있습니다. 그러므로 본서의 이 부분을 통해 우리가 지적하려고 하는 것은, 하나님의 자녀들이 바로 분별하는 일을 돕기 위해 성령의 작용과 악령들의 그것과의 근본적 차이점들에 있었습니다.

진리로 가는 길들은 많고 다양합니다. 오랫동안 심각한 사탄의 속박을 통해 모든 점들에서 자유를 잃은 것을 발견하고 나서 그들의 참 상태에 눈을 뜨는 사람들도 있고, 90퍼센트는 하나님 체험이고, 10퍼센트만의 불결함을 통해 그들의 체험을 의심하기 시작할 때 진리를 알게 되는 사람들도 있습니다. 또는 남들이 그들에게 준 진리를 통해 그들의 상태를 알게 되는 사람들도 있습니다. 어떤 경우에서든 기독교인은 그에게 비치는 첫 번째 빛줄기를 거부해서는 안 됩니다.

　의심해보는 것은 진리로 가는 전주곡입니다. 성령이나 하나님이나 그의 말씀을 의심해 본다는 것이 아니라, 그 자신의 과거의 경험들을 의심해본다는 것입니다. 그런 의심은 반드시 필요하고 성경적입니다. 하나님께서 우리에게 "영들이 하나님께 속하였나 분별하라"고 명하시기 때문입니다(요일 4:1). 신자들은 잘못된 생각을 품을 때가 많습니다. 그들은 성령을 거역하는 죄를 범하지 않을까 하여 영들을 시험해보기를 두려워합니다. 그러나 우리가 시험해보기를 바라시는 이는 하나님 자신이십니다. 그것이 성령으로 판명되시면, 성령은 그 시험을 견디실 수 있습니다. 그러나 만약에 그것이 악령이면 따라서 그 참 성격이 드러날 것입니다. 결국 당신을 오늘의 위치로 떨어뜨린 것이 하나님이십니까? 성령께서 그의 법칙에 배치되게 행하시는 일이 있습니까? 당신은 정말 모든 점에서 틀림이 없습니까?

　진리에 대한 얼마만큼의 빛을 받고 난 다음, 신자는 자기가 속기 쉬운 것을 쉽게 인정할 수 있습니다. 그리고 이것은 진리가 작용할 기회를 주게 됩니다. 사람이 범할 수 있는 최악의 잘못은 자기가 틀림이 없다고 간주하는데 있습니다. 남들은 잘못될 수 있으나 자기는 그렇지 않다고 주장하면 바로 끝까지 속게 되어 있다는 것입니다. 자기모멸을 통해 겸손해진 후에만 그가 진정 속은 것을 볼 수 있을 것입니다. 신적 사역의 원칙을 사탄적 사역의 조건과 비교해 봄으로서 그는 그의 과거의 경험들이 수동성을 통해 얻게 되었다고 결론짓게 되는 것입니다. 그는 악령들이 작용할 조건을 주었던 것입니다. 이런 까닭에, 그를 처음에는 행복하게 했으나, 궁극적으로는 그에게 고통을 준 저 이상한 많은 나타남들을 받았던 것입니다. 그는 하나님과 능동적으로 협력하지 않았고, 그 대신 그가 하나님의 뜻이 틀림없다고 생각하고 그것을 기정사실로 받아들여 그의 의지를 수동적으로 따랐던 것입니다. 그의 행복했거나 고통스러웠던 경험들은 악령들에게 기인한 것이 틀림없었습니다. 그는 마침내 자기가 얼마나 속아왔는가를 이제 인정합니다. 하나님의 자녀는 진리를 받아들일 뿐만 아니라, 이에 더하여 그 진리에 비추어 그의 상태를 인정해야만 합니다. 이렇게 해야 적의 거짓은 소멸되고 제거됩니다. 따라서 이런 그의 경험은 첫째로, **신자**가 속기 쉽다는 것을 인정하는 것이며, 둘째로, 그 또한 표리부동하거나 불성실하기 쉽다는 것을 인정하는 것이며, 셋째로, 그가 속은 것을 고백하는 것이며, 다음 넷째로, 그가 왜 속았는지를 이어 묻는다는 뜻입니다.

자기가 속은 것을 깨닫고 신자는 다음으로 그가 잃었던 진지에 관한 빛을 구해야 하고, 그것을 회복하려고 해야 합니다. 악령들이 자기네에게 넘겨졌던 영토에 대한 입지를 그대로 유지하고 있으므로 그 영역이 일단 청소되면 그것들은 떠날 것입니다.

한 가지 공통된 원칙이 모든 진지가 악령들에게 양도되었던 방식에 들어 있습니다. 그것은 수동성, 곧 의지의 무활동을 통해서입니다. 잃었던 진지를 회복하려면, 의지가 재활성화 되는 것이 필수적입니다. 기독교인은 이후부터는 (1)하나님의 뜻을 순종하고, (2)마귀의 뜻을 대적하고, (3)다른 성도들의 의지와 협력해서 그 자신의 의지를 발휘하는 법을 배워야 합니다. 양도됐던 영토를 **회복할 책임은 주로** 의지에 있습니다. 수동석으로 됐던 것은 의지입니다. 이런 까닭에 수동성을 쫓아버리는 역할은 의지가 되어야만 합니다.

의지가 취해야 할 첫째 조처는 결심하는 것, 즉 자체를 일정한 방향으로 향하게 하는 것입니다. 악령의 손에서 많은 고통을 받았으나 이제 진리의 조명을 받고 성령의 격려를 받아 하나님의 자녀는 당연히 저 악령들을 혐오하는 새 위치로 이끌림을 받습니다. 그는 따라서 그것들의 모든 작용에 대항하기로 결심합니다. 그는 자유를 되찾고, 그 자신의 주인이 되고, 그의 적을 쫓아버리기로 결심합니다. 하나님의 영이 그 안에서 크게 역사하시므로 악령에 대한 그의 분노에는 탄력이 붙습니다. 고통을 당할수록 그는 더욱 미워하게 됩니다. 그의 곤경을 생각해볼수록 그는 더욱 분노하게 됩니다. 그는 어둠의 세력에서 완전한 해방을 경험하기로 결심합니다. 그런 결심은 잃은 진지의 회복을 향한 첫걸음이 됩니다. 이 결심이 실제적이면, 그는 원수가 아무리 맹렬하게 싸움을 벌이든 관계없이 목표를 향해 길을 재촉할 것입니다. 이후로는 적을 대적하기 위해 전인이 그의 결심을 떠받쳐 줍니다.

하나님의 자녀는 그가 처음에 즐겼던 자유에 도달하기까지 모든 근거지를 개선하고 이용해야만 합니다. 그가 그 지점까지 회복되어야만 하므로 그는 그가 **어디로부터** 넘어졌는지를 알아야 합니다. 그는 이 지점까지 그에게 정상적이었던 것을 - 처음에는 그의 의지가 얼마나 능동적이었고, 그의 생각이 얼마나 맑았던가를 - 그의 현재의 상태를 이해해야 합니다. 이 두 상태를 비교함으로서 그는 자기가 얼마나 멀리 수동성으로 내려갔던가를 확인할 수 있을 것입니다. 그의 정상적 상태가 무엇이었든 간에 그는 그것을 이제 그의 앞에 최소한의 기준 또는 그에 상응하는 목표로 세워야만 합니다. 그것은 그의 의지가 그 원상태로 회복되기까지, 즉 그것이 그의 존재의 모든 부분을 능동적으로 통제하기까지 그는 만족해서는 안 됩니다. 그의 정상 상태가 한 번 더 회복되기까지는 그는 자기를 자유롭다고 생각해서는 결코 안 되는 것입니다.

"'**싸워서 돌파하는 기간**'은 매우 고통스런 시간입니다. 격심한 고통의 아픈 순간들도 있습니다. 그리고 그 신자가 재생하려는 노력에 대한 어둠의 세력들의 저항의식에서 오는 강렬한 몸부림도 있습니다."(Penn-Lewis저 성도들에 대한 전쟁, 194쪽). (1)악령들의 지배에 저항하고, (2)그 자신의 직무를 복원하려는 의지를 발휘할 때 이 기독교인은 그의 적으로부터 거센 반발에 마주칠 것입니다. 처음에는 그가 떨어졌던 깊이를 그가 알지 못할 수 있습니다. 그러나 그는 곧 정상상태로 돌아가는 싸움을 조금씩 시작합니다. 그런 다음 그가 얼마나 깊이 곤두박질했었는지 알게 됩니다. 적의 저항 때문에 그는 전투의 초기 단계에서는 그의 징조들이 전보다 더 **악화**되는 것 같아 보일지 모릅니다. 마치 그가 싸우면 싸울수록 그의 의지의 힘이 약해지고 싸우고 있는 그 특정 영역이 더욱 혼란스럽게 보일지 모릅니다. 그렇지만 그런 현상은 **승리**의 신호입니다! 신자가 악화됨을 느낄지라도 실제로는 그는 호전되고 있습니다. **그것은 저항이 그 효과를 나타내었음을 보여주기 때문입니다. 적은 압박을 느끼고 따라서 그의 최후의 저항을 하고 있는 것입니다. 압박을 계속 가하면, 악령들은 떠날 것입니다.**

전투 중에는 신자가 로마서 6장 11절 위에 서서 지기를 **주**님과 함께 **하나**된 것을 인정합니다. 즉 주의 죽음이 그의 죽음입니다. 이런 신앙은 악령들의 권세에서 그를 풀어줄 것입니다. 그들은 죽은 자를 지배할 수 없기 때문입니다. 이 위치를 굳게 지켜야만 합니다. 이 같은 저항과 함께 원수의 모든 거짓말에 대항하여 하나님의 말씀을 활용해야만 합니다. 이런 위기의 시점에서 적은 그가 회복의 가망이 없을 정도로 넘어졌다고 암시함으로서 그 성도에게 거짓말을 할 것이기 때문입니다. 그가 이런 음흉한 계략에 귀를 기울이면, 그는 가장 큰 위험 속으로 추락할 것이 틀림없습니다. 그는 갈보리가 사탄과 그의 악의 무리들을 파멸시켰음을 상기해야 합니다(히 2:14, 골 2:14-15). 구원 사역은 모두가 흑암의 권세에서 건지심 받아 그의 사랑의 아들의 나라로 옮겨지는 체험을 할 수 있도록 완성 되었습니다(골 1:13). 적은 진지를 회복하기 위한 고난을 두려워한다는 것과, 그 진지의 회복이 얼마나 시급한가를 신자에게 확신시켜주는 셈입니다. 따라서 악한 세력이 신자에게 새롭고 더 큰 고통을 줄 때마다 그는 이것이 적으로부터 온다는 것을 알아야 하며, 그것을 거부하고 무시해야 하며, 그것들에 대해 염려하거나 논하지 말아야 합니다.

제10부
몸

제39과 신자와 몸

몸은 음란을 위하여 있지 않고 오직 주를 위하여 있으며 주는 몸을 위하여 계시느니라(고전 6:13 후반).

우리는 우리의 신체가 하나님의 목적과 계획에서 어떤 위치를 차지하고 있는가를 알아야 합니다. 누구든 신체와 영성의 관계를 부정할 사람이 있겠습니까? 영과 혼에 이어 우리는 신체도 갖고 있습니다. 우리의 영의 직관과 영교와 양심이 아무리 건강하고, 우리의 혼의 정서와 정신과 의지가 아무리 새로워졌더라도, 우리의 신체가 우리의 영과 혼처럼 건강하지 않고 회복되지 않으면, 영적인 남자와 여자들로 발전할 수 없습니다. 즉 어떤 점에서 온전하지 못하고 계속 부족하게 됩니다. 우리가 우리의 내적 요소들을 정성을 들여 돌보는 한편 우리의 겉껍질을 등한히 하면 안 됩니다. 이것에 실수하면 우리 삶에서 고통을 겪게 될 것입니다.

몸은 반드시 필요한 것이니, 중요합니다. 그렇지 않았으면 하나님께서 사람을 몸과 함께 창조하시지 않았을 것입니다. 성경을 세밀히 살펴보면 하나님께서 사람의 몸에 얼마나 많은 주의를 기울이시는지 알 수 있습니다. 성경은 사람의 몸에 대해서 많은 것을 말씀하고 있는 것입니다. 무엇보다 가장 특이하고 두려움을 일으키는 것은 말씀이 육신이 되셨다고 하는 사실입니다. 하나님의 아들이 육신의 몸을 입으셨다는 것이며, 그가 죽으셨을지라도 이 의상을 지니시고 계신다는 것입니다.

성령과 몸

로마서 8장 10-13절은 우리 몸의 상태와, 성령이 몸을 어떻게 돕고 계시는가, 몸에 대한 우리의 태도가 어떠해야 하는가를 펼쳐 보입니다.

"그리스도께서 너희 안에 계시면 (너희) 몸은 죄로 말미암아 죽은 것이로되 영은 의로 말미암아 살아있는 것이니라"(10절). 처음에는 우리의 몸과 영이 죽어 있었습니다. 그러나 우리가 주 예수를 믿은 후에 우리는 우리의 생명이 되시도록 그를 영접했습니다. 그리스도께서 성령으로 신자 안에 사신다는 사실은 복음의 본질적 교리 중의 하나입니다. 하나님의 자녀는 아무리 연약하더라도 그 안에 사시는 그리스도를 모시고 있습니다. 이 그리스도가 우리의 생명이십니다. 그가 우리 안에 그의 거처를 만들러 들어오실 때, 우리의 영이 살아나게 되는 것입니다. 전에는 영과 몸이 모두 죽어있었습니다. 그런데 이제 영이 깨어났습니다. 오직 몸만 죽은 상태로 남게 됐습니다. **모든 신자**의 공통된 상태는 그의 몸은 죽었으나 그의 영은 살아 있다는 것입니다.

"예수를 죽은 자 가운데서 살리신 이의 영이 너희 안에 거하시면 그리스도 예수를 죽은 자 가운데서 살리신 이가 너희 안에 거하시는 그의 영으로 말미암아 너희 죽을 몸도 살리시리라"(11절). 10절은 하나님께서 우리의 영을 어떻게 살리시는가를 설명해 줍니다. 11절은 하나님께서 우리 몸에 생명을 어떻게 주시는지 말씀해줍니다. 10절은 몸은 죽어있는 채 영이 살아나는데 대해서 말씀하고, 11절은 영이 살아난 후, 육신 또한 살아날 것을 말씀하심으로서 그 이상 나아갑니다. 첫 부분은 그리스도께서 우리 안에 사시고 있기 때문에 영이 살아있다고 하고, 이 부분은 우리 안에 거하시는 성령 때문에 몸이 살아날 것이라고 선언합니다. 성령은 우리 몸에 생명을 주실 것입니다.

하나님은 이 구절을 통해 자녀들에게 그들의 신체적 특권에 대해 알려주시고 있는데, 이것은 그들 안에 거하시는 그의 성령을 통하여 그들의 필사의 몸에 주시는 생명입니다. 이 구절은 "죄의 몸"이 거룩한 몸이 된다거나, 우리의 "비천한 몸"이 영광스런 몸으로 변화된다거나, 이 필사의 몸이 불멸을 입는다고 주장하지 않습니다. 이런 일이 이 생에서는 실현될 수 없습니다. 우리의 질그릇의 구속(redemption)은, 주께서 오시고 우리를 자기에게로 받으실 때까지 기다리지 않으면 안 됩니다. 이 생에서 우리 몸의 성질을 변화시키는 것은 불가능합니다. 그러므로 성령이 우리 몸에 생명을 주신다는 말씀의 실제 의미는 (1)우리가 병들었을 때 주께서 회복시켜주실 것이며, (2)우리가 병들지 않았을 때는 우리를 보호해 주실 것이라는 뜻입니다. 한 마디로, 우리가 하나님의 일과 행보의 필요조건들을 충족시킬 수 있도록 하나님의 성령이 우리의 낭 위의 상막십을 상화시켜주실 섯이므로, 우리의 생명이나 하나님의 나라가 신체의 연약함 때문에 고통 받지 않게 하실 것이라는 뜻입니다.

하나님께 영광을 돌리라

고린도전서 6장 12-20절은 신자의 몸에 관한 이 문제에 빛을 비춰 줍니다. 이 구절을 한 절씩 생각해 보겠습니다.

"모든 것이 내게 가하나 다 유익한 것이 아니요 모든 것이 내게 가하나 내가 무엇에든지 얽매이지 아니하리라"(12절). 다음 절들이 구체화하는 바와 같이, 사도 바울은 여기서 몸에 관해 쓰고 있습니다. 바울은 모든 것이 정당하다고 판단합니다. 자연 법칙에 따르면 먹는 것, 마시는 것, 성 같은 몸의 모든 요구는 당연하고, 합당하고, 정당합니다(13절). 그러나 바울은 그것들의 모두가 반드시 도움이 되는 것은 아니며, 사람을 예속시켜서는 안 된다고 판단합니다. 환언하면 사람의 타고난 생활양식에 의하면, 기독교인은 그의 몸으로 많은 일을 할 허락을 받고 있을 것입니다. 그러나 하나님께 속한 사람으로서 기독교인은 이어 하나님의 영광을 위해서라면 이런 일들을 하지 **않을** 수도 있습니다.

"음식은 배를 위하여 있고, 배는 음식을 위하여 있으나 하나님은 이것저것을 폐하시리라 몸은 음란을 위하여 있지 않고 오직 주를 위하여 있으며 주는 몸을 위하여 계시느니라."(13절). 이 절의 전반은 앞 절의 처음 전반과 일치합니다. 음식은 정당합니다. 그러나 음식과 위는 끝내는 멸하여질 것이므로, 아무 것도 영원히 유익한 것은 없습니다. 이 절의 후반은 앞 절의 후반과 역시 일치합니다. 기독교인은 성적 충동을 완전히 극복하고 그의 몸을 온전히 주께 양도할 수 있습니다(고전 7:34).

"몸은 주를 위하여 있으며." 이 한 마디는 엄청난 의미를 갖습니다. 바울은 먼저 음식 문제에 관하여 말씀하시고 있습니다. 먹고 마시는 문제에서 기독교인은 "몸은 주를 위하여 있으며"를 실제로 증명해보일 기회를 부여받고 있습니다. 사람은 시초에 바로 이 음식 문제에서 타락했습니다. 주 예수께서 광야에서 바로 같은 문제에서 역시 시험 받으셨습니다.

먹고 마시는 일에서 하나님께 영광을 돌릴 것을 알지 못하는 기독교인들이 수 없이 많습니다. 그들은 다만 주께서 사용해주시도록 그들의 몸을 적당히 유지하도록 먹고 마시지 않고, 그들의 개인적 욕망을 만족시키는 일에 탐닉합니다. 우리는 몸이 주님을 위하고, 우리를 위한 것이 아님을 깨달아야 합니다. 이런 까닭에 우리는 쾌락을 위해 몸을 사용하지 않도록 삼가야 합니다. 음식이 하나님과의 친교를 방해해서는 안 됩니다. 음식은 순전히 몸을 건강하게 보존하기 위해 받아들여야 하는 것이기 때문입니다.

사도는 음란의 주제에 대해서도 언급하고 있습니다. 이것은 몸을 더럽히는 죄입니다. 이것은 "몸은 주를 위하여 있으며"라는 원칙을 직접 범하는 것입니다. 여기서 음란은 혼외 관계와 같은 단정치 못한 품행뿐만 아니라, 부부간의 지나친 탐닉도 포함합니다. 몸은 주를 위한, 전적으로 주를 위한 것이며, 자기를 위한 것이 아닙니다. 따라서 합법적 성관계에서 마저도 지나친 것을 역시 금하고 있습니다.

이 구절에서 사도 바울은 육신의 어떤 부절제도 철저히 저항해야 할 것을 우리에게 보여주려고 합니다. 몸은 주를 위한 것입니다. 주 만이 몸을 사용하실 수 있습니다. 개인적 만족만을 위한 어떤 탐닉도 수께 기쁘심이 되지 않습니다. 의의 도구로서가 아니면 몸은 어떤 다른 방법으로도 사용되어서는 안 됩니다. 몸은 우리의 전 존재와 같이 두 주인을 섬길 수 없습니다. 음식과 성 같은 당연한 것들에서도 몸은 오직 **필요**를 채우기 위해서만 사용되어야 합니다. 필요가 만족을 요구하더라도 몸은 주를 위한 것이지 음식이나 성을 위한 것이 아닙니다. 오늘날 많은 기독교인들이 그들의 영과 혼의 만족을 갈망하지만, 이 영역에서의 만족이 몸의 만족에 얼마나 크게 좌우되는지를 충분히 인식하지 못하고 있습니다. 몸에 속하는 온갖 신경의 반응과 기분, 행동, 행실, 일, 음식, 연설이 철저히 주를 위한 것이 아니면 그들이 성숙에 도달할 수 없음을 그들은 잊고 있는 것입니다.

"몸은 주를 위하고." 이 말씀은 우리의 육신이 주의 것이더라도, 사람이 주를 위해 간수하도록 그에게 맡겨져 있음을 의미합니다. 이 진리를 알고 실천하는 사람들이 얼마나 적습니까! 오늘 질병과 연약과 고통을 겪는 기독교인들이 많습니다. 하나님께서 그들을 징계하시어 그들의 몸을 주께 산 제물로 드릴 수 있게 하시고 있습니다. 그들이 몸을 하나님께 온전히 드리면 고침을 받을 것입니다. 하나님은 몸이 주를 위한 것이며, 그들 자신을 위한 것이 아님을 알기를 바라십니다. 그들이 계속 그들의 소원에 따라 살아가면, 하나님의 회초리가 그들에게 머물러 있음을 보게 될 것입니다. 병이 난 사람들은 이 말씀들을 마음에 신중히 받아들여야 합니다.

"주는 몸을 위하여 계시느니라." 이것은 믿기 힘든 놀라운 진술입니다! 우리는 흔히 주를 우리의 영과 혼만을 구해주시는 분으로만 생각합니다. 그러나 여기서 "주는 **몸**을 위하여 계시느니라"라고 하십니다. 기독교인들은 주 예수께서 그들의 영과 혼만을 구하러 오신 것으로 알고, 몸은 쓸데없으며, 영적인 생활에 가치가 없으며, 하나님의 구원 계획에서 은혜로 주신 것이 아니라고 생각합니다. 그러나 여기서 "주는 몸을 **위하여** 계시느니라."라고 분명히 선언되었습니다. 하나님은 긍정하시기를 주는, 사람이 가볍게 여기는 질그릇을 위하신다고 하십니다.

"하나님이 주를 다시 살리셨고 또한 그의 권능으로 우리를 다시 살리시리라"(14절). 이것은 앞 절 "주는 몸을 위하고"의 마지막 절을 설명하기 위한 것입니다. 주의 부활은 **몸의** 부활입니다. 즉 우리의 부활은 그러므로 **몸의** 부활이 될 것입니다. 하나님이 벌써 주 예수의 몸을 부활시키셨으니 우리 몸도 역시 죽음에서 부활시키실 것입니다. 이 두 가지 사실은 똑같이 확실합니다. 이런 까닭에 주는 몸을 위하시는 것입니다. 즉 그가 그의 능력으로 우리를 부활시키실 것입니다. 그것은 아직 미래에 있을 일입니다. 그렇지만 오늘 우리는 그의 부활의 능력을 미리 맛볼 수 있습니다.

"너희 몸은 너희가 하나님께로부터 받은바 너희 가운데 계신 성령의 전인 줄을 알지 못하느냐"(19절). 이것은 사도 바울이 "알지 못하느냐?"라고 묻는 두 번째 경우입니다. 바울은 이 두 번째 경우에서 "주는 몸을 위하여 계시느니라"라고 언급하시고 있습니다. 앞에서 바울은 이것을 일반적 의미로 "**너희는** 하나님의 성전"으로 표시했습니다. 이제 바울은 "**너희 몸**이 하나님의 성전"이라고 구체적으로 말씀하십니다. 이것은 성령의 거처가 영을 넘어 몸에까지 확대됨을 가리킵니다. 우리가 몸을 그의 제일 가는 거처로 생각하면 큰 잘못을 범하게 됩니다. 주는 우선 우리와 친교를 가지시는 우리 영에 기하시기 때문입니다. 하시만 이것은 그의 생명이 영에서 흘러나와 우리 몸을 살리시는 것을 배제하지 않습니다. 성령이 우선적으로 우리 몸들에 내리실 것으로 우리가 기대한다면 우리는 속습니다. 우리가 그의 거처를 우리 영들에 제한시킨다면, 역시 손해를 봅니다.

"너희는 너희 자신의 것이 아니라 값으로 산 것이 되었으니 그런즉 너희 몸으로 하나님께 영광을 돌리라"(19-20절). 당신은 그리스도의 지체이며, 당신은 성령의 전이며, 당신은 당신의 것이 아닙니다. 당신은 하나님께서 값을 주고 사신 것입니다. 당신에게 속한 것은 모두 그의 것입니다. 특히 당신의 몸이 그렇습니다. 그리스도와 당신의 연합과 당신 안의 성령의 인치심은 당신의 몸이 특히 하나님의 것임을 증명합니다. "그런즉 너희 **몸**으로 하나님께 영광을 돌리라." 형제자매님들, 하나님은 우리가 주를 몸으로 영광 돌리기를 바라십니다. 하나님은 우리의 "주를 위한 몸"의 헌신을 통해서 그리고 "몸을 위하시는 주님"이 나타내시는 은혜를 통하여 그에게 영광 돌리기를 바라십니다. 마치 주가 몸을 위하시지 않는 듯 우리가 우리의 몸들을 우리들 자신을 위해 사용하지 않도록, 또는 우리 몸들이 다른 상태로 떨어지게 하지 않도록 우리는 냉정하고 방심하지 맙시다. 이렇게 해서 우리는 하나님께 영광을 돌리게 될 것이며, 하나님께서 이기주의와 자아 사랑과 죄에서는 물론 연약과 질병과 고난에서 우리를 구출해주실 때에 그의 능력이 거침없이 나타나게 될 것입니다.

제 40 과 병

이는 선지자 이사야로 하신 말씀에 우리 연약한 것을 친히 담당하시고 병을 짊어지셨도다 함을 이루려 하심이러라(마 8:17).

우리가 하나님 앞에서 함께 생각해보고 싶은 질병에 대한 몇 가지 문제가 있을 것입니다.

1. 병과 죄의 관계

인류가 타락하기 전에는 어떤 종류의 병도 없었습니다. 병과 죽음은 대체로 죄의 결과로 생겨났다고 말할 수 있겠습니다. 한 사람의 범죄로 인하여 죄와 죽음이 세상에 들어왔습니다(롬 5:12). 죽음이 그런 것 같이 병이 모든 사람에게 퍼졌습니다. 아담이 범죄 한 것 같이 모두가 죄를 짓지는 않더라도 그의 범죄 때문에 모든 사람이 죽습니다. 죄가 있는 곳에 죽음도 있습니다. 이 둘 사이에 우리가 흔히 병이라 부르는 것이 있습니다. 그러므로 죄는 모든 질병에 공통된 요소입니다. 그러나 사람들에게 오는 질병의 원인은 실제로는 한 가지 만이 아닙니다. 어떤 병은 죄로부터 생기는 반면, 또 어떤 것들은 그렇지가 않습니다. **인류**에 관한 한 병은 죄로부터 옵니다. 그러나 **개인**에 관한 한, 그럴 수도 있고 안 그럴 수도 있습니다. 우리는 병에 대한 이 두 가지 적용을 구별할 필요가 있습니다. 죄가 없으면 죽음**과** 병이 있을 수 없다는 것은 전적으로 사실입니다. 세상에 죽음이 없다면, 어떻게 질병이 일을 수 있겠습니까? 죽음은 죄를 통해 오고 병은 죽음의 시작을 통해 옵니다. 그렇더라도, 이것이 특정적으로, 무차별적으로 모든 개인에게 적용되지는 않습니다. 죄를 통해 병에 걸리는 사람이 많지만, 죄가 아닌 다른 이유로 병이 나는 사람들도 있기 때문입니다. 그러므로 병에 대한 죄의 관계를 다루는 문제에서 인류 전체에 이 관계를 적용하는 것과, 개인에게 적용하는 것과를 구별하지 않으면 안 됩니다.

성경은 많은 사람이(모두는 아니지만) 죄 때문에 병이 난 것을 충분히 알려주고 있습니다. 이런 까닭에 병이 날 때 우리가 취해야 할 첫째 조치는 우리가 하나님께 죄를 지었는지 여부를 결정짓기 위해 우리들 자신을 검토하는 일입니다. 이렇게 살펴봄으로서 그들의 병이 실제로 죄 때문임을 발견하는 사람들이 많습니다. 어떤 특정적 경우에 그들이 하나님께 거역했거나, 그의 말씀을 불순종했던 것입니다. 그들은 잘못된 길로 나갔던 것입니다. 그러나 그 특정의 죄를 찾아내어 고백하는 즉시 병이 떠나갑니다. 주 안의 수많은 형제자매들이 그런 경험을 했습니다. 하나님 앞에서 그 원인이 발견된 후 즉시 질병은 떠나갑니다. 이것은 의학적 설명을 초월하는 현상입니다.

우리는 질병에 대한 타당한 설명들이 있음을 주저 없이 믿습니다. 이것은 과학적으로도 설명됩니다. 그렇지만 하나님의 자녀들 가운데 많은 병들이 고린도전서 11장에 인용된 경우에서처럼 하나님께 죄를 지은 결과라고 우리는 고백합니다. 그 결과 먼저 용서를 구하는 것이 반드시 필요하고, 그 후 치유를 구해야 합니다. 우리는 주께 어느 지점에서 죄를 지었는지 그의 말씀에 어떻게 불순종하게 됐는지 병에 걸린 직후에 발견할 때가 많습니다. 죄를 고백하고 문제가 해결되면 병은 사라집니다. 이것은 참으로 매우 놀라운 일입니다. 따라서 우리가 먼저 알아야 할 점은 죄와 병의 관계입니다. 대체로 병은 죄에서 생깁니다. 그리고 개인적으로도 병은 죄에서 생길 수 있습니다.

2. 주의 일과 병

"그는 실로 우리의 질고를 지고 우리의 슬픔을 당하였거늘 우리는 생각하기를 그는 징벌을 받아 하나님께 맞으며 고난을 당한다 하였노라. 그가 찔림은 우리의 허물 때문이요 그가 상함은 우리의 죄악 때문이라…"(사 53:4-5). 구약성경의 모든 글 중 신약 성경에서 가장 자주 인용되고 있는 것은 이사야 53장입니다. 주 예수 그리스도를 말씀하고 있습니다. 특히 구주로서 그렇습니다. 4절은 "그는 실로 우리의 질고를 지고 우리의 슬픔을 당하였거늘"이라고 하는 반면, 마태복음 8장 17절에서는 "이는 선지자 이사야를 통하여 하신 말씀에 '우리의 연약한 것을 친히 담당하시고 병을 짊어지셨도다' 함을 이루려 하심이더라"고 선언합니다. 성령은 여기서 주 예수께서 우리의 연약함과 우리의 질병을 짊어지시려고 세상에 오셨음을 보여주십니다. 십자가 형 당하시기 전에 그는 벌써 우리의 연약한 것을 친히 담당하시고 우리의 병을 짊어지셨습니다. 이것은 그의 지상 생애 중 주 예수께서 치유를 그의 짐과 임무로 만드셨다는 뜻입니다. 그가 전파하셨을 뿐만 아니라 치유하셨습니다. 그는 한 편으로는 기쁜 소식을 전파하셨고, 또 한 편으로는 연약한 자를 강하게 하셨고, 손 마른 자를 회복시키셨고, 나병환자를 낫게 하셨고, 중풍 병자를 일으키셨습니다. 지상 생애 중 주 예수님은 말씀 사역은 물론 기적을 행하시는 데에 몸을 바치셨습니다. 선행을 행하시러 두루 다니셨고, 병자를 치유하시고, 귀신들을 내어쫓으셨습니다. 그의 사역의 목적은 죄의 결과인 병을 정복하시는 것이었습니다. 주는 죄는 물론 죽음과 병을 처리하러 오셨습니다.

그러나 하나님이 우리의 죄악을 처리하시는 것과, 그가 우리 질병을 처리하시는 것에는 근본 차이가 있습니다. 어째서 차이가 집니까? 우리 주 예수께서 십자가 위에서 그의 몸으로 우리 죄를 지셨기 때문입니다. 용서받지 않고 남아 있는 죄가 있습니까? 절대로 없습니다. 하나님의 일은 완전하시어 죄는 전적으로 소멸되었습니다. 그러나 그가 땅 위에 계시는 동안 우리의 연약함과 병을 짊어지실 때 주 예수께서는 모든 병과 모든 연약함을 근절하지 않으셨습니다. 바울이 "내가 죄를 지을 그 때에, 내가 거룩해진다"라고 말씀하시지 않고, "이는 내가 약한 그때에 강함이라"라고 선언하는 것을 주목하십시오(고후 12:10). 이런 까닭에 죄는 철저히, 무제한적으로 처리된 반면, 병은 다만 제한적으로 처리되었습니다.

그렇지만 주 예수께서 우리의 병을 실제로 짊어지셨으므로 하나님의 자녀들 가운데는 병이 그렇게 많아서는 안 된다고 우리는 강력히 주장합니다. 땅 위에 계실 때 주 예수께서는 환자를 치유하시는 데에 틀림없이 자기를 바치셨습니다. 주께서 그의 사역에 치유를 포함시키셨습니다. 이사야 53장 4절은 마태복음 27장에서가 아니라 8장에서 성취되었습니다. 이 사역은 갈보리에 **앞서** 실현되었습니다. 그것이 십자가 위에서 실현되었다면 치유가 무제한적이었을 것입니다. 그러나 그렇지가 않습니다. 주 예수께서는 십자가형에 앞서 우리의 질병을 지셨습니다. 그 결과 그의 사역의 이 면은 우리의 죄를 그가 지심같이 무제한적이 아닙니다.

3. 병에 대한 신자의 태도

신자가 병에 걸릴 때마다 그가 맨 처음 해야 할 것은 주 앞에서 그 원인을 묻는 일입니다. 바울은 그가 그의 연약함에 대해 얼마나 매우 분명하였는가를 우리에게 보여줌에서 좋은 모범이 되었습니다. 우리가 주를 불순종했는지, 어딘가에서 죄를 지었는지, 누구에게 빚을 지었는지, 어떤 자연(만인)법을 범했는지, 어떤 특수 의무를 등한이 했는지 살펴야만 합니다. 자연법을 깨뜨림이 하나님께 얼마나 죄가 될 때가 많은지 알아야 합니다. 하나님은 우주를 다스리시기 위해 이 자연법들을 세우셨습니다. 죽음을 두려워하는 사람들이 많습니다. 병이 나면 그들은 서둘러 의사들을 찾아갑니다. 그들은 병이 낫기를 간절히 바랍니다. 기독교인이 태도가 이래서는 안 됩니다. 그는 먼저 그의 병에 대한 원인을 구별해야 합니다. 아아, 인내심을 갖지 못하는 형제자매들이 얼마나 많습니까. 병이 나는 순간 그들은 치료할 생각부터 하는 것입니다. 소중한 목숨을 잃는 것이 두려워 기도를 통해 병을 고치려 당신은 하나님을 붙들고 그와 동시에 약과 주사를 위해 의사를 붙잡습니까? 이것은 당신이 얼마나 자아로 가득 차 있는지를 계시해 줍니다. 하지만 당신이 여느 날에 자아로 가득 차 있다면, 당신이 어떻게 병이 났을 때라고 자아로 덜 차 있을 수 있겠습니까? 평소에 자아로 가득한 사람들은 병이 나자마자 치료부터 간절히 찾는 사람들일 것입니다.

　병이 당신에게 어떤 교훈을 가져오든 받아들이는 법을 배우십시오. 당신이 하나님과 교제를 갖는다면, 당신의 많은 문제가 속히 해결될 것입니다. 당신의 병이 어떤 죄나 당신의 어떤 과오 때문일 경우가 많음을 알게 될 것입니다. 당신의 죄를 고백하고 용서를 구하면, 당신은 하나님으로부터 치유를 기대할 수 있을 것입니다. 또는, 당신이 주와 함께 더 동행했다면 이것에 적의 공격이 관련되어 있음을 분별할 수 있을 것입니다. 또는, 하나님의 징계 문제가 당신의 불건강한 상태와 연관되어 있을 수 있습니다. 하나님은 당신을 더욱 거룩하고, 부드럽게, 또는 더 고분고분하게 만드시기 위해 병으로 징계하십니다. 당신이 하나님 앞에서 이런 문제들을 다루게 될 때, 당신의 질환에 대한 정확한 이유를 볼 수 있게 될 것입니다. 하나님은 가끔은 당신이 조금은 당연한 도움이나, 또는 의술적 도움을 받게 허용하실지 모릅니다. 그러나 가끔은 그런 도움 없이 즉각 당신을 치유하실 수도 있습니다.

4. 치유를 구하는 길

사람들이 하나님 앞에 어떻게 치유를 구해야 하겠습니까? 마가복음의 세 문장은 배워둘만 합니다. 나는 이 문장들이 특히 도움이 됨을 발견하게 됩니다. 최소한 내게는 매우 도움이 되었습니다. 첫째 문장은 주의 능력에 대한 것이고, 둘째는 주님의 의지에 대한 것이고, 셋째는 주의 행동에 대한 것입니다.

첫째로, 주의 능력입니다. "하나님은 하실 수 있습니다" 예수께서 그 아버지에게 물으시되"언제부터 이렇게 되었느냐?"하시니 이르되 "어릴 때 부터니이다 귀신이 그를 죽이려고 물과 불에 자주 던졌나이다 그러나 무엇을 **하실 수 있거든** 우리를 불쌍히 여기사 도와주옵소서"(9:21-23). 주 예수께서는 다만 그 아이 아버지가 반복했던 세 마디만을 되풀이 하셨습니다. 그 아버지가 부르짖습니다. "무엇을 **하실 수** 있거든… 도와주소서" 주께서 대답하셨습니다. "**할 수 있거든이 무슨 말이냐**! 믿는 자에게는 능히 하지 못할 일이 없느니라." 여기의 문제는 "할 수 있거든"이 아니라 "믿는 자에게는"입니다.

병과 함께 생기는 첫째 문제가 하나님의 능력에 관한 의심인 것이 사실이 아닙니까? 현미경 밑에서는 박테리아의 힘이 하나님의 능력보다 더 커 보입니다. 주는 남들이 말하는 도중에 말을 가로막으시는 일이 극히 드뭅니다. 그러나 여기서 주는 분노하신 것 같아 보입니다. (이런 식으로 표현한 것을 주는 용서하옵소서!) 주가 이이 이비지의 말 "그러나 무엇을 하실 수 있거는 우리를 불쌍히 여기사 도와주옵소서"란 말을 들으시자, 날카롭게 "할 수 있거든이 무슨 말이냐? 믿는 자에게는 능히 하지 못할 일이 없느니라"라고 답하셨습니다. 즉 병에서 문제는 내가 할 수 있다거나 할 수 없다에 있지 않고 "네가 **믿느냐**, 않느냐에 있다"는 것입니다.

둘째로, 주의 의지입니다. 하나님은 원하십니다. 그렇습니다. 하나님은 하실 수 있습니다. 그러나 하나님이 원하시는지 그 여부를 내가 어떻게 압니까? 나는 그의 뜻을 모릅니다. 아마 나를 고치시고 싶지 않을지도 모릅니다. 마가복음에 다시 이런 이야기가 나옵니다. "한 나병환자가 예수께 와서 꿇어 엎드려 간구하여 이르되 원하시면 저를 깨끗하게 하실 수 있나이다. 예수께서 불쌍히 여기사 손을 내밀어 그에게 대시며 이르되 내가 원하노니 깨끗함을 받으라 하시니"(1:40-41).

셋째로, 주의 행동입니다. "하나님께서 하셨습니다" 하나님은 한 가지를 더 하셔야만 합니다. "내가 진실로 너희에게 이르노니 누구든지 이 산더러 들리어 바다에 던져지라 하면 그 말하는 것이 이루어질 줄(헬라어로는 "이루어진 것을") 믿고 마음에 의심하지 아니하면 그대로 되리라"(11:23-24, ASV). 믿음이란 무엇입니까? 믿음이란 하나님이 하실 수 있음과, 원하심과, 행하신 것을 믿는 것입니다. 당신이 그것을 받은 것을 믿으면, 당신은 그것을 갖게 될 것입니다. 하나님께서 당신에게 그의 말씀을 주시면, 당신은 "하나님께서 나를 고쳐주셨습니다. 그가 벌써 고쳐주셨습니다!"라고 말하며 그에게 감사할 수 있습니다. 신자들이 치유를 다만 **기대하는** 데서 그치는 사람들이 많습니다. 기대하는 것은 일들이 앞으로 되어질 것으로 보는 것입니다. 그러나 믿음은 과거를 다룹니다. 우리가 실제로 믿으면, 20년이나 100년을 기다리지 않고, 즉시 일어나 "하나님 감사합니다. 제 병을 고쳐

주셨습니다. 하나님 감사합니다. 제가 받았습니다. 하나님 감사합니다. 제가 깨끗해졌습니다! 하나님 감사합니다. 제가 건강해졌습니다."라고 말합니다. 온전한 믿음은 그러므로 하나님께서 하실 수 있고, 원하시고, 하신 것을 선언할 수 있습니다.

제41과 몸의 생명이 되시는 하나님

도적이 오는 것은 도적질하고 죽이고 멸망시키려는 것뿐이요 내가 온 것은 양으로 생명을 얻게 하고 더 풍성히 얻게 하려는 것이라 (요 10:10).

우리는 더 이상 우리의 겉껍질을 비참한 감옥인 양 바라볼 필요가 없습니다. 우리는 그 속에서 하나님의 생명이 표현되고 있음을 볼 수 있기 때문입니다. 우리는 이제 "이제는 내가 사는 것이 아니요 내 안에 그리스도께서 사시는 것이라"고 선언하는 이 말씀을 더 깊이 체험할 수 있습니다. 그리스도께서 이윽고 우리에게 생명의 원천이 되셨습니다. 그가 한 때는 육신으로 사셨던 것 같이 오늘에는 우리 안에 사십니다. 우리는 그러므로 "내가 온 것은 양으로 생명을 얻게 하고 더 풍성히 얻게 하려는 것이라"(요 10:10)는 그의 선언의 의미를 더 충분히 이해할 수 있게 됐습니다. 이 더욱 풍성한 생명은 우리 몸의 모든 필요조건을 추가로 만족시켜 줍니다. 바울은 디모데에게 "영생을 취하라"고 권면합니다(딤전 6:12). 디모데는 여기서 그가 구원을 받기 위해서라면 영생이 필요가 없는 것이 확실합니다. 바울이 같은 장에서 이어 "참된 생명"으로(19절) 서술하는 것이 이 생명이 아닙니까? 그가 오늘 죽음의 모든 현상을 극복함에서 영생을 경험하도록 디모데에게 권면하고 있지 않습니까?

  우리는 우리 몸이 참으로 필사의 몸이라는 사실을 잊지 않았음을 우리 독자들에게 서둘러 알려드리려고 합니다. 그렇더라도, 주의 것이 된 우리는 죽음을 삼키는 이 생명의 능력을 진정으로 소유할 수 있습니다. 우리 몸에는 두 가지 힘이 작용하고 있습니다. 한 편에는 우리를 죽음으로 가까이 이끌어가는 소모가 있고, 또 한편에는 음식과 휴식을 통한 보충이 있고, 이것들이 생명을 떠받쳐 줍니다. 지금 엄청난 소모가 몸을 약화시키고 있습니다. 죽음의 힘이 너무 강력하기 때문입니다. 최선의 방책은 죽음과 생명의 이 두 힘을 균형에 맞게 유지하는 데 있습니다. 이것 외에도 우리는 신자들이 그들의 몸에서 자주 경험하는 피곤이 보통 사람들의 그것에서 여러 점들에서 뚜렷이 다르다는 것을 깨달아야 합니다. 그들의 소모는 신체적인 것 이상입니다. 그들은 주와 함께 행하고, 다른 사람들의 짐을 지고, 형제들과 공감하고, 하나님을 위해 일하고, 그 앞에서 중보기도 하며, 어둠의 세력과 싸우며, 그들의 몸을 쳐서 복종하게 하기 때문에, 음식과 휴식만으로는 그들의 신체의 힘의 손실을 보충하기에 충분하지 않습니다. 이것은 섬김의 부르심을 받기 전에는 건강했던 많은 신자들이 그 후 얼마 안 되어 신체적으로 쇠약함을 발견하는 이유를 얼마만큼은 설명해줍니다. 우리 신체의 힘은 영적 삶과 일과 선쟁의 요구에 대처할 수가 없습니다. 죄와 죄인들과 악령들과의 싸움은 우리의 활력을 약화시킵니다. 타고난 자원만으로는 신체의 필요를 공급하기에 부적당합니다. 그리스도의 생명에 의존하지 않으면 안 됩니다. 이것만이 우리를 떠받쳐줄 수 있기 때문입니다. 우리가 물질적인 음식과 영양분과 약물에 의존한다면 큰 실수를 범하게 될 것입니다. 다만 주 예수의 생명만이 충분한 것 이상으로 우리의 영적 생활, 일과, 전쟁을 위한 신체적 필요조건을 모두 충족시켜 줍니다. 그만이 죄와 사탄과 싸우는데 필요한 모든 활력을 공급해 주십니다. 영적 전쟁이 무엇이며, 영으로 적과 씨름하는 것이 무엇인지 신자가 일단 참으로 인식하면, 그는 자기 몸의 생명이 되시는 주 예수의 소중함을 깨닫기 시작하게 될 것입니다.

주의 자녀들은 오늘 그가 그들의 몸을 돌보심을 알아야 합니다. 하나님은 우리 영에 힘이 되실 뿐만 아니라 우리 몸에도 똑같이 힘이 되십니다. 은혜가 오늘에 만큼 나타나지 않았던 구약시대에서 조차 성도들은 하나님을 그들의 겉몸의 힘으로 체험했습니다. 오늘의 축복이 그들의 것보다 적을 수 있겠습니까? 우리는 최소한 그들이 체험했던 것과 같은 신성한 힘을 체험해야 합니다. 우리가 하나님의 부유하심을 모르고 있다면, 그것을 우리의 영에 관한 것에 국한시키게 될 것입니다. 그러나 믿음이 있는 사람들은 그의 생명과 능력을 영에 국한하지 않고 몸에도 적용하게 될 것입니다.

하나님의 생명은 병을 고치는 데만 아니라, 우리를 강하고 건강하게 보존하는 데에 적절합니다. 우리의 힘이 되시는 하나님은 우리로 하여금 병과 연약을 둘 다 극복하게 하실 수 있습니다. 그가 치유하시지 않는 것은 이후에는 우리가 우리의 타고난 에너지로 살아갈 수 있기 위함이 아닙니다. 그는 우리가 그로 인해 살고 그를 위한 봉사를 위한 힘을 발견할 수 있기 위한 우리 몸의 에너지가 되십니다. 이스라엘 백성이 애굽을 떠났을 때, 하나님은 그들에게 이렇게 말씀하시며 약속하셨습니다. "너희가 너희 하나님 나 여호와의 말을 들어 순종하고 내가 보기에 의를 행하며 내 계명에 귀를 기울이며 내 모든 규례를 지키면 내가 애굽 사람에게 내린 모든 질병 중 하나도 너희에게 내리지 아니하리니 나는 너희를 치료하는 여호와임이라"(출 15:26). 뒤에 우리는 이 약속이 시편 105편에서처럼 전적으로 성취된 것을 봅니다. "마침내… 그의 지파 중에 비틀거리는 자가 하나도 없었도다"(37절 ASV 참조). 이런 까닭에 하나님의 치유는 우리 병을 치료하시는 것과 우리로부터 질병을 억제하심을 포함함으로 우리를 튼튼하게 하실 수 있습니다. 우리가 전적으로 하나님께 굴복하여 아무것에서도 그의 뜻을 거스르지 않고 우리 몸에 대한 힘이 되시는 그의 생명을 믿음으로 받아들이면 우리는 여호와가 치유하신다는 사실을 증명하게 될 것입니다.

우리의 몸들이 그리스도의 지체라는 성경의 가르침을 받아들이면, 우리는 그리스도의 생명이 지체들을 통해 흘러나온다는 가르침을 또한 인정하지 않을 수 없게 될 것입니다. 그리스도의 생명은 머리에서부터 몸으로 흘러 그 몸에 에너지와 활력을 공급합니다. **우리의 몸은 그 몸의 지체들이므로** 생명은 당연히 그 몸들에게로 흘러가는 것입니다. 그러나 이것을 믿음으로 전용하는 것이 필요합니다. 우리가 이 생명을 받아들이는 믿음의 크기가 우리가 실제로 그것을 경험하는 크기를 결정하게 될 것입니다. 성경에서 우리는 주 예수의 생명이 신자의 몸을 위해 전용될 수 있음을 배웠습니다. 그러나 이것은 믿음을 요구합니다. 의심

없는 기독교인들이 그런 가르침에 처음 접하게 되는 때는 크게 놀랍니다. 그러나 말씀이 분명히 가르치는 것을 우리는 희석시킬 수 없습니다. 바울의 경험을 검토해 보면, 이 가르침의 소중함과 실상을 확신 받을 수 있습니다.

바울은 그의 신체의 상태에 대해 언급하며 그의 육신의 가시에 대해 말한 적이 있습니다. 세 번 그가 이것을 제거해 주시도록 주께 간청했습니다. 그러나 주는 그에게 이렇게 대답하셨습니다. "내 은혜가 네게 족하도다 이는 내 능력이 약한 데서 온전하여짐이라 하신지라." 그래서 사도는 이렇게 응답했습니다. "그러므로 도리어 크게 기뻐함으로 나의 여러 약한 것들에 대하여 자랑하리니 이는 그리스도의 능력이 내게 머물게 하려 함이라... 이는 내가 약한 그 때에 강함이라"(고후 12:9-10). 우리는 그 가시가 무엇이었는지 알아보려고 할 필요가 없습니다. 성경에서 그것을 들어내지 않기 때문입니다. 그러나 한 가지는 분명합니다. 사도에게 이 가시의 결과는 그것이 그의 몸을 약하게 했다는 것이었습니다. 여기에 언급된 이 "약함"은 그 성격상 신체적인 것입니다. 같은 말씀이 마태복음 8장 17절에도 나옵니다. 고린도인들은 바울의 몸이 약함을 잘 알고 있었습니다(고후 10:10). 바울 자신이 자기가 처음으로 그들과 함께 있었을 때 신체적으로 약했던 것을 인정했습니다(고전 2:3). 그의 허약은 어느 모로든 그의 영적 능력이 부족함 때문일 수가 없었습니다. 두 고린도서신이 사도 안의 강력한 영적 힘을 계시해주기 때문입니다.

바로 이 몇몇 구절로부터 우리는 바울의 신체적 상태를 꿰뚫어 볼 수 있습니다. 바울은 몸이 매우 약했습니다. 그러나 그가 그런 상태에 오래 머물러 있었습니까? 아닙니다. 그리스도의 능력이 그에게 머물러 있었고, 그를 강하게 했다고 우리에게 알려 주기 때문입니다. 우리는 여기서 한 가지 대조의 법칙을 알게 됩니다. 가시나 가시로부터 온 연약함도 바울을 떠나지 않았었습니다. 그러나 그리스도의 능력이 그의 연약한 몸을 충만케 했고, 그에게 모든 필요를 충족시킬 힘을 주었습니다. 그리스도의 능력이 바울의 연약함과 대조되었습니다. 이 능력은 가시를 물리쳐 버리지도 않았고, 약함을 제거해주지도 않았고, 그것은 그의 연약한 체구가 감당할 수 없었던 어떤 상황도 그 안에서 다룰 수 있게 해주었습니다. 그것을 불에 타더라도 기름에 잠겨 있기 때문에 사위어지지 않는 심지에 비유할 수 있겠지요. 심지는 항상 여립니다. 그러나 기름은 불이 그것에 대해 요구하는 모든 것을 공급해 주는 것입니다.

주는 우리 몸의 모든 신경, 모든 혈관, 모든 세포를 그의 힘으로 넘치게 하기를 기뻐하십니다. 주는 우리의 약화된 체력을 강력한 체격으로 변화시키시지 않으며, 많은 힘이 우리 안에 저장되게 해주시지도 않습니다. 주는 생명이 우리의 필사의 육신에 있게 하시는데, 우리가 **순간순간** 그로 말미암아 살아가게 하기 위한 것입니다. 주 예수를 우리 몸의 생명으로 소유한다는 것은, 하나님이 기적적으로 우리에게 많은 분량의 체력을 주시므로 우리가 다시는 고통을 당하거나 병들지 않음을 의미한다고 생각하는 사람들이 있는 것 같습니다. 그러나 이것이 사도의 경험이 아니었던 것은 분명합니다. 그가 "우리 살아 있는 자가 항상 죽음에 넘겨짐은 예수의 생명이 또한 우리 죽을 육체에 나타나게 하려 함이라"(고후 4:11)라고 분명히 선언하지 않습니까? 바울의 육신은 자주 약했습니다. 그러나 주 예수의 힘이 계속 그에게로 흘러 들어갔습니다. 그는 순간순간 주의 생명으로 살았습니다. 주를 우리 몸을 위한 생명으로 영접하는데 필요한 것은 **항상 의지함**입니다. 우리 자체로서는 어느 때, 어느 상황도 만족시킬 수 없습니다. 그러나 주를 계속 의지함으로서 우리는 순간순간 모든 필요한 힘을 받게 되는 것입니다.

제 42 과 죽음을 극복함

예수께서 가라사대 나는 부활이요 생명이니 나를 믿는 자는 죽어도 살겠고 무릇 살아서 나를 믿는 자는 영원히 죽지 아니하리니 이것을 네가 믿느냐(요 11:25-26).

죽음을 극복하는 경험은 성도들 가운데 드물지 않습니다. 어린 양의 피로 이스라엘은 애굽에서 장자를 죽인 죽음의 천사의 손에서 보호하심을 받았습니다. 주의 이름으로 다윗은 사자와 곰의 발톱과 골리앗의 손에서도 구함을 받았습니다. 엘리사는 곡식 가루를 솥에 던져서 그 솥에서 죽음을 쫓아냈습니다(왕하 4:38-41). 사드락, 메삭, 아벳느고는 작열하는 풀무불에서 해를 받지 않았습니다(단 3:16-27). 다니엘은 사자 굴에 던져졌을 때 하나님께서 사자들의 입을 막으시는 것을 보았습니다. 바울은 독사를 불 속에 떨어버렸고 아무런 해도 받지 않았습니다(행 28:3-5). 에녹과 엘리야는 죽음을 맛보지 않고 하늘로 휴거했습니다. 죽음을 극복하는 완벽한 실례들입니다.

그의 자녀들로 하여금 죽음을 극복하는 경험을 통과하게 하시는 것이 하나님의 목적입니다. 죄와 자아와 세상과 사탄을 이기고 승리하는 것이 반드시 필요합니다. 그러나 승리는 죽음에 대한 이 같은 승리 없이는 완전할 수 없습니다. 우리가 완전한 승리를 누리고 싶으면 이 **마지막** 원수를 파멸시키지 않으면 안 됩니다(고전 15:26). 죽음에 대한 승리를 경험하지 못하면 한 원수를 정복하지 못한 채 남겨두게 될 것입니다.

자연에도 죽음이 있고, 우리 안에도 죽음이 있고, 사탄으로부터도 죽음이 있습니다. 땅은 저주 아래에 있습니다. 그러므로 저주에 지배받고 있습니다. 이 땅에서 승리하는 삶을 살려면, 우리는 세상에 있는 죽음을 극복해야 할 것입니다. 죽음이 우리 몸 안에 있습니다. 우리가 태어난 날, 그것이 우리 안에서 작용하기 시작합니다. 그날로부터 계속 무덤을 향해 여행을 시작하지 않는 부분이 우리 몸에 어디에 있습니까? 죽음을 그냥 하나의 결정적 단계나, 전환기로만 보지 마십시오. 그것은 뚜렷한 점진적 사건입니다. 그것은 벌써 우리 안에 있고, 점차, 집요하게 우리를 삼키고 있습니다. 이 땅의 장막집으로부터의 해방은 죽음의 연장된 작용의 전환기적 완성인 것입니다. 그것은 우리의 영을 치고 덤비며, 그것(영)에서 생명과 힘을 박탈할 수 있으며, 우리의 혼을 치고 덤비며, 그것에서 느낌과 생각과 의지를 무력하게 할 수 있으며, 우리의 몸을 쳐 약하고 병들게 할 수 있습니다.

로마서 5장에서 "사망이… 왕 노릇 하였은즉"을 보게 됩니다(17절). 죽음이 존재할 뿐만 아니라, 왕 노릇 합니다. 그것은 영에서, 혼에서, 몸에서 왕 노릇 합니다. 우리 몸이 아직 살아있더라도, 죽음이 벌써 그 안에서 왕 노릇하고 있습니다. 그 영향력이 아직 그 절정에 도달하지 않았지만 그것은 그럼에도 왕 노릇

하고 있고, 온 몸을 에워싸기 위해 그 미개척의 영역을 밀고 나 갑니다. 우리 몸에서 발견하는 다양한 징조들이 그 힘이 얼마나 큰가를 보여줍니다. 그래서 이것들이 사람들을 그 궁극적 붕괴인 신체적 죽음으로 이끌어가는 것입니다.

 죽음의 왕 노릇함이 있는 동안 생명의 왕 노릇함도 있습니다(롬 5:17). 사도 바울은 풍성한 은혜와 거저주시는 의의 선물을 받는 모두가 죽음의 힘을 훨씬 능가하는 힘인 생명 안에서 왕 노릇한다고 우리에게 확신시켜 줍니다. 그러나 기독교인들은 오늘 죄 문제로 너무 몰두하여 죽음의 문제를 사실상 잊고 있습니다. 죄를 극복함, 죽음을 극복함이 중요하더라도, 한 가지 관련된 문제를 등한시 해서는 안 됩니다. 로마서 5장에서 8장은 죄를 극복하는 문제를 매우 뚜렷이 다루고 있음을 우리는 압니다. 그러나 그것은 죽음의 문제에도 똑같이 주목하고 있습니다. 즉 "죄의 삯은 사망이요"입니다(6:23). 바울은 죄 자체와 함께 죄의 결과도 다루고 있습니다. 바울은 의와 죄를 대조시키고 있을 뿐만 아니라, 생명과 죽음도 비교하고 있습니다. 죄의 다양한 나타남을 그 다양한 성격과 매일의 삶에서 극복할 것을 강조하는 기독교인들이 많지만, 죄의 결과인 죽음을 어떻게 극복할 것인지를 강조하지 못하고 있습니다. 그러나 사도는 이 몇 장에서, 매일의 삶에서 죄의 나타남을 논하고 있지 않고, 죄의 결과인 죽음을 논하는 일에 하나님께 쓰임 받고 있습니다.

 우리는 이 두 요소들의 관계를 확실히 보아야만 합니다. 그리스도께서 우리의 죄로부터 우리를 구하시기 위해서뿐만 아니라 또한 죽음으로부터 구하시기 위해 돌아가셨습니다. 하나님께서 이 두 현상을 정복하도록 우리를 지금 부르시고 있습니다. 죄인으로서 우리는 죄에서 죽었습니다. 죄와 죽음이 지금 우리 위에 왕 노릇 하고 있습니다. 그러나 주 예수께서 우리를 위한 죽음에서 우리 죄와 죽음을 삼키셨습니다. 죽음이 처음에는 우리 몸에서 왕 노릇했습니다. 그러나 그의 죽음과 동일시되어 우리는 죄에 대하여 죽고 하나님께 대하여 살아났습니다(롬 6:11). 그리스도와의 우리의 연합 때문에 "사망이 다시 그를(우리를) 주장하지 못하고 또 사망이 우리를 다시는 묶을 수도 없됐습니다"(6:9,11). 그리스도의 구원이 죄를 의로 대신하고, 죽음을 생명으로 대신합니다. 성경의 이 대목에서 사도의 주된 목적은 죄와 사망을 다루는데 있으므로, 우리가 이 주제의 절반만을 받아들이면, 이 같은 수납이 완전할 수 없습니다. 바울은 다음 말씀에서 주 예수의 완전한 구원을 서술하고 있습니다. "이는 그리스도 안에 있는 생명의 성령의 법이 죄와 사망의 법에서 너를 해방하셨음이라"(롬 8:2). 우리가 죄를 극복하는 경험을 많이 했더라도, 죽음을 극복하는 경험을 얼마나 했습니까?

 죽음을 극복하기 위해서는 신자들은 그것에 대한 복종적 태도에서 저항의 태도로 그들의 태도를 변화시키지 않으면 안 됩니다. 우리가 이렇게 **수동적** 접근을 던져버리지 않으면, 죽음을 정복할 수 없고, 그 대신 그것의 조롱을 받고, 마침내 때 아닌 결말에 오게 됩니다. 수많은 성도들이 오늘 수동성을 믿음으로 생각하고 있는데 이것은 잘못입니다. 그들은 만사를 하나님께 맡겼다고 생각합니다. 그들이 죽지 않기로 되어 있다면, 하나님이 진실로 그들을 죽음에서 구해주실 것이라고 말합니다. 그들이 죽기로 되어 있으면, 그가 틀림없이 그들을 죽게 하실 것이다. 하나님의 뜻이 이루어지이다 라고 말입니다. 그런 말이 그럴듯해 **보**

입니다. 그러나 이것이 믿음입니까? 조금도 아닙니다. 그것은 다만 굼뜬 수동성에 지나지 않습니다. 우리가 하나님의 뜻을 **모를** 때에는 "나의 원대로 마시옵고 아버지의 원대로 되기를 원하나이다"(눅 22:42)라고 기도하는 것이 적절합니다. 그러나 우리의 요청을 하나님께 아뢰며, 우리가 **특정적으로** 기도할 필요가 없음을 의미하는 것은 아닙니다. 순종적으로 죽음에 굴복해서는 안 됩니다. 하나님께서 우리에게 그의 뜻에 따라 적극적으로 함께 일하도록 교훈하시기 때문입니다. 하나님께서 우리가 죽기를 바라심을 우리가 **분명히 알 때를** 제외하고는, 죽음이 우리를 압박하도록 수동적으로 허용해서는 안 됩니다. 오히려 하나님의 뜻과 적극 협력해서 그것에 저항하지 않으면 안 됩니다.

기독교인들에게는 죽음을 극복하기 위한 세 가지 길이 열려있습니다. 첫째로, 우리의 일이 완수되기까지 우리가 죽지 않을 것을 믿음으로, 둘째로, 죽음의 쏘는 것이(고전 15:55, 56 참조-역주) 제거됐음을 우리가 알기 때문에 죽음이 오더라도 죽음을 두려워하지 않음으로, 그리고 셋째로, 주가 오실 때 우리가 휴거될 것이므로 우리가 죽음에서 완전히 구출된 것을 믿음으로 입니다. 이것을 하나씩 살펴보기로 하겠습니다.

우리의 일이 끝난 후의 죽음

기독교인이 그의 일이 끝난 것을 확실히 알지 못하고 있고, 그가 더 이상 남아 있지 말라고 주께서 요청하시는 것이 아닌 한, 그는 반드시 죽음에 저항해야 합니다. 죽음의 징조가 그의 일이 끝나기 전에 그의 몸에 벌써 보이면, 그는 그것과 그 징조에 단호하게 저항해야 합니다. 그는 주께서 그가 저항한 것을 책임져 주실 것을 믿어야 합니다. 주께서 그가 할 일을 아직 갖고 계시기 때문입니다. 이런 까닭에 우리의 지정된 임무가 완수되기 전에는 위험한 신체적 징조들에 직면해서도 우리는 주를 평온히 의지할 수 있습니다. 주와 협력하며 죽음에 저항하며, 우리는 곧 주님이 그의 생명으로 죽음을 삼키심을 향해 움직이심을 보게 될 것입니다.

주 예수께서 죽음의 위기를 어떻게 저항하셨는지 보십시오. "사람들이 그를 벼랑 아래로 밀치려고 했을 때 그들 가운데로 지나 가셨습니다"(눅 4:29-30). 또 어떤 때는 "예수께서 갈릴리에서 다니시고 유대에서 다니려 아니하심은 유대인들이 죽이려 함이니라"(요 7:1). 또 한 번은 유대인들이 "돌을 들어 치려하거늘 예수께서 숨어 성전에서 나가시니라"(요 8:59). 어째서 그가 세 번씩 죽음에 저항하셨습니까? 메시야가 죽을 시간이 정해져 있음을 그가 아셨기 때문입니다. 그가 하나님의 정하신 순간에 앞서 죽으실 수 없었으며, 그가 골고다 이외의 어느 다른 장소에서 죽으실 수 없었기 때문입니다. 우리 또한 시간 전에 죽어서는 안 되는 것입니다.

죽음을 극복한다는 것이 반드시 죽음을 의미하지는 않습니다. 하나님께서는 어떤 이들은 꼭 우리 주 예수께서 하신 것처럼, 부활을 통하여 죽음을 극복하기를 바라십니다. 신자들은 죽음을 통과함에서 그들의 주님처럼 **죽음의 두려움**을 품을 필요가 없습니다. 우리가 무서워하거나 기꺼이 죽으려하지 않기 때문에 죽음의 위기를 극복하려고 한다면, 우리는 벌써 패배했습니다. 주께서 우리를 산 채로 하늘로 휴거시키심으로 죽음에서 우리를 전적으로 구하시는 것은 가능합니다. 그럼에도 우리는 죽음의 두려움 때문에 그가 속히 재림할 것을 구해서는 안 됩니다. 그런 염려는 우리가 죽음에 벌써 패배한 것을 보여줍니다. 우리가 무덤에 가더라도 단순히 이 방에서 다른 방으로 걸어가는 것 같음을 알아야 합니다. 참을 수 없는 내적 고통이나 두려움과 떨림은 정당화 될 수 없으며, 변명의 사유가 될 수 없습니다.

우리는 원래 "죽기를 무서워함으로 한 평생 매여 종 노릇하는 모든 자들"(히 2:15)이었습니다. 그러나 주 예수께서 우리를 자유 케 하셨으므로 그것을 더 이상 두려워하지 않습니다. 죽음의 고통, 어둠과 고독은 우리를 두렵게 할 수 없습니다. 죽음에 대한 승리를 경험한 한 사도는 "죽는 것도 유익함이라… 차라리 세상을 떠나서 그리스도와 함께 있는 것이 **훨씬 더 좋은** 일이라 그렇게 하고 싶으나"(빌 1:21,23)라고 증언했습니다. 이 말씀에서 두려움의 구김살은 하나도 찾아볼 수 없습니다. 죽음에 대한 승리는 실제적이며 완전했습니다.

살아서 휴거함

주 예수의 재림 때 살아서 휴거할 사람이 많을 것을 우리는 압니다. 이것은 죽음을 극복하는 마지막 방법입니다. 고린도전서 15장 51-52절과 데살로니가전서 4장 14-17절에서 이 방법을 말씀하십니다. 주의 오심을 위한 날이 정해진 것은 없음을 우리는 깨닫습니다. 주가 시난 20세기 동안 어느 때든 오실 수 있었습니다. 이런 까닭에, 신자들은 무덤을 통과하지 않고 휴거되는 소망을 항상 품을 수 있었습니다. 주 예수의 오심이 이제 이전보다 훨씬 더 가까워졌으므로 살아서 휴거될 우리의 소망이 우리의 선배들보다 더 큽니다. 우리는 너무 많은 것을 말하고 싶지 않습니다. 그러나 다음의 몇 말씀을 드려도 괜찮을 것입니다. 즉 주 예수께서 우리 시대에 **오신다면** 살아서 휴거되기 위해 살아있기를 원하지 않겠습니까? 그렇다면, 우리의 정해진 시간 전에 우리가 죽지 않게 하여 우리가 살아서 휴거되도록 우리는 죽음을 극복하지 않으면 안 됩니다. 성경의 예언에 의하면, 어떤 신자들은 죽음을 통과하지 않고 휴거될 것입니다. 이렇게 휴거되는 것은 죽음에 대한 한 가지 더의 승리가 됩니다. 우리가 땅에 살아남아 있는 한 우리가 이렇게 휴거될 사람들이 될 수 있다는 것을 우리는 부정할 수 없습니다. 그러므로 죽음을 완전히 극복할 준비를 해야 하지 않겠습니까?

　주 예수께서는 이런 생각을 나사로가 죽었을 때 표현하셨습니다. "나는 부활이요 생명이니 나를 믿는 자는 죽어도 살겠고 무릇 살아서 나를 믿는 자는 영원히 죽지 아니하리라"(요 11:25-26). 여기서 주는 부활이실 뿐만 아니라 생명이십니다. 그러나 우리들 대다수가 주를 부활로는 믿으나 그가 동시에 생명이심을 잊어버립니다. 우리가 죽은 후에 그가 우리를 부활시키실 것을 우리는 쉽게 인정합니다. 그러나 그가 우리 생명이시기 때문에 우리를 살아 있게 하실 수 있음도 똑같이 인정합니까? 주 예수께서 그의 두 가지 종류의 사역을 우리에게 설명해 주시지만, 우리는 한 가지 만을 믿고 있습니다. 지난 20세기를 통해서 신자들은 "나를 믿는 자는 죽어도 살겠고"라고 하신 주의 말씀을 경험했을 것입니다. 또 어떤 사람들은 앞으로 "무릇 살아서 나를 믿는 자는 **영원히 죽지 아니하리라.**"는 주의 다른 말씀을 즐거워하게 될 것입니다. 벌써 수많은 신자들이 믿음으로 떠나갔습니다. 그러나 하나님은 어떤 사람들은 결코 죽지 아니하리라고, 어떤 사람들은 결코 다시 살아날 필요가 없을 것이라고 말씀하십니다. 그러나 또 어떤 사람들은 결코 **죽지 않을** 것입니다. 따라서 우리가 먼저 죽었다가 이어 부활되어야만 한다고 주장할 이유가 우리에게는 없습니다. 주 예수의 오심이 가까우므로 어째서 우리가 그 전에 죽어 부활을 기다려야 합니까? 우리가 죽음의 세력에서 전적으로 구원 받기 위해 주께서 오셔서 우리를 휴거시키심을 기대해서는 안 됩니까?

역자: 문 창 수
전 중부대학교 신학과 교수
정년퇴직
미국 전화 번호(310)832-7533

영적인 사람이 되려면

초판 1쇄 인쇄 / 2007년 5월 20일
초판 1쇄 발행 / 2007년 5월 25일
지은이 / 윗취먼 니
옮긴이 / 문창수
펴낸곳 / 정경사
충남 계룡시 엄사면 엄사리 232-70
042)841-0442
출판등록번호 / 제22-1653호
출판등록일 / 1977. 10. 20.
파본은 교환해 드립니다.

본 출판물은 저작권법으로 보호 받는 저작물이므로 출판사나 저자의
허락 없이 무단 전재나 무단 복제를 할 수 없습니다.

정가 12,000원
ISBN 89-92349-15-4 03230
Printed in Korea